修订版

# 职业教育
## 国家制度与国家政策比较研究

石伟平　郝天聪　臧志军◎著

华东师范大学出版社
·上海·

图书在版编目（CIP）数据

职业教育国家制度与国家政策比较研究／石伟平，郝天聪，臧志军著. -- 修订版. -- 上海：华东师范大学出版社，2024. -- ISBN 978-7-5760-5364-7

Ⅰ. G719.1

中国国家版本馆CIP数据核字第2024XY9114号

## 职业教育国家制度与国家政策比较研究（修订版）

| | |
|---|---|
| 著　　者 | 石伟平　郝天聪　臧志军 |
| 责任编辑 | 王丹丹 |
| 特约审读 | 朱　健 |
| 责任校对 | 王丽平 |
| 装帧设计 | 卢晓红 |

| | |
|---|---|
| 出版发行 | 华东师范大学出版社 |
| 社　　址 | 上海市中山北路3663号　邮编 200062 |
| 网　　址 | www.ecnupress.com.cn |
| 电　　话 | 021-60821666　行政传真 021-62572105 |
| 客服电话 | 021-62865537　门市（邮购）电话 021-62869887 |
| 地　　址 | 上海市中山北路3663号华东师范大学校内先锋路口 |
| 网　　店 | http://hdsdcbs.tmall.com |
| | |
| 印刷者 | 上海商务联西印刷有限公司 |
| 开　　本 | 787毫米×1092毫米　1/16 |
| 印　　张 | 13.5 |
| 字　　数 | 231千字 |
| 版　　次 | 2024年12月第1版 |
| 印　　次 | 2024年12月第1次 |
| 书　　号 | ISBN 978-7-5760-5364-7 |
| 定　　价 | 58.00元 |

出 版 人　王　焰

（如发现本版图书有印订质量问题，请寄回本社客服中心调换或电话021-62865537联系）

全国教育科学规划课题"职业教育国家制度与国家政策比较研究"研究成果

# 目 录

前言 1

绪论 1
    第一节 研究背景与问题 1
    第二节 研究方法与步骤 5
    第三节 理论基础与分析框架 7

## 上编 职业教育国家制度比较研究

**第一章 职业教育管理制度** 13
    第一节 各国职业教育管理制度 13
    第二节 职业教育管理制度的比较分析 35
    第三节 对中国职业教育管理制度改革的启示 39

**第二章 职业教育学校制度** 44
    第一节 各国职业教育学校制度 44
    第二节 各国职业教育学校制度的比较分析 74
    第三节 对中国职业教育学校改革的启示 82

**第三章 职业教育学徒制度** 87
    第一节 各国职业教育学徒制度 87

第二节　各国职业教育学徒制度比较分析　111
第三节　对中国职业教育学徒制度改革的启示　116

# 下编　职业教育国家政策比较研究

## 第四章　德国应用科学大学博士学位授予权的政策分析　123
第一节　综合性大学"最后堡垒"的崩塌？　123
第二节　应用科学大学获独立博士学位授予权是否具有"合法性"？　125
第三节　基于后现代社会"新知识生产模式"的再思考　130

## 第五章　英国推进职业教育教师培养改革的政策分析　134
第一节　英国职教师资培养的变革历程及趋势　134
第二节　英国职教师资培养的体系　138
第三节　英国职教师资培养的主要特征　144

## 第六章　澳大利亚 TAFE 学院 ICT 建设的政策分析　147
第一节　TAFE 学院 ICT 支持下的数字资源库建设　147
第二节　TAFE 学院 ICT 支持下的信息化学习环境建设　149
第三节　TAFE 学院基于 ICT 的教学融合策略　151
第四节　TAFE 学院的 ICT 建设经验对我国的启示　153

## 第七章　韩国职业教育助推产业转型升级进程的政策分析　157
第一节　职业教育服务产业发展　157
第二节　与产业紧密结合的现代职业教育体系　158
第三节　韩国职业教育发展的经验分析　164

## 第八章　中国提升职业教育与培训吸引力的政策分析　167
第一节　研究背景　169
第二节　研究设计　171
第三节　研究结果　174

  第四节 结论与讨论                 180

**第九章 国际比较视野下的职业教育国家政策**      185
  第一节 职业教育国家政策研究：一种公共政策视角   185
  第二节 职业教育国家政策制定：基于若干主题的比较分析 189
  第三节 职业教育国家政策执行：基于多重关系的比较分析 193

**后记**                                       196

# 图目录

| | | |
|---|---|---|
| 图 0-1 | 职业教育国家制度分析框架 | 9 |
| 图 1-1 | 职业教育管理制度国别研究的分析框架 | 14 |
| 图 1-2 | 双元制的组织与管理体系 | 16 |
| 图 1-3 | 澳大利亚职业教育管理机制示意图 | 29 |
| 图 1-4 | 中国职业教育管理机制示意图 | 34 |
| 图 1-5 | 国际坐标中的职业教育管理制度定位 | 39 |
| 图 2-1 | 德国学校制度体系 | 46 |
| 图 2-2 | 英国学校制度体系 | 51 |
| 图 2-3 | 法国学校制度体系 | 55 |
| 图 2-4 | 美国学校制度体系 | 59 |
| 图 2-5 | 澳大利亚不同教育与培训之间的衔接与沟通 | 63 |
| 图 2-6 | 日本学校制度体系 | 65 |
| 图 2-7 | 中国教育体系基本框架 | 71 |
| 图 2-8 | 比较框架中的各国职业教育学校制度定位 | 75 |
| 图 3-1 | 国际坐标中的职业教育现代学徒制定位 | 116 |
| 图 5-1 | 英国伍尔弗汉普顿大学教育证书/专业教育证书课程模块 | 143 |
| 图 5-2 | 英国伍尔弗汉普顿大学研究生教育证书课程模块 | 144 |
| 图 8-1 | 1999—2018年接受中等职业教育、普通高中教育和高等教育的学生 | 170 |

# 表目录

| | | |
|---|---|---|
| 表1-1 | 英国职业教育政策制定当局 | 19 |
| 表1-2 | 英国正式职业教育的监管与认证机构 | 19 |
| 表1-3 | 英国资格框架负责机构 | 20 |
| 表1-4 | 各国职业教育制度的纵向管理权力分配 | 36 |
| 表1-5 | 各国职业教育制度的横向管理体制安排 | 37 |
| 表1-6 | 各国职业教育管理权力分配取向 | 38 |
| 表1-7 | 各国职业教育管理体制安排取向 | 38 |
| 表3-1 | 各国职业教育现代学徒制的举办主体 | 112 |
| 表3-2 | 各国职业教育现代学徒制举办主体的取向 | 113 |
| 表3-3 | 各国职业教育现代学徒制的协调主体 | 114 |
| 表3-4 | 各国职业教育现代学徒制协调主体的取向 | 115 |
| 表5-1 | 英国《教育与培训部门的教师专业标准(英格兰地区)》具体内容 | 139 |
| 表5-2 | 英国职教教师资格证书的颁证机构和高等教育机构数(单位:所) | 141 |
| 表5-3 | 英国开展不同课程的职教师资培养机构数和学习者所占百分比 | 142 |
| 表7-1 | 中等职业教育各个专业领域学生分布数据 | 159 |
| 表7-2 | 公私立职业专科学校学生分布 | 161 |
| 表7-3 | 2011年高等教育入学人数和所占比例 | 162 |
| 表7-4 | 2012年职业专科学校各个专业学生数和所占比例 | 162 |
| 表8-1 | 样本分布 | 174 |
| 表8-2 | 学生参与者的信息($N=18$) | 175 |
| 表8-3 | 父母的职业 | 175 |

# 前　言

作为与经济社会发展联系最为密切的教育类型,职业教育肩负着培养高素质技术技能人才的重要使命。由于直接服务于经济社会发展,职业教育长期以来受到国家的重视,历届政府不断加大对职业教育的投入力度。近年来,我国逐渐加快了职业教育改革的速度,推出了一系列职业教育国家制度优化措施,出台了一系列旨在推动职业教育高质量发展的国家政策文件。在此背景下,中国职业教育逐渐进入稳步发展的快车道。

但同时,职业教育发展中所存在的一些结构性矛盾仍然未得到有效解决,这严重影响到新时期我国职业教育内涵建设的质量,如教育部门与人社部门在教育管理上的冲突、职业教育高质量服务经济社会发展的能力仍然不足等。尤其是,在当前阶段,中国职业教育发展仍然处于政府的"热"与家长、学生、企业的"冷"的夹缝之中。近年来,政府对职业教育的重视程度前所未有,反复强调了职业教育在我国经济社会发展中的重要战略地位。然而,事与愿违,政府的大力投入并未明显改变家长、学生、企业对职业教育的态度。在某种程度上而言,职业教育仍然是家长、学生群体被动的教育选择。在缺乏足够外力拉动的情况下,企业深度参与职业院校人才培养的积极性也不高。上述一系列矛盾给职业院校的高质量发展带来极大压力。他们一方面要努力实现政府大力发展职业教育的要求,另一方面又要面对家长、学生、企业群体的冷漠。

为了走出上述困境,职业院校普遍选择的策略是升格,他们认为升格了就能吸引优质生源,就能改变办学中所面临的尴尬局面。然而真升格了,他们会发现只要身份还是职业教育,就无法吸引到优质生源。当升格到一定程度,具备条件的学校就急不可耐地与职业教育划清界限,造成优质职业教育资源流失。随着产业结构的转型升级,以及人们对更高层次教育需求的增加,就业导向职业教育向高中后教育阶段的后移就成为一种必然趋势。值得注意的是,这种后移应当是基于技术技能人才培养本身的需要,而不能视之为职业院校解决生源问题的"法宝"。当然,这里要探讨的问题不是职业院校是否需要升格,而是期望从这一现象出发,深入探讨影响我国职业教育改革与发展的本质问题。

实际上,上述问题的产生与我国顶层设计层面职业教育国家制度和国家政策的供给不足存在相当大的关联性。在这方面,以德国、澳大利亚等为代表的职业教育发达国家拥有丰富的较为成功的职业教育办学经验,为我们提供了可借鉴的范本。虽然职业教育国家制度与国家政策的供给存在一定的国别差异性,但其中同样蕴含着不可忽视的普适性规律。比较法将不同时空的、看似距离遥远的不同研究对象、不同社会以及不同过程等放在一起,让它们彼此碰撞。① 通过职业教育国家制度与国家政策的比较研究,将有利于为我国职业教育国家制度与国家政策体系的创新性建设构建一个世界级的坐标,明确我国在职业教育国家制度与国家政策供给方面存在的突出问题,同时可以为我国开展职业教育国家制度与国家政策改革提供可资借鉴的经验,并以此为依据制定具体的改革举措。

作为一项宏大议题,职业教育国家制度与国家政策比较研究着实不易。如果以问题大小和意义大小为二维象限研究分类标准,职业教育国家制度与国家政策比较研究可定位于"大问题、大意义"象限。恐怕没有人会否认,从国家层面研究职业教育制度与政策问题不可谓不大,意义不可谓不大。当然,这种"大问题、大意义"的研究也会面临很大挑战,如果找不到有效切入点,很容易"言之无物""大而化之",进而落入"大问题、小意义"象限。与"全面而肤浅"相比,本书宁愿追求"片面而深刻"。从某种程度上说,人类理解能力的进步靠的是一连串想象,它们每一个都是由那个以略微不同的视角看待世界的人创造的。② 对本书而言,视角的选择同样重要与可贵。作为一项比较研究,宏观层面的视角由于过于笼统而不具有操作性,微观层面的视角由于过于细致而不利于"大问题"的解决。本书所追求的是建构一种中观层面的理论视角,试图搭建一个既具有可操作性又有利于"大问题"解决的分析框架。

相比之下,职业教育国家制度具有较强的稳定性特点,职业教育国家政策具有较强的调控性特点。前者的形成时间较强,影响范围也更大;后者的形成时间较短,影响

---

① 奥利维耶·雷穆,让·弗雷德里克·肖布,伊莎白·蒂罗.社会科学研究:比较法[M].王晓瑞,译.北京:中国社会科学出版社,2019:1.
② 伦纳德·蒙洛迪诺.思维简史:从丛林到宇宙[M].龚瑞,译.北京:中信出版社,2018:365.

范围较为有限。职业教育国家制度与国家政策具有相对的独立性,但同时又具有千丝万缕的联系。通常情况下,职业教育国家政策会在国家制度的约束框架下执行。在职业教育国家制度方面,本书聚焦职业教育管理制度、学校制度、学徒制度三种类型,并从环境、机构、运行、监管四个方面对制度展开抽丝剥茧式的分析。在职业教育国家政策方面,本书重点从背景、目标、实施、效果层面出发,分析典型国家所出台的职业教育国家政策,并在国别分析的基础上,对国际比较视野下的职业教育国家政策展开进一步的分析。

总体而言,职业教育发达国家均建立起了较为完善的国家制度与国家政策,只是因为各国的政治经济社会发展背景与发展策略的不同,造成职业教育国家制度与国家政策的形式多元,这影响到我们对职业教育国家制度与国家政策的定性描述,也对梳理职业教育国家制度与国家政策的演进规律,以及分析各国构建职业教育国家制度与国家政策的共同经验造成了一定的困难。但我们还是努力对各国看似多样的职业教育国家制度与国家政策展开了系统研究,希望我们的研究能够对职业教育国家制度与国家政策的理论研究与实践创新做出积极的贡献。

# 绪　论

职业教育担负着为国家经济社会发展培养高素质技术技能人才的责任与使命。随着改革开放以来我国职业教育的快速发展,职业教育在体系建构、办学模式、发展内涵等方面都取得了一定成就。在这一探索过程中,职业教育国家制度与政策扮演着重要的抓手作用,影响着职业教育的长久发展。

## 第一节　研究背景与问题

### 一、研究背景
#### (一) 职业教育服务经济社会发展面临巨大挑战

服务经济社会发展是职业教育的重要功能。对于一国经济社会发展而言,职业教育最重要的任务就是培养数量充足、质量优异的高技能人才,为提升国家综合实力和国际竞争力提供充足的技能型人力资本。高技能人才通过其专业知识和技能,能够提高生产效率和创新能力,可以为一国的技术研发、产品创新、工艺优化做出重要贡献,是推动一国经济社会可持续发展不可或缺的人力资本。目前,我国的高技能人才还面临着巨大缺口。根据中华人民共和国人力资源和社会保障部披露的数据,我国劳动力市场对于高级技师、技师、高级技能人员的求人倍率分别为 3.05、2.7、2.51,对具有技术等级的用人需求较大[1]。在工业领域,正常的人才结构为 1 位科学家、10 位工程师、100 位技能人才。在日本,整个产业工人队伍的高级技工占比 40%,德国高达 50%,而

---

[1] 中华人民共和国人力资源和社会保障部.2021 年第三季度百城市公共就业服务机构市场供求状况分析报告[EB/OL].[2023-12-20]. http://www.mohrss.gov.cn/xxgk2020/fdzdgknr/jy_4208/jyscgqfx/202111/t20211119_428225.html.

我国的这一比例仅为 5% 左右①。由以上数据可知,高技能人才的缺口已经成为我国以制造业为主的实体经济发展的重要瓶颈。然而,从现有的培养数量和质量来看,职业教育培养经济社会转型发展所需要的高技能人才的能力仍然十分有限。另一方面,职业教育在社会可持续发展中也扮演着重要角色。例如,职业教育为不同社会背景的人群提供了技能提升、职业发展和再就业的机会,特别是对于一些弱势群体的帮助能够促进社会公平与包容。同时,在劳动力市场上,个体也可以通过技能型人力资本的积累带动个人收入和社会地位的提高,使更多的人进入中产阶层,促进社会收入分配的愈加合理。目前,职业教育在服务个人职业发展、再就业上还面临一些挑战,例如我国的应急培训机制和帮助人们转岗、再就业的政策还不够完善。此外,随着科技的迅速发展,尤其是人工智能、大数据和机器学习的应用,职业技能的需求在不断变化,同时全球化和经济结构的迅速演变导致劳动力市场的需求变化很快。职业教育的育人模式、课程设计都要及时地变革与更新,并且要有更为灵活的体系设计,才能跟得上劳动力市场的快速变化。总而言之,目前我国的职业教育在服务经济社会发展过程中还面临着多种复杂且不断演变的挑战,使其在支撑国家经济产业转型升级、促进个体生涯的可持续发展等方面的力量仍然有限。

### (二)职业教育国家制度与政策供给的现状透视

职业教育国家基本制度不健全是当前职业教育发展中诸多问题的根源②。改革开放四十多年以来,我国已经建成了世界上规模最大的现代职业教育体系,这是值得骄傲与肯定的成就。具体而言,目前我国已经建立了覆盖高中、专科、本科、研究生等多个层次的应用型人才培养体系和职业学校制度,职业院校的毕业生也成为走向劳动力市场、工作一线的主力。但是,目前在宏观制度构建上面,我国职业教育的发展还不充分,这导致了我国职业教育在资源分配、管理协调、教育质量等方面的弱势地位,也使得职业教育在社会上仍然面临着较低的认可度和吸引力问题。制度经济学的代表人物诺斯将制度看作"一个社会的游戏规则,更规范地说,它们是为决定人们的相互关系而人为设定的一些制约"③,更是将制度定义为"一系列规则、遵守法律的程序和行

---

① 中国经济周刊. 技能人才"断档",怎么办?[EB/OL].[2023-12-20]. https://baijiahao.baidu.com/s?id=1782534463052336022&wfr=spider&for=pc.
② 徐国庆. 职业教育实现现代化的关键是完善国家基本制度[J]. 华东师范大学学报(教育科学版),2021,39(2):1-14.
③ 道格拉斯·C.诺斯. 制度、制度变迁与经济绩效[M]. 刘守英,译. 上海:上海三联书店,1994:3.

为的道德规范"①。制度有着三大关键要素：规制性、规范性和文化(认知性)②。这三大要素分别代表着制度作为强制性的工具、规范性的准则以及文化认知层面的引导而产生效用。对于职业教育国家制度供给而言，这三大要素要有机地嵌合在制度的宏观、中观、微观等三个层面，才能使得一国的职业教育国家制度更为全面和完善。目前，我国在职业教育的国家制度和政策供给上还不够完善。虽然政府对于职业教育的发展十分重视，也颁布了大量的职业教育政策文件，但是相较于西方发达国家而言，我国一直都是将发展职业教育的主要精力放在了学校层面(例如，致力于中职学校、高职院校办学条件的标准化建设以及办学水平的提升等方面)。在宏观层面，2022年虽然重新修订了《中华人民共和国职业教育法》，但是职业教育法的规制性要素有所欠缺，同时国家资格框架、职业教育管理等宏观职业教育国家基本制度还尚未健全；在中观层面，目前我国职业教育区域、省域的协调制度和区域职业教育的管理与评价制度也比较欠缺，只有基本的指导和政策文件，尚未上升到成熟的制度层面。总体而言，就从顶层到基层的运行顺序而言，职业教育国家制度应该分为评价、实施、内容、需求、结构、协调等六个层面，这六个层面所涉及的职业教育国家制度，有些在职教界已经开展了大量研究，有些甚至已经开始了建构实践，但多数制度尚处于很不成熟的发展阶段③。随着2019年《国家职业教育改革实施方案》的出台，我国已经开始有了明确的构建职业教育国家制度的意识。由此，深入剖析我国现有的职业教育体系问题，寻找更高效率、更高水平的国家职业教育制度与政策体系，提高职业教育服务经济社会发展与人的发展的综合能力，这一任务十分紧迫。

### (三) 职业教育国家制度与政策供给的域外经验

构建国家基本制度是20世纪80年代以来发达国家职业教育发展的主要内容。同时，各国在建立职业教育国家基本制度方面各有其特色和方法，这些国家的职业教育系统不仅反映了它们各自的历史和文化背景，也体现了对劳动力市场需求的响应。例如英国，其职业教育政策通常强调技能发展和资格认证体系，如国家职业资格，同时学徒制度也是英国职业教育的一个重要组成部分。美国的职业教育系统则重视技能

---

① 道格拉斯·C. 诺思. 经济史中的结构与变迁[M]. 陈郁，罗华平，译. 上海：上海人民出版社，1994：226.
② W. 理查德·斯科特. 制度与组织：思想观念与物质利益[M]. 姚伟，王黎芳，译. 北京：中国人民大学出版社，2010：58.
③ 徐国庆. 职业教育实现现代化的关键是完善国家基本制度[J]. 华东师范大学学报(教育科学版)，2021，39(2)：1-14.

培训和终身学习,以适应快速变化的劳动力市场需求,因此美国的职业教育主要通过社区学院提供各类灵活的职业教育课程。德国职业教育的核心则是其著名的双元制系统,这使得德国的职业教育系统与工业界有着密切的合作,同时政府也在职业教育国家标准和质量保障中承担了重要角色。在全球化和技术快速发展的背景下,职业教育对于培养技术技能人才和促进经济发展具有重要作用。不同国家在职业教育方面的政策和制度设计反映了各自的经济、社会和文化特点,同时也受到全球教育发展趋势的影响。因此,比较不同国家的职业教育国家制度和政策,不仅可以揭示各国在职业教育领域的成功经验和面临的挑战,还可以为国际职业教育合作和改革提供有益的借鉴。同时,正如诺斯的观点所述,制度不仅仅有其自身的变迁,还是社会交易成本的关键决定因素,从而影响一国的经济决策和经济绩效[①]。制度变迁是推动经济发展的关键机制。对于各国职业教育国家制度和政策的比较分析,还有助于理解不同国家如何通过教育政策来应对经济和社会挑战,例如技术进步、人口老龄化和国际竞争加剧等。通过深入分析和比较,这项研究可以为我国制定有效的职业教育政策提供科学依据,从而促进我国经济社会的可持续发展。

## 二、研究问题

职业教育的国际制度与政策研究对于理解和应对当今世界面临的经济、社会和技术挑战至关重要。制度是指在社会中长期形成并被广泛接受的规范、规则、习惯和组织结构,它们构成了社会行为的框架,如法律体系、教育体系和经济体系等。制度通常具有较高的稳定性和持久性,它们的变更需要长期的社会演变或重大的政治决策。政策是政府和其他决策机构为了实现特定目标而制定的具体方案或行动指南。政策通常是为了解决特定问题或达成特定目标而设计的,如减少失业率的就业政策等。政策相对于制度更加灵活和容易变动,它们可以根据社会需求和政治环境的变化而调整。随着中国职业教育已经进入稳步发展的快车道,职业教育受到了政府、各级相关部门和社会各界的广泛重视,但是职业教育国家制度和国家政策供给存在的不足已经严重掣肘我国职业教育的长足发展。在这方面,发达国家已经为我们提供了可供借鉴的范本。为此,本研究主要围绕着两大核心研究问题展开:一是职业教育国家制度的比较与经验借鉴;二是职业教育国家政策的比较与经验借鉴。围绕这两个核心问题,本研

---

① 道格拉斯·C. 诺斯. 制度、制度变迁与经济绩效[M]. 刘守英,译. 上海:上海三联书店,1994:143.

究所关注的具体问题如下：

第一，各国职业教育的国家制度组成如何？这种职业教育国家制度分别是在怎样的国家政治、经济、文化背景下形成的？

第二，各国职业教育的国家制度有什么样的典型特点？哪些因素影响了职业教育国家制度的形成与政策的决策？

第三，各国职业教育的国家制度对于我国职业教育国家制度的完善有什么经验借鉴？

第四，在特定的制度框架内，发达国家有什么典型和特色的国家政策？这种政策是在什么背景下产生的？主要解决什么问题？

第五，各国实施职业教育国家政策的特点和过程是怎样的？职业教育国家制度和政策构建是否有规律可循？

## 第二节 研究方法与步骤

为了解决上述问题，本研究主要采用比较研究方法。不同国家的职业教育与培训系统迥然不同，比较职业教育研究的可贵之处正在于，可以通过比较视角来帮助我们重新审视中外职业教育发展中的现实难题，更深入地了解不同国家职业教育与培训系统及其与该国经济、社会、文化和劳动力市场之间的关系，以期为新时代我国完善职业教育国家制度与科学制定职业教育国家政策提供参考与启示。同时，通过职业教育国家制度和国家政策的比较研究，将有利于为我国职业教育国家制度和国家政策体系的创新性建设构建一个世界级的坐标。

贝雷迪（Bereday）是美国著名的比较教育学家。在批判继承汉斯的历史因素分析法的基础上，结合假设-归纳方法和实证主义思想，提出和发展了著名的"比较教育研究四步法"[①]。借鉴贝雷迪提出的"比较教育研究四步法"，本研究在"职业教育国家制度的比较与经验借鉴"这一核心问题上主要按照以下思路与步骤开展研究：

第一步，描述阶段。描述阶段绝不是漫无目的地把对象国所有教育现象都展示出

---

① 付淑琼,胡晨.何谓比较：贝雷迪比较教育研究四步法的现实参照[J].比较教育研究,2022,44(9):12-19.

来,而是说明同一主题下各国教育是"怎样的"[①]。本研究将围绕职业教育管理制度、学校制度和学徒制度三项职业教育国家制度展开国际比较研究。其中,职业教育管理制度是一国职业教育体系的宏观管理框架,学校制度是职业教育体系中的具体实施部分,学徒制度是职业教育广泛使用且典型的一种特殊的教育和培训模式。在职业教育国家基本制度框架中,这三个制度相辅相成,共同支撑起一个国家职业教育的整体架构。因此,本研究在描述阶段首先会确定在这三项制度上具有典型性的国家,然后通过广泛阅读文本资料或实际访问获取有关教育制度或事件的信息,在此基础上形成对具体问题研究的分析框架,按照各维度陈述对象国的教育事实。

第二步,解释阶段。解释阶段主要是解决"为什么"的问题,也就是对"这种职业教育国家制度分别是在怎样的国家政治、经济、文化背景下形成的?"这一具体研究问题的回应。在这一步骤下,本研究将会尽可能地使用多学科视角,重点探讨各个国家在职业教育国家制度上的特色和形成动因,评估教育事实背后潜藏的社会因素的影响。

第三步,并置阶段。并置阶段强调在描述和解释的基础之上,聚焦并提取更为明确的因果问题和变量,围绕该问题再重新搜集各国的教育资料,并初步提出有关自变量与因变量之间关系的假设。本研究将结合职业教育管理制度、学校制度和学徒制度的重点维度建立分析坐标,进行材料的重新整理与归纳。

第四步,比较阶段。本研究将根据各项职业教育国家制度的分析坐标,分析各个国家在职业教育管理制度、学校制度和学徒制度各个关键要素上的实践策略,找出各国国家制度形成与变迁的经验和教训。

虽然制度提供了基本的规则和结构,但具体实施这些规则和结构往往需要通过政策来完成。因此,一国的职业教育政策的制定与实施将会是该国职业教育国家制度在某一时期内、具体背景下生动的实践图景。它可以提供一扇窗户,进一步帮助我们去理解该国职业教育国家制度的运行实践,也能帮助我们看出每个国家的政府在职业教育基本国家制度框架下的适应性和灵活变化,由此启发我国的职业教育政策制定。因此,对于"职业教育国家政策的比较与经验借鉴"这一核心问题,本研究主要会选取一些国家出台的典型职业教育政策进行具体的案例剖析,最后综合探讨职业教育国家政策出台、执行等方面的普遍规律。

---

① 付淑琼,胡晨.何谓比较:贝雷迪比较教育研究四步法的现实参照[J].比较教育研究,2022,44(9):12-19.

## 第三节 理论基础与分析框架

### 一、理论基础

#### (一) 制度分析理论

制度分析理论是一种研究社会制度、组织和行为的理论框架,被广泛用于政治学、经济学、社会学和法学等多个学科领域。它主要关注社会制度(包括法律、规章、规范和习俗)影响个体和集体的行为。这一理论认为,制度不仅是规则和程序的集合,而且是影响社会互动和经济交换的关键因素。制度分析理论首先强调把握制度的角色,即研究制度如何形成、演变以及如何影响社会行为和经济活动;其次还关注制度与行为的相互作用,重点探讨个体和集体如何在特定的制度框架内做出选择和决策。另外,制度分析理论还注重把握制度的变迁,以一种动态性视角去关注制度如何随着时间和社会环境的变化而演进。

在教育学领域,教育制度是人们在教育中所遵循的游戏规则或个人或教育组织的教育行为的约束条件,主要包括国家规定的正式教育制度、社会认可的非正式教育制度和教育制度的实施机制三个方面[①]。其中,正式教育制度一般指的是国家颁布的一系列成文的且与教育实践活动直接有关的教育制度,非正式教育制度是一些观念形态、习俗形态、惯例形态且与教育实践活动直接相关的教育制度,实施机制则是确保正式教育制度和非正式教育制度贯彻落实的一套监督、检查和惩戒制度。本研究对于职业教育国家制度的分析,不仅关注一国职业教育的正式制度(即根据国家宪法确立的有关职业教育活动的基本规则以及国家针对职业教育的、约束特定行为模式和关系的成文的制度安排)和非正式制度(不成文的、关于职业教育的潜在规定),而且会重点分析与比较落实这些教育制度的实施机构与管理机制,以充分展示不同国家职业教育国家制度的特点和优势。

#### (二) 公共政策理论

公共政策理论是一个研究政府决策过程和政策结果的理论框架。公共政策的制定和执行涉及多方利益相关者,包括政府官员、公民、利益集团和私营部门,因此利益相关者分析是公共政策分析的基础理论。除此之外,不同政策学派(如理性选择理论、

---

① 康永久. 教育制度的生成与变革——新制度教育学论纲[D]. 武汉:华中师范大学,2001:52.

公共选择理论、制度主义)提供了不同的视角来分析政策过程和结果。其中,理性选择理论最初源于经济学,主要用于分析个体在特定情境中如何做出决策,它的核心假设是个体在做出决策时会根据自己的偏好和信息,选择最大化自己利益的选项。公共选择理论是将政治决策视为市场行为的一种延伸,即政治行为者(如政治家、政府官员、选民等)在追求自身利益过程中所做出的选择,公共选择理论试图解释政治过程中的非市场决策。因此,进行公共政策分析时,首先要注重了解和分析政策制定的具体环境,包括政治、经济、社会和文化背景,这有助于识别和影响政策制定和实施的关键因素。同时,要考虑外部环境的变化。在面对快速变化的环境时,政策制定需要具有适应性和灵活性,所以在政策分析时要具有前瞻性,考虑该政策的适应时效和未来发展转向。

由于受到国家经济、社会、文化和政治环境的影响,各个国家的职业教育政策制定、实施都呈现出各自独特的特点。例如,德国以其"双元制"职业教育系统著称,强调理论学习和实践学习的结合,企业参与职业教育的各个阶段。因此,德国职业教育的政策制定大多是为了巩固双元制的运行和发展。我国的职业教育政策与国家的经济发展战略紧密相连,强调培养技能型人才以支持国家工业化和现代化进程。与此同时,我国的职业教育政策还缺乏强大的社会认可,许多人在梳理我国职业教育政策的演变历程时,总是引用许多会议、决定的内容,说明我国目前关于职业教育政策的研究仍处于规范化阶段。这说明,我国的职业教育政策亟需继续调整和优化。因此,本研究将通过分析各个国家职业教育具有影响力的政策,试图总结其在政策制定、实施、评估等过程中的经验和教训,以期为我国职业教育的政策制定提供更为科学、规范的范式参考。

**二、分析框架**

在职业教育国家基本制度框架下,职业教育管理制度、学校制度和学徒制度各自扮演着重要且相互补充的角色。它们共同构成了职业教育体系的核心组成部分,相互作用以确保职业教育的有效性和适应性。职业教育管理制度主要提供宏观指导和监管,通常涉及政策制定、规划、监管、质量控制和资源分配等方面。它为职业教育的整体运作提供指导和标准,确保教育活动符合国家的教育目标和劳动市场需求。此外,这一制度还涉及教育体系与其他社会经济系统的协调,如与劳动力市场、产业界和其他教育部门的对接。职业教育学校制度负责具体的教育实施和日常运作,涵盖了教育机构的运作模式、教学内容和方法、师资力量、学生管理等。这些制度确保职业教育能够高效、有效地在学校环境中进行,同时适应不同学生群体的需要。学校制度的设计和管理直接影响职业教育的质量和成效。学徒制度的重要性在于其提供了一种紧密结合实际工作需求的教育途径,这对于培养具有实用技能和工作经验的劳动力非常重要。学徒制度往往需要与企业和行业紧密合作,以确保培训内容的实用性和时效性。本研究紧扣制度分析的重要要素,主要从环境、机构、运行、监管四个方面对各项职业教育制度进行分析(如图0-1)。在环境层面,重点考察制度产生和发展的社会经济环境以及随着社会经济文化背景动态变化的规律和特征;在机构层面,系统梳理各项制度的主导、协调和实施机构;在运行层面,侧重于总结该制度的运行机制和运行过程中的影响与阻碍;在监管层面,重点评估该制度的运行效果以及质量保障机制。

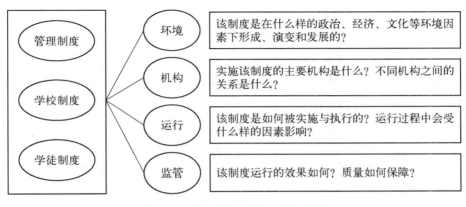

图0-1　职业教育国家制度分析框架

有效的教育制度可以为实施政策提供基础与保障,好的教育政策可以促进教育制度的发展和完善。与职业教育国家制度相比,职业教育国家政策的稳定性、系统性相对更低,时效性、针对性则相对更强。换句话来说,政策常常是为了解决某一具体问题而产生的。因此,本研究将重点以背景、目标、实施、效果这一逻辑去呈现一个国家的具体的职业教育政策热点。在背景层面,要明确政策试图解决或应对的具体问题,并且理解问题的历史背景、社会经济环境和政治语境。在目标层面,要识别政策的主要目标和期望达成的具体成果,并且在多个政策目标中确定优先级。在实施与效果层面,梳理政策实施的具体策略和步骤,并且呈现政策带来的结果和影响。最后,在进行国别分析的基础上,本研究还将借鉴公共政策视角,对各国职业教育国家政策做进一步的比较分析,探索职业教育国家政策建设中关注的主题以及若干关系等。

上编

# 职业教育国家制度比较研究

# 第一章　职业教育管理制度

对职业教育国家制度进行比较研究,不仅需要系统分析典型国家的职业教育制度状况,还需要横向比较不同国家之间职业教育制度安排的异同。本章围绕职业教育管理制度,分别对德国、英国、法国、美国、澳大利亚、日本、中国等进行国别研究与比较分析,并基于此提炼国际经验对我国职业教育管理制度的改革启示。教育管理一般包括教育行政与学校管理两个部分,本章所使用的"职业教育管理制度"概念主要是指形塑职业教育行政管理的各种规则,包括国家层面与地方层面,而不涉及学校层面的具体管理制度。

## 第一节　各国职业教育管理制度

为较为全面且系统地描绘典型国家的职业教育管理制度概况,针对各国对职业教育事业的预测与规划、组织与指导、监督与协调、激励与控制等管理行为,构建分析职业教育管理制度国别研究的分析框架(详见图1-1)。主要将职业教育管理制度分为两大维度:一是主要管理机制,通过厘清各国职业教育的管理主体及其职责,回答"谁来管理"的问题;二是基本管理制度,通过明确各国职业教育主要管理机构间的结构关系与运行方式,尤其是厘清中央与地方、部门之间的权责划分,回答"如何管理"的问题。在此基础上,结合各国职业教育管理制度从过去到现在再到未来的发展历程与趋势,分析不同制度环境下各国职业教育管理制度的基本特征。

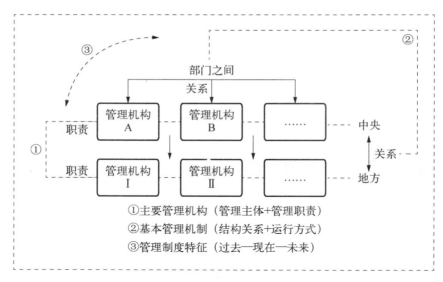

图 1-1 职业教育管理制度国别研究的分析框架

## 一、德国职业教育管理制度

### (一)主要管理机构

**1. 联邦教育与研究部**

联邦教育与研究部是联邦层面德国教育的主管部门,下设八大部门,涵盖中央管理、策略及政策、职业教育与终身学习等领域。在职业教育方面,联邦教育与研究部的主要职责包括:制定并颁布与职业教育相关的法律法规;审批相关经济部门颁布的培训条例;主管联邦职业教育研究所;促进职业教育的改革;对跨企业培训中心、地区行业协会的培训设施等提供补助;资助职业教育中的优秀学生;开展与欧洲以及世界各国的合作等。

**2. 联邦职业教育研究所**

联邦职业教育研究所是德国唯一的联邦级职业教育研究机构,于 1970 年正式成立,具有世界首屈一指的职业教育研究人员规模。其在联邦政府教育政策范围内执行任务,主要使命在于:通过科学研究推动国内和国际职业教育与培训的革新,提高职业教育与培训体系的现代化水平,编定并颁布职业教育专业目录;依据联邦主管部门的常规管理规定,实施跨企业职业教育机构资助措施,支持机构的规划、组建和继续发展;经联邦教育与研究部同意后,与联邦行政管理以外的机构就承担其他任务签署协议等。

3. 联邦劳动和社会事务部

联邦劳动和社会事务部是德国的社会保障机构,致力于从劳动角度解决各种社会问题,主要职能是保证整个社会体系的正常运转、帮助残疾人和弱势群体融入社会、为促进就业创造有利条件等,具体工作由其下属的联邦劳动局承担。在职业教育方面,其主要任务是预测劳动市场变化和劳动力需求,负责职业咨询、工作介绍、促进职业培训、提供失业补助等。

4. 联邦德国各州教育与文化事务部长联席会

联邦德国各州教育与文化事务部长联席会于1948年成立,由各州部长和负责教育与培训、高等教育与研究以及文化事务的议员组成,是德国协调联邦政府与州政府以及各州之间教育政策的重要部门。依据联席会制定的课程框架,各州的教育与文化事务部可以根据具体情况进一步颁布、修订本州职业学校的教学计划。

5. 州职业教育委员会

州职业教育委员会设立在州政府,目前共有16个。委员会委员由雇主、雇员和州层面最高机关的代表组成,各方人数相等,大多为三方各6名代表、共18名委员的人员结构。委员为义务工作,任期最长为4年。州层面最高机关的代表中一半须为职业教育问题专家。州职业教育委员会的主要职责是就本州职业教育问题向州政府提供咨询,以不断提高职业教育质量。

6. 州教育与文化事务部

州教育与文化事务部是州最高的教育行政管理机构,主管学校职业教育的具体实施。其职责包括:制定和修改州职业教育的法律、规章;制定职业教育的规划;确定职业学校的办学方针、教学计划和课程大纲等;决定与企业界、经济界的合作;处理职业学校与社会的关系;任命、聘用、考核职业学校的校长和教师等。

7. 不同行业职业教育主管机构及其职业教育委员会

不同职业领域的行业协会同样是职业教育的主管机构。例如,手工业协会是手工类职业的职业教育主管机构;工商业联合会是工商业、非手工业职业的职业教育主管机构;农业协会则是农业家庭经济类职业的职业教育主管机构。如果职业领域内没有行业协会,则由各州指定主管机构,设立教育委员会。委员会一般由雇主、雇员和教师各6名代表组成。

**(二)基本管理机制**

根据德国《基本法》,联邦德国在文化教育领域实行联邦制,教育由各州自治。这意味着,原则上州享有教育立法和行政管理方面的最高权限。州政府自主领导和管理各州的教育事业,中央政府扮演的是监督者和辅助者的角色。同时,针对关乎国计民生的职业教育,德国构建了由社会众多部门参与的多元、多层次管理体系。除联邦政府与州政府相关部门,各地区行业协会以及提供培训的公司、职业学校等都是职业教育管理的参与者(如图1-2所示)。在联邦层面,主要参与者为联邦教育与研究部、各经济领域的相关部委以及联邦职业教育研究所;在州层面,主要参与者为各州教育与文化事务部、各州相关经济部门以及联邦德国各州教育与文化事务部长联席会;在地区层面,行业协会发挥着重大作用。

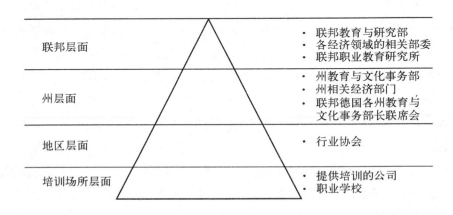

**图1-2 双元制的组织与管理体系**

资料来源:BMBF. Germany's Vocational Education at a Glance (slide presentation) [R]. Berlin: Federal Ministry of Education and Research, 2003: 44.

### (三) 管理制度特征

**1. 基于集体利益的高度组织化**

在德国,职业教育管理制度充分表达了雇主、雇员、国家等不同集体的利益。不同主体基于以下共同原则形成密切的伙伴关系:其一,我们想共同引导职业教育;其二,我们分担对职业教育的责任;其三,职业教育应接近实践、高品质和统一;其四,职业教育的标准必须以需求为导向而且不落伍;其五,职业教育是在全球市场上具备竞争力的前提条件[1]。同时,受德国社团主义传统影

---

[1] German Office for International Cooperation in Vocational Education and Training. Presentations on the stakeholders of the German VET system [EB/OL]. [2023-10-11]. https://www.bibb.de/en/54881.php.

响[1],管理机构通过较为明确的权责划分,以高度组织化的方式运行,对职业教育的管理决策通常是在协商下进行的。

2. 长期形成的系统化法律保障

德国完善的法律体系为其职业教育管理制度运行提供了良好的支持与保障。其职业教育立法起步相对较早,在19世纪中后期便尝试颁布了《强迫职业补习教育法》《工作法典》《手工业保护法》等。第二次世界大战之后,相关法律体系继续不断完善,如于1969年、1981年、2004年分别颁布《联邦职业技术教育法》《联邦职业教育促进法》《职业教育改革法》等。2019年,联邦政府审议通过《职业教育法修订案》,简化了职业教育管理程序,以进一步降低主管机构间合作的门槛;并结合《青少年就业保护法》《商会法》《劳资协议谈判法》《企业法令》等形成相关法律体系,为职业教育改革发展提供了重要保障。

3. 行业协会对管理的深度参与

德国职业教育管理制度的一大特色在于行业协会实施自主管理。在地方层面,行业协会被赋予了企业培训主管机构的法律地位,负责确保培训中心的适宜性;对培训企业资质进行综合评定;核实企业培训师的资格及能力;为企业、培训人员和学徒提供咨询;建立并维护培训合同清单;组织考试并成立考试委员会进行监督;颁发国家认可的资格证书等。作为自治机构,行业协会扮演着企业与其他利益相关者之间的中介,解决了职业教育管理无法仅仅依靠单个企业的问题,在德国职业教育管理制度中发挥着至关重要的作用。

## 二、英国职业教育管理制度

### (一) 主要管理机构

英国职业教育的管理权主要属于英国政府和地方政府部门。无论是职业教育政策制定,还是对资格框架、职业资格标准、授权组织等的管理,英国都有明确的机构与制度来负责和执行。但随着权力下放,决策权开始移交给苏格兰、威尔士和北爱尔兰政府的几个政策责任领域,这使得职业教育管理有一个复杂的体制框架。由于管理结构的多样化,此处仅以英格兰地区为重点,对三个重要管理机构进行简介[2]。

---

[1] FUCHS G, KOCH A M. Corporatism and "political context" in the Federal Republic of Germany[J]. Environment & Planning C: Government & Policy, 1991, 9(1): 1-14.
[2] 资料来源:英国政府官网(https://www.gov.uk/government/organisations)。

1. 教育部

英国教育部是一个内阁部门。2016年,英国将原商业、创新与技能部所辖的大学与科学事务剥离并与负责中小学教育的教育部合并,组成了新的教育部,致力于提供儿童服务、教育和技能培训,确保所有人都能享有平等的教育机会。在职业教育方面,其主要为年轻人和成年人提供学徒制、见习和继续教育等,并通过改善技能形成、提高生产力和支持人们工作来推动经济增长作为优先事项。

2. 资格与考试规范办公室

资格与考试规范办公室是2010年成立的在英格兰拥有管辖权的政府部门。其组织架构包括职业技术资格(室),一般资格(室),首席监管官办公室,标准、研究和分析(室),监管和企业服务(室)等。主要责任在于确保:受监管的资格证书可靠地表明学生展示出的知识、技能和理解力;评估和考试能表明学生取得的成就;人们对其所监管的资格充满信任;学生和教师了解其所监管的资格信息等。

3. 教育、儿童服务与技能标准办公室

教育、儿童服务与技能标准办公室是一个由教育部赞助但独立于教育部的政府部门,旨在通过提高教育标准和儿童社会关怀来改善人们的生活。其负责检查和监管数千个提供教育与培训的组织和个人,包括培训机构、学校、地方当局等,并通过发布调查报告、提供决策咨询等提高教育与培训的整体质量。其当前拥有约1800名员工,并与2000多名检查员签订了合同以实施管理工作,强调独立性、透明性、以证据为主导等。

**(二)基本管理机制**

在多样化的管理机构的基础上,英国职业教育管理的实际运行也呈现出地方分权、部门协作的复杂机制。一方面,英国职业教育的政策制定、监管认证与资格框架构建等管理权力的分配在各个地区均有不同。

1. 政策制定

在政策制定方面,英国不同地区负有相关职责的管理机构有所不同(详见表1-1)①。

---

① CEDEFOP. Vocational education and training in Europe: United Kingdom [EB/OL]. [2023-10-11]. https://www.cedefop.europa.eu/en/tools/vet-in-europe/systems/united-kingdom-2019.

表1-1 英国职业教育政策制定当局

| 英格兰 | 教育部：各级教育 |
|---|---|
| 苏格兰 | 苏格兰政府：各级教育 |
| 威尔士 | 威尔士政府：各级教育 |
| 北爱尔兰 | 教育部：学校和教师培训 |
| | 经济部：继续教育学院和高等教育 |

2. 监管认证

在正式职业教育的监管与审查方面，英格兰、苏格兰、威尔士和北爱尔兰也各有专门的管理机构，负责不同方面的事宜（如表1-2所示）①。

表1-2 英国正式职业教育的监管与认证机构

| 英格兰 | 资格与考试规范办公室：学校、继续教育和非学位高等教育资格 |
|---|---|
| | 教育、儿童服务与技能标准办公室：学校和继续教育学院 |
| 苏格兰 | 苏格兰资格管理局：学校、继续教育和高等教育资格 |
| | 苏格兰教育局：学校和继续教育学院 |
| 威尔士 | 威尔士资格：学校、继续教育和非学位高等教育资格 |
| | 威尔士女王教育与培训监察局：学校与继续教育学院 |
| 北爱尔兰 | 课程、考试和评估委员会：学校、继续教育和非学位高等教育资格 |
| | 教育与培训检查局：学校、继续教育学院和其他提供公共培训项目的机构 |

3. 资格框架构建

针对不同适用范围的资格框架，英国也专门设有负责机构（详见表1-3）②。

---

① CEDEFOP. Vocational education and training in Europe：United Kingdom [EB/OL]. [2023-10-11]. https://www.cedefop.europa.eu/en/tools/vet-in-europe/systems/united-kingdom-2019.
② CEDEFOP. Vocational education and training in Europe：United Kingdom [EB/OL]. [2023-10-11]. https://www.cedefop.europa.eu/en/tools/vet-in-europe/systems/united-kingdom-2019.

表1-3 英国资格框架负责机构

| 规范资格框架 | 资格与考试规范办公室 |
|---|---|
| | 课程、考试和评估委员会 |
| 苏格兰学分和资格框架 | 苏格兰学分和资格框架伙伴关系 |
| 威尔士学分和资格框架 | 威尔士政府 |
| 英格兰、威尔士、北爱尔兰高等教育资格框架 | 高等教育质量保障局 |

另一方面,英国职业教育的管理职责通常涉及多个部门,需要各类机构的协同合作。在公共教育领域,与教育部保持近距离工作联系的还有其他18个重要的公共机构,包括教育和技能资助局、建筑行业培训委员会、学徒制和技术教育研究所等[1]。同时,自20世纪90年代以来,英国就一直秉持有"教育是最好的经济政策"的观点,对职业教育的管理还通常涉及教育与经济部门的合作。

**(三)管理制度特征**

1. 以部门易名为表征的变革性

英国职业教育的管理部门在历史上经历了多次更名。20世纪60年代,英国政府为促进企业内职业培训,将管理部门更名为"教育科学部"。进入20世纪90年代以后,英国逐渐发现本国教育存在重人文、轻实业的问题,近百年都过分轻视职业教育,于是在1995年将管理部门易名为"教育与就业部"。此后,2001年更名为"教育与技能部",强调实现教育与技能的协同管理。2007年,这一部门又被拆分为"儿童、学校与家庭部"和"创新、大学与技能部"。2009年,"创新、大学与技能部"被合并到"商务、创新与技能部";几经更名后,当前相关部门已不见"技能"。而"儿童、学校与家庭部"则最终演变为教育部。英国职业教育管理制度的多变性由此可以窥见一二。

2. 各层级合作与博弈的并存性

英国职业教育管理在中央与地方之间呈现出动态而复杂的关系。职业教育管理出现地方分权倾向,但建立在协商合作基础上的中央督导同时存在。从历史上看,英国中央教育行政机构创立较晚,直到1839年才建立了枢密院教育委员会;1856年,枢密院教育委员会改组为教育局;1899年,教育局改为议会直属的教育署;1944年,教育

---

[1] 资料来源:英国政府官网(https://www.gov.uk/government/organisations)。

署更名为教育部。随着名称的改变以及隶属关系的变动,中央教育行政机构的管理权也在不断扩大。当前,英国中央也对职业教育负有一定管理职责。例如,教育部作为24个内阁部门之一,负责各级教育管理;又如,2019年颁布的《继续教育与技能督导指南》要求对职业教育进行中央统一督导①。英格兰、苏格兰、威尔士、北爱尔兰对职业教育的政策制定、监管认定等均设有专门机构负责,表现出地方自治的特点。

3. 议会立法与政策改革的支撑性

英国推动职业教育改革与发展的方式一般为议会立法、采纳咨询报告、发布政策等。如1996年、2002年、2005年的《教育法案》,1997年的《国家培训委员会法案》,2008年的《世界一流学徒制:解放天赋,发展所有人的技能》,2016年的《16岁后技能计划》等,均为职业教育管理提供了保障。

### 三、法国职业教育管理制度

#### (一) 主要管理机构

1. 国民教育和青年部、高等教育和研究部

原法国国民教育、高等教育和科研部几经分解与组合,演变为当前的国民教育和青年部、高等教育和研究部。国民教育和青年部负责制定、执行针对处于学校系统内外的青年的相关政策,并发展学前、小学与中学教育。高等教育和研究部则负责准备、实施关于高等教育、研究与技术的政策。对于职业教育,相关部委联合行使权力,如国民教育和青年部下设的教育总局主要负责制定教育教学政策,确保小学、初中、高中和职业高中教学方案的实施,并对培训活动的框架与组织进行管理等。

2. 法国能力署

法国能力署是法国统筹协调职业教育和学徒培训的全国性公立机构,于2019年正式成立。其主要负责更新与管理法国国家职业资格证书目录、监管并提高职业教育与培训质量、统筹职业教育和学徒制的财政资金分配、组织职业发展策划委员会并为其提供经费支持等,旨在以可持续的最佳方式为职业教育提供资金,规范市场以确定技能需求,并开发相应的教育模式,提高职业教育参与者之间的透明度和协作。它取代了国家就业和培训跨专业联合委员会以及国家就业、培训和专业指导委员会等国家管理机构,吸收了职业生涯保障联合基金和国家专业认证委员会,并享有独立的法人

---

① 吴雪萍,裴文洁. 聚焦质量:英国职业教育督导的演变、特点与价值取向[J]. 比较教育研究,2023,45(1):63-72.

资格和财务自主权,由 15 位来自政府相关部门、工会组织、雇主组织、地方大区等的代表组成。

3. 劳动、充分就业和融合部

劳动、充分就业和融合部主管法国劳动、就业、学徒制、职业培训、社会对话、预防工伤事故和职业病、养老保险等有关事项。其管辖下的就业与职业培训总代表团负责为就业和职业培训提供政策意见、实施指导方针。它拥有公共就业服务的核心地位,协调多方网络,与其他政府部门和社会伙伴共同商议建立法律框架,开展政策实施,并评估其成效。

### (二) 基本管理机制

1. 国家层面

在法国,国家负责制定职业教育的标准和战略,国家层面各部门按照确保个体职业生涯和就业机会的逻辑指导相关政策。对职业教育的管理以教育部门为主,但同样涉及国家层面负责农业、就业、社会事务、体育、卫生与文化等事务的部门,如农业与粮食主权部专门设有教育和研究总局主管农业教育及其继续培训政策的执行。一般而言,基于学校的初等职业教育主要由教育部门管理,继续职业教育则主要由劳工部门管理。总体来看,法国教育行政体制结构以中央政府为统一主导,交由各地学区执行与监督;学区为中央派驻地方之代表,并不隶属于地方政府。

2. 学区层面

学区是法国国民教育系统所特有的行政管理单位。学区制在法国有 200 多年的历史,虽此后有所变化,但它已成为法国教育系统坚实的基石,延续至今[①]。自 2020 年起,法国将全国划分为 18 个大学区省,下辖 30 个学区,其中 25 个在法国本土,5 个在海外省。学区的职能主要包括三个方面:执行上级主管部门的政策决议、代表教育部行使相关权力、管理除房地产以外的教育资源。学区内设有学区长、学区长顾问、学区学徒培训监督处。学区长是学区的最高管理者,其职责是领导、管理和监督。学区长顾问的职能主要通过委托地区教学督学来行使,在职业教育方面的顾问负责检查监督学徒的培训、学区和地方及国家其他管理部门之间的关系、处理和行业组织的关系等,是学区长在地区就业培训观察室的代表。而学区学徒培训监督处的职能包括培训企业学徒、管理监督学徒中心等[②]。

---

① 方友忠,马燕生.法国学区制的发展状况及启示[J].世界教育信息,2015(19):47-48+53.
② 臧志军.职业教育国家制度的比较研究[D].上海:华东师范大学,2013.

3. 地方教育管理机构

法国教育是一个由国家和地区共同承担的领域,国家确保组织教学内容和人员及机构的管理,而地区主要负责设备器械和财务。机构管理议会主要由三方组成:公共团体代表(地区领导、教育顾问、地区团体代表等)、由机构内选出的代表及消费者代表(家长和学生)。2002年,法国还建立了地区就业和职业培训协调委员会,主要负责协调就业和培训之间的关系,委员主要包括当地政府代表、地区议会、工商业和劳工组织等。

**(三) 管理制度特征**

1. 变迁下的中央集权

法国职业教育管理制度的一大特征是中央集权,即国家对职业教育的组织规划、实施推进、监督管理等负有主要责任。20世纪80年代后,在经济转型、社会发展等影响下,法国开始推进地方分权的行政管理体制改革。近年来,在教育方面也进行了权力下放与分散,以提高下级政府部门参与的灵活多样性。例如,法国学徒制由国家(负责立法)、地区(负责制定政策)和社会伙伴(负责管理学徒培训中心)共同管理[1]。但要求中央与地方协同的管理模式变迁主要由国家力量驱动,长期以来形成的国家官僚主义的职业教育管理模式仍占据主导地位。

2. 社会伙伴的多方参与

社会合作伙伴在法国职业教育的管理中发挥着重要作用。雇主、工会、专业协会、家长和学生代表等的协商合作构成了职业教育改革的基础,社会多方通过系统参与各类资格的制定和课程标准的开发、作为考试或审查委员会代表促进质量保障、作为不同机构管理者推动青年培训并提供融资等分担职业教育管理职责。随着权力下放的不断尝试,法国社会伙伴在职业教育领域中既是被管理者,也是管理者,多主体在相互制约与相互支持下共同促进职业教育发展。

3. 企业为重要资金来源

法国是世界上第一个对企业征收培训税的国家,于1925年便引入了雇主学徒税,旨在为职业教育提供资金,促进学徒制的机会平等。此后,企业资助经历了许多改革,

---

[1] CEDEFOP. Developments in vocational education and training policy in 2015 - 19: France. Cedefop monitoring and analysis of VET policies [EB/OL]. [2023 - 10 - 01]. https://www.cedefop.europa.eu/en/publications-and-resources/countryreports/developments-vocational-education-and-training-policy-2015 - 19 - france.

但一直以来为职业教育尤其是继续职业教育提供资金都是法国的法律要求。如《自由选择各自职业未来法》明确规定,企业雇主不仅要直接为其雇员提供培训资金,还需为继续职业教育缴纳税款。2018年,企业作为法国继续职业教育资金的主要来源,出资占到了总量的31.2%[①],为职业教育管理提供了重要基础。

### 四、美国职业教育管理制度

**(一)主要管理机构**

美国的公共教育系统是由地方、州和联邦三级共同控制的分权结构组成的。联邦政府不直接管理州和地方教育,而是负责颁布法律、向各州提供资金等。各州承担教育责任,并据此制定立法框架,供州内学校遵循。由于各州对职业教育的管理责任分配方式各不相同,以下主要对联邦政府的重要机构进行简介。

1. 教育部

美国教育部作为联邦政府机构,成立于1980年,由多个联邦机构的办事处合并而成,使命是通过促进教育发展和确保平等机会来提高学生成就并为全球竞争做好准备。其主要职责包括:制定联邦教育财政援助政策,对资金进行分配与监督;收集美国学校数据,传播研究成果;促使全国聚焦教育重点问题;禁止歧视并确保接受教育的平等机会;等等。对于职业教育,美国教育部专门下设了生涯、技术与成人教育办公室,负责管理与协调成人教育和扫盲、生涯与技术教育以及社区学院的相关项目,强调帮助所有学生获得具有挑战性的学术和技术技能,为21世纪全球经济中的高技能、高工资或高需求职业做好准备。它需向教育部提供制定、实施、检评、修改职业教育相关决策的建议,并向部长及国会提交年度报告、总结和建议汇编。

2. 劳工部

美国劳工部负责管理联邦劳动法,保障工人享有公平、安全和健康工作条件的权利,包括最低小时工资和加班工资、防止就业歧视和失业保险等。在劳工部之下,美国设有就业与培训管理局、退伍军人就业与培训服务局、职业安全与健康管理局等,对职业培训进行管理。如就业与培训管理局的职责是提供高质量的职业培训、就业、劳动力市场信息等,涉及学徒制、劳动力创新和机会法案、职业信息网络等项目,以促使美

---

① CEDEFOP. Vocational education and training in Europe — France (September 2021) [EB/OL]. [2023-10-12]. https://www.cedefop.europa.eu/en/tools/vet-in-europe/systems/france-u2.

国劳动力市场更有效地运作。在教育系统之外，几乎所有由政府支持的技能培训都由联邦劳工部管理①。

**(二) 基本管理机制**

1. 联邦政府负责全国宏观职业教育管理

联邦政府不干预各州的职业教育工作，而是通过教育部、劳工部以及技能委员会、职业信息协调委员会等研究拟定职业教育基本规划、政策、法令，搜集交流有关信息，拨付职业教育经费，通过立法、联邦委托、制定职业教育国家标准、开展绩效评估等多种手段，引导各州向国家教育目标、国家标准看齐，从而实现国家对职业教育的干预。简言之，联邦政府只"掌舵"不"划桨"，通过间接干预与州合作来管理职业教育。

2. 州政府是各州职业教育的管理者与责任人

由于美国是联邦制国家，其职业教育的行政管理以地方为主。美国职业教育的管理机构由州一级设立，由政府人员、企业代表、社会代表等各界成员组成职业教育委员会或类似机构，主要负责统筹、协调和规划全州职业教育。州政府一般不直接干预职业教育工作，主要是结合本州实际情况拟定本州职业教育的政策法规，确立本州职业教育具体规划，提供本州劳动力供求信息，并通过州职业教育委员会对职业院校进行指导，同时视各社区学院、专科学校执行州拟定法规、规划等情况，分别拨付职业教育经费，引导和支持职业教育工作。此外，还通过州教育局对高中最后两年职业技术课程的设置做出必要的安排、审议、评估等。

3. 学校是职业教育实际的管理者与举办者

在美国，超过1.4万个地方教育机构对职业教育的管理负有主要责任，在深受联邦立法影响的州立法和条例框架内运作②。社区学院、专科学校、研究单位、企业以及高级中学是美国开展职业教育的实体。除高中外，其他单位均根据本地有关法规要求和本地区、本单位实际情况，自行研究决定开设何种职业教育课程或项目，自行确定职业教育教学内容和教学方法，自行聘任职业教育的师资、研究人员，自行拟定课程考核标准，并根据有关情况变化相应调整职业教育计划。

---

① STONE III J R, LEWIS M V. Governance of vocational education and training in the United States[J]. Research in comparative and International Education, 2010, 5(3): 274-288.
② UNESCO. TVET Country Profiles: United States of America [EB/OL]. [2023-09-10]. https://unevoc.unesco.org/home/Dynamic+TVET+Country+Profiles/country=USA.

### （三）管理制度特征

**1. 基于财政引导的地方分权**

美国的教育体系是高度分权的，各州和地方政府在教育管理方面拥有很大的自主权。这导致不同地区有各自独特的职业教育政策计划与管理模式。地方教育机构在职业教育管理方面承担主要责任；而联邦政府向各州提供资金以支持职业教育，通过财政拨款来引导地方。为了获得这些资金，各州必须向联邦政府提交计划，描述其将如何使用这些资金来实现联邦政府的目的。同样，各州通常也要求地方机构提交资金使用计划。此外，美国开发的约1000个部门伙伴关系也主要依赖劳工部主导的联邦资金和州级拨款，覆盖运营成本的60%左右[1]，并通过《21世纪劳动力伙伴关系法案》《加强21世纪生涯与技术教育法案》等规范资金管理制度。

**2. 金字塔形的分层结构**

美国职业教育的管理制度呈现出联邦机构位于顶层、各州政府位于中间层、地方教育机构位于最底层的"金字塔形"分层结构。联邦政府在职业教育中主要发挥服务功能，州政府统领地方职业教育，而地方教育机构则对职业教育进行具体管理。在这种管理模式下，美国职业教育改革多从地方开始，呈现出一种自下而上的趋势。而由于教育的单轨制，美国对职业教育更加强调指向生涯发展与终身学习的整体化管理。

**3. 中介组织的大量参与**

美国主要采用完全市场化的经济模式，其校企合作主要依托中介组织进行[2]，中介组织在职业教育管理中起到协调政府、市场与教育机构的重要作用。例如，生涯与技术教育协会成立于1926年，是美国最大的全国性教育协会，致力于推动教育进步，为青少年和成人的职业生涯做好准备，培养有竞争力的劳动力。该协会由个人、教育机构、国家附属组织、公司等四类会员组成，内部设有州协会、地区、分部、董事会和代表大会等五个组织机构，通过为会员提供针对其职位或专业领域的专业发展资源、活动和交流机会等[3]深度参与职业教育管理。

---

[1] The National Governors Association. State sector strategies coming of age: implications for state workforce policymakers [EB/OL]. [2023-09-10]. https://www.nga.org/wp-content/uploads/2021/02/Sector-Strategies-for-Policymakers-NGA-Report.pdf.

[2] 周英文,徐国庆.中介组织参与职业教育改革的机制分析——以美国为例[J].教育发展研究,2021,41(7):53-60.

[3] 资料来源：ACTE网站(https://www.acteonline.org/why-cte/what-is-cte/acte-history/)。

## 五、澳大利亚职业教育管理制度

### (一) 主要管理机构

澳大利亚对职业教育有决策权或管理权的部门较多,以下是较为重要的管理机构。

1. 国家技能内阁改革委员会

2020年,澳大利亚内阁同意终止澳大利亚政府理事会,成立国家联邦改革委员会,包括国家技能内阁改革委员会。国家技能内阁改革委员会作为国家内阁的重要机构,是澳大利亚职业教育体系的最高决策机构。2022年,国家内阁同意关于修订联邦关系架构的建议,要求进一步简化架构,用部长理事会代替有时限的部长会议、改革委员会等。

2. 技能和劳动力部长理事会

技能和劳动力部长理事会为澳大利亚整个职业教育问题提供了一个全国性合作论坛。理事会由联邦、州和地区负责技能事务的部长组成,职责范围是通过战略政策制定、优先事项确定、规划开发、执行与评估以及协调关键的跨部门问题,以期通过对国家政策制定与实行的充分讨论,为职业教育提供指导,并促使所产生的原则性协议在各州政府制定正式实施策略时能得到充分采纳。该理事会目前由9名负责技能事务的部长组成,并于2023年2月召开了第一次会议[①]。

3. 教育部

澳大利亚负责职业教育的联邦部门名称经历了多次改变,当前的教育部是2022年由原教育、技能和就业部转变而来。作为联邦政府的重要部门,教育部负责制定和实施国家教育政策,监督和管理教育体系。在改革后,教育部对职业教育的管理责任向新建的就业和工作场所关系部有所转移。

4. 就业和工作场所关系部

就业和工作场所关系部是澳大利亚于2022年新建的机构。其战略目标有三:通过帮助求职者寻找工作、满足雇主与行业需求的政策和项目,培育一个富有成效和竞争力的劳动力市场;通过获得优质技能和培训,促进经济生产力和社会福祉的增长;通过促进公平、高效和安全的工作场所的政策和项目,促进就业增长。目前,就业和工作场所关系部在职业教育的管理中发挥着统领作用,负责职业教育的质量与法规、职业教育资格证书、第三级教育政策、职业教育学生贷款、职业教育数据等多项事宜。

---

① NCVER. Governance and regulation, VET Knowledge Bank [EB/OL]. [2023-12-18]. https://www.voced.edu.au/vet-knowledge-bank-governance.

5. 行业技能委员会

澳大利亚国家行业技能委员会是由澳大利亚联邦政府于2015年成立的,旨在赋予工业界在职业教育领域中更多的决策影响力。其主要职责在于为政府和企业提供关于劳动开发与技能需求的专业建议,并向联邦、州和地方的技能部长推荐国家培训包以供批准。得到认可的培训包随后会列在国家登记册上,供注册培训组织实施。

6. 技能质量管理局

澳大利亚技能质量管理局是职业教育部门的国家监管机构,于2011年成立。它主要负责澳大利亚90%左右的注册培训组织的注册、监督注册培训组织遵守国家标准的情况、监管职业教育与培训认证课程等。它与相关负责机构合作,包括维多利亚州和西澳大利亚州的州监管机构以及高等教育质量和标准局等,以为全国统一的优质职业教育体系提供保障。

7. 州培训局

澳大利亚每个州或自治区政府都有一个负责在本州的法律框架下执行与管理本州职业培训事务的培训管理机构,即州培训局。它主要负责执行与管理本州职业教育,包括财政拨款、经费落实、注册与审核培训机构、认证培训课程、规范招生过程、评估办学水平等。

**(二)基本管理机制**

澳大利亚各级政府相关部门共同负责职业教育的治理、监管和支持。在中央与地方之间,教育主要由州政府负责,联邦政府更多地主管政策制定、经费提供等。在此基础上,澳大利亚建立了由联邦、州和地区负责技能事务的部长组成的委员会,以协调中央与地方的关系。而在部门之间,澳大利亚职业教育管理机制出现了新的分工。十年前,澳大利亚负责职业教育的联邦部门为产业、创新、科学、研究与第三级教育部;2014—2019年,将原教育部、就业部等相关部门统合为教育与培训部,其后又分分合合,到2020—2022年间变为教育、技能与就业部;2022年,原教育、技能与就业部变为教育部,并创建了一个新的实体,即就业和工作场所关系部[①]。目前,就业和工作场所关系部在职业教育中的管理角色更为明显。总体来看,澳大利亚已形成较为系统的职

---

① NCVER (National Centre for Vocational Education Research). Governing VET in Australia: 1992 - 2022 [EB/OL]. [2023 - 10 - 11]. https://www.voced.edu.au/vet-knowledge-bank-governing-vet-australia>.

业教育管理机制(如图1-3所示)①。

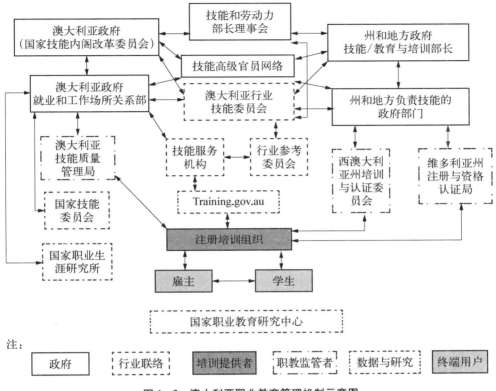

**图1-3 澳大利亚职业教育管理机制示意图**

## (三)管理制度特征

### 1. 兼具统一性与灵活性

澳大利亚职业教育由联邦和各州政府共同管理。联邦政府与各州和地区的技能部门合作,在职业教育的管理、融资和总体政策制定方面发挥着全国性的作用,而各州和地区的培训机构负责职业教育的具体运作。这种一体化的管理体系有助于确保职业教育管理在整个国家范围内的一致性和标准化,同时也允许各地根据自身经济和职业需求进行一定的调整,可促使职业教育在保持质量基准线的同时提升多样性与灵活度。

---

① Australia Industry and Skills Committee. Reflections and opportunities: Australian Industry and Skills Committee 2015-2022[R]. Canberra: Australian Capital Territory, 2022.

2. 市场化下的行业参与

澳大利亚的职业教育管理是围绕政府、职业教育机构和行业代表组织之间强有力的合作关系组织起来的,市场化导向下行业的深度参与是其显著特点之一。教育机构与各个行业建立了紧密的伙伴关系,确保职业教育的内容与实际职业需求相符。这种合作模式使教育机构能够及时了解行业趋势,更好地适应市场变化。例如,行业技能委员会、行业参考委员会是职业教育管理的重要机构;又如,《技能改革协议要点》要求自2023年起开始实施旨在加强行业领导力和参与度的新制度安排等。

3. 注重管理质量保障

澳大利亚针对职业教育管理建立了严格的评估和认证体系,要求政府和专业机构对教育机构进行定期评估,以确保教育教学质量和学生职业发展。澳大利亚尤其注重职业教育监管机构的建设,如建立技能质量管理局作为全国性的职业教育与培训监管机构;设立维多利亚州注册与资格认证局和西澳大利亚州培训与认证委员会,在各自辖区内肩负监管责任等。

## 六、日本职业教育管理制度

### (一)主要管理机构

1. 文部科学省

文部科学省是日本中央省厅之一,于2001年起由原文部省与科学技术厅合并而成。它主要负责统筹日本的教育、科学、学术、文化与体育事务。日本职业教育的提供机构非常广泛,其中在高等教育和高中后教育机构中实施的职业教育项目主要由文部科学省负责。例如,2017年,日本国会通过了《学校教育法》修正案,其后文部科学省颁布了《职业大学设置基准》,强调通过新型高等学校的高质量职业教育,培养专门人才。

2. 厚生劳动省

厚生劳动省也是日本中央省厅之一,于2001年由原厚生省与劳动省合并而成。它依据为了"保障和改善民生"和"发展经济"的整合理念,关注社会福利、社会保障和公共卫生等的改善,以期全面推进晋升、改善工作环境、稳定就业、培养人才。它主要负责日本的健康、医疗、儿童、福祉、雇用、劳动、年金等政策领域。在职业教育中,厚生劳动省负责监督工业大学、学院等,并通过下设的劳工标准局、就业保障局、就业环境及平等机会局、人力资源开发总局等机构开展具体工作。例如,厚生劳动省负责不断修订、完善职业能力评价标准,企业能够在厚生劳动省所属中央职业能力开发协会免费获得职业能力评价标准数据等。

**(二) 基本管理机制**

日本职业教育管理机制随时代变化而有所不同。19世纪70年代至20世纪20年代,职业教育主要由各产业主管部门负责,中央政府并不进行统一管理。二战后,日本职业教育管理开始以政府为主导,企业仅负责接收学生、提供岗位等,发言权较小。到20世纪70年代,职业教育管理开始向市场导向、地方分权转变[①]。而新世纪以来,随着高等教育的高度普及化、新生劳动力市场的结构性变化,特别是青年就业问题的加剧,日本加速推进了职业教育的重组转型,职业高中规模明显缩减,以往狭义的学校职业教育逐渐被广泛的生涯教育所取代,同时"双元制"也成为改革关键词。普通教育与高等教育中的生涯教育、大学生的职业见习、研究生教育中的职业继续教育等范畴,被纳入广义的职业教育体系,成为政策与研究关注的重要领域。以上背景的出现,促使日本职业教育管理制度不断完善以迎接新的挑战。

当前,在战后美国"分权自治"影响与自身"君主至上"政治传统的矛盾冲突与不断融合下,日本职业教育管理制度已完成建制,各项职业教育法律较为完备,管理体系也逐渐层次清晰,关注中央与地方、各部门之间的协调性,形成了中央集权与地方分权相结合的职业教育基本管理机制。按主管部门分,可以划分为文部行政与劳动行政分管的学校职业教育体系和职业培训,以及企业内面向员工的岗位教育与培训。而在文部科学省与厚生劳动省分工协作的基础上,日本在各都道府县设有地方教育委员会,负责管理本地区的职业教育相关事务。总体而言,通过中央和地方行政部门明确的职能分工,以及部门之间密切的横向协作,实现了职业教育管理机制的多元化[②]。

除了文部科学省、厚生劳动省外,日本也有其他部委的附属专业学校,如政策学院、气象学院和文凭培训中心等。这些机构的建设依据不是《学校教育法》,而是其他相关立法。附属专业学校由国家学术、学位与大学评估机构监督。

**(三) 管理制度特征**

1. **完善的法律与政策保障**

日本以完善的职业教育相关法律和灵活的政策构建起以立法为主体的职业教育

---

[①] 祁占勇,王佳昕.日本职业教育制度的发展演变及其基本特征[J].河北师范大学学报(教育科学版),2018,20(1):73-78.
[②] 张燕.文化视野中德、日职业教育的比较研究[J].外国教育研究,2012,39(6):110-120.

管理制度。纵观历史,日本职业教育每一阶段的发展都伴随着法律的颁布和政策的推行。例如,明治时期施行的"文明开化""开发工学""奖励百工"政策,使纺织、机械、开采、制造等相关产业获得大力发展;战时颁布《中等学校令》,职业教育被纳入到战时体制中;通过修订1947年颁布的《学校教育法》,于1950年明确了短期大学在高等教育阶段的法律地位,1961年设立五年一贯制的高等专门学校,1976年又明确了专门学校的法律地位;1985年颁布《职业能力开发促进法》,提出要设立职业能力开发校等。而近年来,日本职业教育政策主要以提高职业教育质量为导向。如2013年发布的《第二个促进教育基本计划》,要求加强生涯教育、职业教育、社会参与支持,通过产学研合作培养高素质人才等。

2. 产学合作下的企业参与

日本一直秉承"科学技术立国"的基本国策,通过"产学合作"模式,大力发展职业教育,开发人力资源优势。除高中、大学与产业界的合作外,日本同样重视在企业内进行在职培训和脱产培训,使得其职业教育管理机制受到企业的深度影响。然而,随着经济的发展变化,日本年功序列制、终身雇佣制等开始遭遇瓦解困境,以其为重要支柱的企业内培训所面临的挑战也日益凸显。在一项调查中,超过一半的公司提出,未来职业教育将是员工的责任[1]。个人对于自身职业技能发展的管理或将成为一个重要议题。

3. 综合化下的分类管理

职业教育在日本最早被称为"实业教育",二战后被"产业教育"所替代。1951年颁布的《产业教育振兴法》规定,产业教育是指开展使学生习得从事农业、工业、商业、水产以及其他产业(包含家庭科教育)所必需的知识、技能及态度的教育。与之一致,日本学校职业教育非常重视学生职业观、人生观的养成教育。因此,日本职业学校多种多样,专业设置日趋综合,并对不同的学校实行分类管理。例如,早在1971年,《为了教育改革的基本性措施》便提出划分职业型短期大学、高等专门学校等职业教育机构类别,推行高等教育机构的分类管理。又如,近来文部科学省通过事权让渡,将专门职业大学变为由高等教育局管辖,并独立设置审议机构[2],实行专门管理等。

---

[1] FUJIMURA H. Managing the development of one's own vocational skills in Japanese companies[J]. Japan Labor Review, 2004, 1(3): 23-44.
[2] 陆素菊. 本科职业教育的日本道路——专门职大学制度的创立及其实践课题[J]. 外国教育研究, 2021, 48(1): 3-16.

## 七、中国职业教育管理制度

### (一)主要管理机构

1. 国务院职业教育工作部际联席会议制度

国务院职业教育工作部际联席会议制度是根据《国务院关于同意建立国务院职业教育工作部际联席会议制度的批复》《国家职业教育改革实施方案》等政策文件建立的职业教育管理组织。它由教育部、人力资源和社会保障部、国家发展和改革委员会、工业和信息化部、财政部、农业农村部等单位组成,国务院分管教育工作的副总理担任召集人。其主要职能在于统筹协调全国职业教育工作,研究协调解决工作中的重大问题,听取国家职业教育指导咨询委员会等方面的意见建议,部署实施职业教育改革创新重大事项等。当前工作规则为每年召开两次会议,各成员单位就有关工作情况向联席会议报告。

2. 中华人民共和国教育部

在我国,国务院教育行政部门负责职业教育工作的统筹规划、综合协调、宏观管理。教育部下设多个司局机构共同管理职业教育各项事务,主要包括:其一,职业教育与成人教育司,承担职业教育统筹规划、综合协调和宏观管理工作;拟订职业教育专业目录和教学基本要求;会同有关方面拟订职业学校设置标准;指导职业教育教学改革和教材建设工作;指导职业学校教师培养培训工作等。其二,教师工作司,负责规划、指导包括职业院校在内的各级各类学校教师队伍建设;拟订教师教育和教师管理政策法规;拟订各级各类教师资格标准并指导教师资格制度的实施;宏观指导教师教育和教师管理工作等。此外,作为教育部直属单位,教育部职业教育发展中心也在职业教育政策法规、战略规划、项目设计等方面承担管理参与角色,致力于成为我国职业教育的决策服务中心、协同创新平台、交流合作平台、宣传推广平台等。

3. 中华人民共和国人力资源和社会保障部

我国职业教育的另一重要管理机构是人力资源和社会保障部,主要负责统筹建立面向城乡劳动者的职业技能培训制度;完善职业资格制度;健全职业技能多元化评价政策。人社部下设职业能力建设司,主要职能包括组织拟订技能人才培养、评价、使用和激励制度,拟订城乡劳动者职业培训政策、规划,指导开展技工学校教育和职业技能培训,指导师资队伍和教材建设,拟订职业分类、职业技能标准等。

### (二)基本管理机制

中国职业教育管理主要表现为政府统筹管理形式,形成了各级各类部门分工合作的基本管理机制(如图1-4所示)。在中央层面,国务院教育行政部门、人力资源和社会保障行政部门和其他有关部门在职责范围内,分别负责有关的职业教育工作。一般而言,教育部主要负责除技工院校之外的职业学校教育;人社部主要负责职业培训;国家发展和改革委员会、工业和信息化部、财政部、农业农村部、国务院国资委、国家税务总局、国务院扶贫办等部门则主要承担协作管理职责。例如,《职业教育提质培优行动计划(2020—2023年)》是由教育部等九部门共同印发的。而在不同部门之间,国务院职业教育工作部际联席会议制度发挥统筹管理作用。中共中央办公厅、国务院办公厅负责职业教育跨部门的最高管理决策,如印发《国家职业教育改革实施方案》《关于深化现代职业教育体系建设改革的意见》等重要政策文件。在地方层面,职业教育管理主要由地方政府及其教育、人社部门管理,并对上级部门负责。

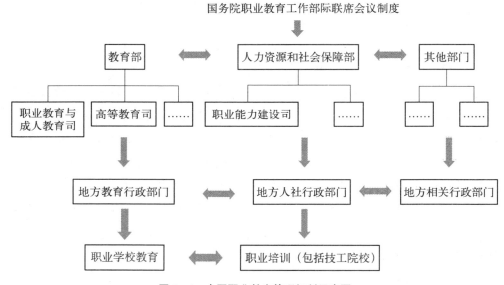

图1-4 中国职业教育管理机制示意图

### (三)管理制度特征

1. 由计划管理走向市场调节

回溯历史,我国职业教育发展过程的一个显著特征是逐渐关注通过市场力量和社会力量来变革办学体制。从政府角度看,职业教育更加贴近市场,在运营中可以更多地采取市场机制的方式[①]。在长期的变革中,国家不再倾向于对职业教育进行计划管

---

① 和震.我国职业教育政策三十年回顾[J].教育发展研究,2009,29(3):32-37.

理,而是倡导充分发挥市场需求的作用,灵活办学,发挥职业院校和企业踊跃参与合作办学的积极性,进一步丰富我国职业教育的管理主体及形式,从而解决传统计划管理体制存在的弊端,释放市场活力,将力量集中到技术技能人才培养的关键环节上来。

2. 基于中央集权的条块分割

虽然近年来国家愈发关注职业教育管理权力的下放,但我国职业教育管理制度整体上仍呈现集权化特点,各级政府的垂直关系较为清晰,中央政府承担统筹协调的重要责任,地方政府与机构则分属不同上级主管单位。而在横向上,同级政府各自管理自己的职业教育,不同部门各自负责自己的工作领域,各类职业学校分属不同部门管理,职教序列与技工序列的管理体系相互分离,职前教育与职后培训也有所分割。总体来看,中央集权的政治体制有利于保证我国职业教育管理的全国统一性与统筹继承性,为全国职业教育质量的整体提升奠定基础;但管理组织架构还呈现出条块分割的特点,存在不同管理机构可能相互掣肘的问题。

3. 从管理到服务的改革倾向

当前,我国对职业教育不再局限于外部宏观的管理,更加遵循一种"管理即服务"的理念。如《国家职业教育改革实施方案》明确指出,各级政府部门要加快"放管服"改革,加快推进职能转变,由注重办职业教育向管理与服务过渡,政府主要负责规划战略、制定政策、依法依规监管,同时发挥企业的重要办学主体作用。政府在更大范围内、更深层次上,以更有力的举措推进简政放权、放管结合、优化服务改革,并越来越注重为职业教育提供信息咨询、建立人才培养通道、支持职业教育师资建设、联系职业院校和企业等,体现了政府在职业教育管理制度中从被动管理到主动服务的角色转变趋势。

## 第二节 职业教育管理制度的比较分析

纵观世界各国职业教育管理制度的顶层设计,无外乎有两个关键问题。一是纵向中央集权与地方分权的关系问题。即在国家职业教育管理制度中,如何对职业教育管理权力进行分配,是将管理权力高度集中在中央层面,还是适当分权到地方层面?二是横向管理体制安排方面教育部门与人社部门的关系问题。即在国家职业教育管理制度中,如何处理好教育部门和人社部门可能存在的矛盾与冲突,是采用教育部门与人社部门融合管理的模式,还是采用教育部门与人社部门分离管理的模式?

在前面的研究中,我们对不同国家职业教育的管理制度进行了国别研究。下面为进一步展开比较分析,本研究将从国际坐标的视野出发,以纵向管理权力分配与横向管理体制安排为主要比较维度,建构职业教育国家管理制度的分析坐标,探讨不同国家职业教育管理制度在国际坐标中的位置。值得说明的是,在比较分析部分,本章将采用问题导向的逻辑对职业教育国家制度进行比较分析,力争在历史与现实的互动中,找出职业教育管理制度构建的一般规律。

### 一、各国职业教育管理制度的二维概述

纵向管理权力分配主要涉及中央与地方及地方与职业教育直接举办者的权力分配问题。在以国家为分析单位的职业教育管理制度中,以权力分配为核心的政治体制安排为职业教育管理制度的顶层设计提供了基本参考。在这套权力分配机制下,参与职业教育的各大主体在制度化安排下形成各种形式的制度关系。从中央与地方的关系来看,主要表征为,一种是采取中央集权的管理模式,另一种是采取地方分权的管理模式。具体如表1-4所示。

表1-4 各国职业教育制度的纵向管理权力分配

| 国 家 | 纵向管理权力分配 |
| --- | --- |
| 德 国 | 在联邦政府的基本业务指导下,由州及以下政府负责职业教育具体运营,以企业为主体的直接举办者享有较大自主权。 |
| 英 国 | 中央教育行政机构主要履行指导、监督职能,而学校主要由地方教育部门管理,企业等举办主体权力较大。 |
| 法 国 | 将职业教育管理严格划分为国家和学区两个层面,在中央的统一领导下管理职业教育,学校办学自主权有限。 |
| 美 国 | 联邦政府通过各种形式的立法与财政投入参与管理,实际管理以州政府为主,但以企业为代表的私人部门自主权较大。 |
| 澳大利亚 | 将中央集权与地方分权进行充分的结合,并出现不断分权的趋势,尤其是行业、企业权力不断扩大。 |
| 日 本 | 国家在职业教育管理中主要扮演监督指导角色,地方政府主要扮演投资者角色,具体办学权力不断让渡给企业。 |
| 中 国 | 采取中央统一管理与地方分权管理相结合的模式,中央权力相对集中,学校、行业、企业在管理中的话语权有提高趋势。 |

横向管理体制安排主要涉及教育部门与人社部门的关系问题。兼具升学和就业功能的职业教育就像天平一样,一端是教育部门主管的教育,力主促进学生的个人发展,另一端是人社部门主管的就业,关系着社会和经济的发展;教育部门和人社部门出于各自的利益而分别强调职业教育的教育功能和经济功能,二者在管理上的分歧使天平两端的砝码很难找到一个最佳平衡点,部门间的争利制约了职业教育政策在实践中的效果[①]。就其表征而言,一种模式是教育部门和人社部门的融合管理模式,另一种是教育部门和人社部门的分离管理模式。具体如表1-5所示。

表1-5 各国职业教育制度的横向管理体制安排

| 国 家 | 横向管理体制安排 |
|---|---|
| 德 国 | 由联邦教育与研究部统筹管理职业教育工作,教育部门和人社部门发挥协调配合作用。 |
| 英 国 | 职业教育主要由教育部门管理,在政策制定、监管认证、资格框架等方面设有专门机构协同管理。 |
| 法 国 | 国家教育部及其下属机构主要在学术体制内对技术与职业教育负责,而广泛意义上的职业培训主要由人社部门管理,并设立法国能力署统筹协调。 |
| 美 国 | 联邦政府中的教育与人社部门共同负责职业教育管理工作。 |
| 澳大利亚 | 联邦政府通过制定职业教育的法规、政策,逐步形成以政府协作和行业主导为特征的管理体制,教育部的管理责任向人社部门转移。 |
| 日 本 | 学校制度范畴的职业教育归文部科学省管辖,其他多归厚生劳动省管辖。 |
| 中 国 | 教育部门主管中等专业学校、职业高中、高职院校、职业本科院校,侧重管理职业学校教育;而人社部门主管技工院校、技师学院,侧重管理职业培训。 |

## 二、各国职业教育管理制度的取向归类

从制度取向来看,纵向管理权力的分配可以划分为集权化和分权化两个取向。由于制度取向的不同,不同国家在纵向管理权力分配上存在较大的差异。从案例国家来看,部分国家采取的是中央集权为主的职业教育管理模式,部分国家采取的是地方分

---

① 翟海魂,等.规律与镜鉴:发达国家职业教育问题史[M].北京:北京大学出版社,2019:95.

权为主的职业教育管理模式,还有部分国家的职业教育管理模式介于二者之间。具体如表1-6所示。

表1-6 各国职业教育管理权力分配取向

| 取向<br>国别 | 集权化 | 分权化 |
|---|---|---|
| 德 国 | ★★★ | ★★ |
| 英 国 | ★★ | ★★★★ |
| 法 国 | ★★★★ | ★ |
| 美 国 | ★★ | ★★★ |
| 澳大利亚 | ★★★ | ★★ |
| 日 本 | ★★ | ★★★ |
| 中 国 | ★★★★★ | ★★ |

注:任何一个国家都不存在单一的管理权力分配取向,但存在程度的差异。所以采用星级制来表达不同管理权力分配取向的程度,一颗星代表程度最低,五颗星代表程度最高。

从制度取向来看,横向管理体制的安排可以划分为分离和融合两个取向。由于制度取向的不同,不同国家在横向管理体制安排上也存在较大的差异。从案例国家来看,部分国家采取的是职业教育融合管理模式,部分国家采取的是职业教育分离管理模式,还有部分国家的职业教育管理模式介于二者之间。具体如表1-7所示。

表1-7 各国职业教育管理体制安排取向

| 取向<br>国别 | 分 离 | 融 合 |
|---|---|---|
| 德 国 | ★★ | ★★★★ |
| 英 国 | ★ | ★★★★★ |
| 法 国 | ★★★ | ★★★ |
| 美 国 | ★★ | ★★★★ |
| 澳大利亚 | ★★ | ★★★★★ |
| 日 本 | ★★★ | ★★★★ |
| 中 国 | ★★★★ | ★★ |

注:任何一个国家都不存在单一的管理体制安排取向,但存在程度的差异。所以采用星级制来表达不同管理体制安排取向的程度,一颗星代表程度最低,五颗星代表程度最高。

## 三、国际坐标中的职业教育管理制度定位

如果将职业教育管理制度划分出一个国际层面的坐标系,可以将管理体制安排作为横向上的坐标轴,将管理权力分配作为纵向上的坐标轴。按照职业教育管理制度顶层设计取向的不同,横向坐标轴以教育部门和人社部门的融合与分离为两个方向,纵向坐标轴以权力的集权化和分权化为两个方向。根据这一划分标准,不同国家在国际职业教育管理制度坐标系中的定位如图1-5所示。其中,德国、澳大利亚位于第一象限,法国、中国位于第二象限,日本位于第三象限,美国、英国位于第四象限。

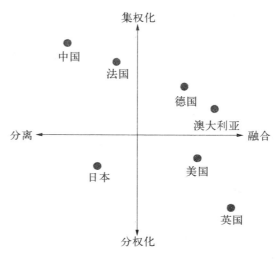

图1-5 国际坐标中的职业教育管理制度定位

# 第三节 对中国职业教育管理制度改革的启示

旁观他国是为反躬自省。通过对职业教育管理制度的国别研究与比较分析,尝试总结不同国家职业教育制度安排的特点,了解全球趋势,汲取先进经验,有利于拓展思路、拓宽视野,为我国职业教育管理制度问题的解决与改革的方向提供重要启示。本节试图在总结我国职业教育管理制度历史发展及现状的基础上,结合比较研究结果,提出改革对策,以期推动我国在职业教育发展方面迈出更为务实而有效的步伐,为培养更具竞争力的技术技能人才奠定坚实基础。

## 一、中国职业教育管理制度的历史沿革
### (一)初步建立期(1949—1958年)

新中国成立初期,我国仿照苏联模式,实行国家统一管理分配的计划经济体制,受国家经济管理体制的影响,职业教育直接受中央政府的领导。这一时期,为加强国民经济建设,技术工人、中等专业学校毕业生及各类技术型人才需为社会主义生产建设服务,强调职业教育围绕国家经济建设目标来培养适应生产力发展的人才。中等专业

学校、技工学校大部分由行业部门和国有企业举办,职业高中由地方教育部门举办。1951年,我国召开了第一次全国中等职业教育工作会议,提倡各省、市、自治区成立"中等职业教育委员会",负责指导各地发展职业教育。此时,国家统筹的劳动用工制度、单位制的劳动管理模式、去商品化的劳动保护制度为工厂学徒制和行业背景职业学校的建立和发展奠定了制度基础。在计划经济体制下,职业教育呈现出国家统筹和控制、单位制的全面管理、国有企业深度参与的重要特点。

**(二)调整期(1958—1966年)**

1956年中共八大召开后,国家提出改革经济体制,适当调整中央和地方、企业的关系。受此影响,国家对职业教育的管理权力也慢慢开始下放。1958年,先后发布了《关于高等学校和中等技术学校下放问题的意见》《关于教育工作的指示》两大文件,要求少数中央各业务部门管理的学校下放给所属企业直接管理,中央企业获得行业内学校的管理权,国有企业办学和管理的学校增加,职工教育和职业教育相结合,致力于为工厂培养技术人才。在单位制下,职业教育采取的是一种相对较为封闭的人才培养模式,主要服务于行业企业人才需求。

**(三)停滞期(1966—1976年)**

十年"文化大革命"对中国政治、经济、文化等各方面都造成影响,职业教育也同样受到影响,职业教育管理体制一度面临解体困境。在此期间,仅靠国务院科教组这一临时性的组织对我国的职业教育进行统筹管理。直到1973年7月,国务院颁发了《国务院批转国家计委和国务院科教组关于中等专业学校、技工学校办学中几个问题的意见》,并提出,由地方革命委员会有关业务部门负责管理地方职业学校。至此,对职业教育的管理才逐渐步入正轨。

**(四)恢复改革期(1978—1990年)**

1978年召开的十一届三中全会,做出了将国家工作重心转移到社会主义现代化建设上来和实施改革开放的重要决定,开启了中国特色社会主义发展道路的新征程。受"文化大革命"的影响,职业教育存在着教育结构单一、与经济发展脱轨、普职趋同现象明显等诸多问题[①]。因此,教育结构的整合与调整便成为该时期职业教育管理制度改革的首要任务。为了加强职业教育管理制度建设,国家颁布了诸多政策文件。如1980年颁布的《关于中等教育结构改革的报告》明确指出,要改革高中阶段的教育,大

---

① 闫广芬,石慧. 改革开放40年来职业教育"中国模式"的内生重构[J]. 西南大学学报(社会科学版),2019(1):81-89+194-195.

力兴办职业高中。1983年颁布的《关于改革城市中等教育结构、发展职业技术教育的意见》提出,各级政府要加强统一领导,有关部门要明确分工,各负其责,搞好协作。1985年,《中共中央关于教育体制改革的决定》指出了职业教育发展的方向和定位,提出"以中等职业技术教育为重点,发挥中等专业学校的骨干作用,同时积极发展高等职业技术院校,逐步建立起一个从初级到高级、行业配套、结构合理又能与普通教育相互沟通的职业技术教育体系"[①]。此时,职业教育形成了多部门、多行业共办的格局,管理主体包括行业、企业、人社部门和教育部门等。

**(五)发展新时期(1990年至今)**

20世纪90年代后,职业教育管理制度渐显弊端,多头管理、条块分割、政府缺乏有效统筹阻碍了新时期职业教育的发展。为促进职业教育更好地适应市场经济体制改革,我国在20世纪末至21世纪初出台了系列政策来深化职业教育管理制度改革,致力于逐步建立"在国家统一领导下,地方负责,分级管理,政府统筹,以市为主"的职业教育管理体系。进入21世纪后,为了适应国际环境带来的巨大变化,我国经济发展方式也开始由粗放型向集约型转变,从片面追求经济增长向注重可持续发展过渡。面对经济的转型,社会需要一批掌握技能的新型劳动力。在此背景下,提高劳动力知识技能水平和综合素质成为职业教育发展的新目标。2004年,教育部发布《2003—2007年教育振兴行动计划》,指出"以就业为导向,大力推动职业教育转变办学模式"[②]。2010年,国家建立教育行业指导委员会,中央和地方政府合作建立多个国家职业教育改革试验区,探索集团化办学模式和产业学院等。2018年,教育、经济、产业、财政等部门联合制定《职业学校校企合作促进办法》,进一步强调加强教育系统和产业系统的交流、对话和合作。2019年初,国务院发布《国家职业教育改革实施方案》,提出经过5—10年,职业教育管理体制改革要从政府举办为主向"政府统筹管理,行业、企业和社会力量积极参与的多元办学体制"的格局转变,为新时期职业教育管理制度改革指明了方向。然而,当前我国职业教育管理制度仍存在组织架构条块分割而又重复交叉、主体参与不够民主进而缺席严重、权责匹配不够平衡而且缺少监督、运行机制陈旧刻板不能与时俱进、技术工具相对落后而运行效率偏低等问题[③],与政策期待仍有一

---

① 王立祥.我国职业教育管理体制的历史嬗变及改革方向[J].职业技术教育,2011(19):51-54.
② 杨金土.30年重大变革——中国1979—2008年职业教育要事概录[M].北京:教育科学出版社,2011:7-39.
③ 李鹏.嵌入性变革:中国职业教育管理的历史、问题与反思[J].江苏高教,2021(1):110-115.

段距离。有必要借鉴他国经验,在新时代背景下对职业教育管理进行深度变革。

## 二、他国经验对中国职业教育管理制度改革的启示

从国际坐标中可以看出,我国属于职业教育管理制度集权化程度和分离度较高的国家。这意味着我国职业教育的管理权力高度集中在中央,教育部门和人社部门采用分别管理的模式。从职业教育发达国家管理制度的定位来看,大多数处于分权化和融合度较高的区域。当然,我们并非要求我国照搬发达国家的职业教育管理制度,而是在此基础上进行适当的分权化和融合化发展,同时借鉴各国职业教育管理制度的共性特点,着重在政策法规、组织架构、内容机制等方面尝试改革创新与困境突破。

### (一)完善职业教育管理的政策法规

深化职业教育管理改革的基本原则是依法治教,这是世界各国推进职业教育发展的基本经验。新时代,我国职业教育管理改革的首要任务是完善法律法规保障。在国家层面,除了对《中华人民共和国职业教育法》进行定期修订与更新外,还可尝试在诸如《中华人民共和国劳动法》《中华人民共和国公司法》等其他相关法律条文中,增添职业教育管理规定。同时,应着重关注产教融合和校企合作的政策法规制定,为打造市域产教联合体与行业产教融合共同体等深化现代职业教育体系建设改革的重点内容提供指导与保障,不断完善职业教育管理的法律参照体系。在地方法的层面,需要根据实际情况出台更加详细的职业教育管理规定,明确地方政府在职业教育管理中的职责与权力,扩大地方职业院校的办学自主权,从而确保职业教育管理变革的真实落地。

### (二)整合职业教育管理的组织架构

就教育领域而言,具有良好执行效力的政策制度无疑是推进我国教育治理体系与治理能力现代化的实体要件[①]。一方面,要平衡好中央与地方的关系。在党和国家的领导下,尝试将高度集中在中央的职业教育管理方式转变成由政府统筹、各级各类行政部门分级管理、社会参与、权责分明的管理方式。政府部门要逐渐从对学校的具体业务指导中退出,将退出的职能重组,并由社会治理中间组织实施。国家只是在宏观上把握职业教育办学的方向,重点负责战略规划、政策制定、依法依规监督,不再介入具体办学领域,从而实现行政决策与专业决策的分离。其中,中央政府应主要做好发展规划、方针政策和基本标准的制定,教育改革试验的整体部署,区域协调发展的统

---

① 肖凤翔,于晨,肖艳婷.欧盟教育治理向度及其启示——基于职业教育政策分析[J].教育科学,2015(6):70-76.

筹等。地方政府则注重落实国家方针政策，因地制宜展开职业教育改革实验，负责好区域内职业教育的改革、发展和稳定。为进一步落实院校自主办学权，建议国家尝试在人事、资金等方面适当放权，在教育标准、教育质量方面收紧管理权限，从而确保人才培养质量和学校的基本办学活力。可使职业院校在专业设置、人事管理、教师评聘、收入分配等方面增加办学自主权，并允许其依据自身特点依法制定体现本校职业教育特色的制度。在政府放权的同时，还要培育一批社会治理中间组织，发挥第三方在职业教育办学中的辅助作用。

另一方面，应加强不同管理机构的协同合作。长期以来，我国教育系统与人社系统的分离，导致技术技能人才的培养难以形成合力，不同部门之间条块分割、相互扯皮的现象尤为严重。实际上，这一问题在发达国家也曾多次出现，其改革趋势主要是追求部门之间的沟通与协作。为此，可以尝试借鉴西方职业教育发达国家的管理经验，强化职业教育可持续发展不可能只依靠教育部门也不可能只依靠人社部门的共识，进一步发挥国务院职业教育工作部际联席会议制度的统筹协调作用，促进以教育部门与人社部门为主的多部门紧密合作，形成推动职业教育改革发展的合力。

### （三）优化职业教育管理的内容机制

在建立国家标准的基础上，我国还应不断完善职业教育管理制度的基本内容，包括职业教育的招生、升学、就业、校企合作、教材、教师等的管理。同时，还应改革中国职业教育管理机制，从传统科层制固化模式转向协同治理的权变模式。首先，在职业教育管理的参与机制上，应从行政管理转向协同治理，构建多元耦合的管理机制。这意味着政府、职业院校以外的行业、企业和其他利益相关者都应能够自由、民主地参与职业教育管理。其次，在职业教育管理的用人机制方面，需要进一步提升职业教育管理的专业水平，按照管理和岗位需求原则选拔和任用相应的专业化管理人员。再次，在职业教育管理的动力机制和利益分配机制上，应根据市场经济法则，优先追求效率，兼顾公平，以激发职业教育管理主体的积极性，确保实际收益与管理工作相匹配。最后，充分利用互联网技术和大数据技术，转变传统的沟通与监督模式，实施信息化、协同化和智能化的管理沟通，以促进职业教育管理的高效运行与水平提升。

# 第二章　职业教育学校制度

学校制度即是学校教育制度,对于其内涵和外延的界定差异可以分为广义的和狭义的概念。狭义上看,学校制度即是学制,它是指"一个国家各级各类学校的体系方面的规则,规定了各级各类学校的性质、任务、入学条件、学习年限以及它们之间的衔接和关系"①。广义上看,学校制度即是"一套成文或非成文的规章体系,即为了指导、约束学校的行为和与学校有关的组织、机构、人员等的行为而制定的教育法律、规章等成文的规则体系,以及学校、学校所在的社区中的组织和人员认可了的与学校有关的习惯、道德标准、风俗等未成文的规则体系"②。

研究世界各国职业教育的学校制度,有助于我们更深入地把握其职业教育体系的特征,了解其生成的历史文化制度背景与显著特征,从而为推动我国职业教育的发展提供有益的经验借鉴。

本章从狭义的角度分析了部分发达国家职业教育的学校制度,从制度体系、运行规则以及各级各类学校机构上展开阐释,进而对各国职业教育学校制度进行比较,从"横向融通"与"纵向贯通"两个维度对不同国家的学校制度进行定位,最后结合各国发展经验与我国职业教育发展需要,为我国建设现代职业教育学校制度体系提供经验启示。

## 第一节　各国职业教育学校制度

学校制度是各级各类学校构成的体系,需要对各国的职业教育体系框架构成和运

---

① "基础教育阶段现代学校制度的理论与实践研究"总课题组. 关于现代学校制度的含义、特征、体系的初步认识[J]. 人民教育,2004(17):2.
② "基础教育阶段现代学校制度的理论与实践研究"总课题组. 关于现代学校制度的含义、特征、体系的初步认识[J]. 人民教育,2004(17):2.

作方式进行分析,尤其要明确各种学校的沟通关系与升学路径,同时还要把握各国各层次职业教育的学校实施主体情况,全面了解其性质、任务、入学条件和升学年限等。此外,考虑到职普融通和终身教育体系的发展完善,对各国职业教育学校制度的审视也应当被置于整个学制体系之下。

## 一、德国职业教育学校制度

### (一) 德国职业教育学校制度体系与运行规则

德国职业教育学校制度体系建立在教育的二次分流基础之上,其学校制度体系如图 2-1 所示。

德国将 6 岁作为义务教育的开端。在大部分的联邦州里,小学为 4 年制,只有柏林与勃兰登堡为 6 年。需要指出的是,德国实行 12 年基础教育,未满 18 周岁的青年如果不就读于文理中学高年级或全日制职业学校,就必须接受职业教育,主要是在非全日制职业学校进行三年的学徒训练。德国的中等教育分两个阶段,第一阶段教育为 5—9/10 年级,第二阶段教育为 10—12/13 年级。

一般而言,德国的儿童先在小学学习,通常为 4 年,期满后进入 2 年的定向期。定向期 2 年后,结合家长和学校的意见,根据学生的兴趣、天赋和发展需要将其分流到主体中学(5—9 年级)、实科中学(5—10 年级)、文理中学(5—12 年级)、综合中学和提供各种课程的学校,这是德国学生的第一次分流。这一时期的教育属于中等教育的第一阶段,主体中学和实科中学是职业轨的学校,综合中学和提供多种课程的学校也包含职业教育课程。

完成中等教育的第一阶段后,学生也将面临第二次分流。来自所有学校的学生都有资格进入双元制接受职业培训。大部分学生就读于职业专科学校,毕业获得职业资格类学历。专科高中的学生获得毕业文凭后既可以申请应用科学大学,也可以再在职业高中学一年申请综合大学的部分受限制的专业。此外,职业文理高中的学生毕业后能获得普通大学的准入资格。

完成中等教育第二阶段的学习后,职业教育领域的大部分学生直接就业。也有学生进入专科学校、职业学院、双元制大学、应用科学大学甚至综合性大学等接受高等职业教育。另外,工作的成人还可以通过夜间文理中学/学院获得普通大学准入资格,或者进入行业与技术学校工业商会、手工艺行会、其他机构接受继续教育,取得更高层次的文凭,并获得进入高等教育的机会。

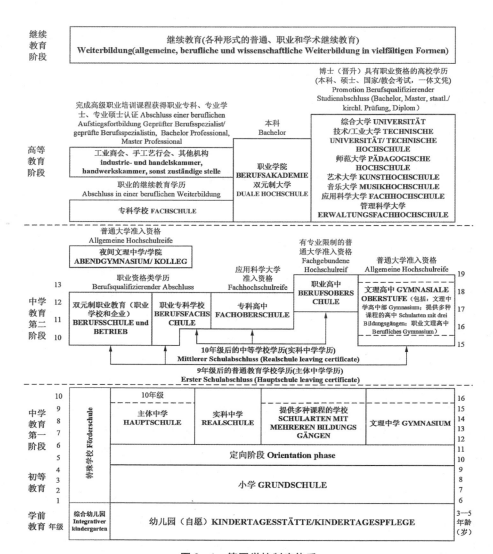

图 2-1 德国学校制度体系

注：本图综合借鉴德国州文教部长联席会议（Kultusministerkonferenz，KMK）发布的教育体系图（2019）[1]与教育体系图（2023)[2]绘制而成。

---

[1] Kultusministerkonferenz. The Education System in the Federal Republic of Germany 2019/2020 [EB/OL]. [2023-12-11]. https://www.kmk.org/de/dokumentation-statistik/informationen-zum-deutschen-bildungssystem/dossier-englisch.html.

[2] Kultusministerkonferenz. Basic Structure of the Education System in the Federal Republic of Germany Diagram [EB/OL]. [2023-12-11]. https://www.kmk.org/fileadmin/Dateien/pdf/Dokumentation/en_2023.pdf.

## (二) 德国职业教育的各级各类学校机构

### 1. 中等教育第一阶段

**主体中学**：面向学术表现较差的学生，学制5年，即5—9年级。毕业后获得主体中学毕业证书。主体中学的大部分学生毕业后选择接受职业培训，没有主体中学的毕业证书是很难找到职业培训岗位的。

**实科中学**：面向中等学术表现的学生，学制5—6年，即5—10年级，毕业后获得中等教育毕业证书。实科中学常被称为"中间学校"，即处于主体中学和文理中学中间的学校。这是因为，实科中学起到了中间性的桥梁作用，学生在毕业后可以进入比主体中学毕业生归宿更好的专科高中和职业高中接受职业教育。实科中学中成绩很好的学生也可以转入文理中学，谋求上综合性大学的机会。

**综合中学**：学制3—5年，将主体中学、实科中学和文理中学统一。综合中学在学生毕业时依据每个学生的成绩，分别授予主体中学毕业证、实科中学毕业证和获得向文理高中阶段过渡的资格。有些综合中学也开设高中部，类似于文理中学的高中部。尽管有学者提出综合中学只是三元制的附加，而不是替代[①]，在德国的教育系统中也并未标出综合中学，但其在当今的德国教育体系中变得越来越常见。

**文理/完全/文法中学**：面向表现优异的学生，提供深入的普通教育，旨在获得普通高等教育的入学资格。学制8—9年，根据覆盖年级情况又可以分为初级中学和高级中学，5—10年级是初级中学，11—13年级是高级中学，由初级中学向高级中学过渡需要通过考试。例如，按照巴伐利亚州的规定：文科中学生读完10年级后进行考试，合格者才有资格进入文理中学高年级就读（11—13年级），10年级考试合格获得的这一资格相当于中等教育毕业资格，不合格者转入其他类型学校学习，文理中学高年级的毕业生可以通过高中毕业考试获得高校入学资格证书。

此外，在初中阶段还有提供多种课程的学校。结合德国2021年8年级学生的分布情况来看，主体中学占8.1%，实科中学占17.4%，文理中学占37.2%，综合中学占20.2%，提供多种课程的学校占12.3%，特殊学校占3.8%。[②]

---

① 彭正梅. 分轨还是合轨：关于德国中等教育三元制的一些争论的考察[J]. 基础教育，2012，9(6)：112-118.
② Kultusministerkonferenz. Basic Structure of the Education System in the Federal Republic of Germany Diagram [EB/OL]. [2023-12-11]. https://www.kmk.org/fileadmin/Dateien/pdf/Dokumentation/en_2023.pdf.

2. 中等教育第二阶段

双元制职业教育：学制通常为2—3.5年，一般招收主体中学和实科中学的毕业生，大多由国家资助，免学费且实行工学交替，学生70％的时间在企业接受技术技能培训，30％的时间在学校接受理论知识的教育，其目的是面向劳动力市场培养技术工人。学习者和企业须签订职业教育合同，企业承担企业培训费用，并向学习者支付津贴。学徒培训期间进行两次国家考试。第一次叫"中期考试"，在1年到1年半时举行，主要目的是通过考查学徒的培训成绩来检查工厂企业培训计划的落实情况，也让学徒了解自己的培训水平。第二次是"毕业考试"，由各行业的主管部门负责。学徒并无义务参加毕业考试，但绝大多数都会参加这次考试，因为通过了毕业考试才能获得职业资格类学历文凭，所获得的文凭有助于他们找到较好的工作，并且证书在整个西欧都得到承认。

职业专科学校：根据资格类型和水平不同分为1年制、2年制和3年制，通常为全日制学校，提供为各种非学术职业岗位做准备的教育机会，如健康护理、社会服务等。职业专科学校招收主体中学和实科中学的毕业生，最低入学要求是初中9年级毕业的主体中学毕业文凭，相对高级的白领职业课程如银行和酒店管理则需要10年级毕业的实科中学毕业文凭。职业专科学校开设的职业教育课程领域宽广，涉及商科、外语、手工艺、家政、护理、艺术等领域，就业导向较强。毕业时获得职业资格类学历，这个学历在某些条件下也可以作为应用科学大学的准入资格。

专科高中：学制2年，是为进入应用科学大学做准备的2年制高中，一般招收实科中学毕业的学生，实践与理论课程各1年，所设的专业包括商业与行政、技术技能、保健与福利、设计、营养与家政以及农艺。一些专科高中还提供应用科学大学准入资格课程，学生毕业后可以直接升入职业学院、双元制大学和应用科学大学。

职业高中：学制2年，招收来自实科中学毕业或已接受过双元制职业教育的学生，主要采取全日制理论学习，也可采取业余时间制，时间则更长。职业高中的入学条件较高，申请者必须已经获得实科中学的结业证书或完成了至少两年的职业培训，抑或有五年以上的相关工作经历。职业高中提供的培训领域包括：技术技能、商业、农艺、营养与家政、社会事务以及设计。学生毕业后可以升入综合大学学习，但有专业限制。需要指出的是，职业高中的数量并不多，主要集中在巴伐利亚州和巴登-符腾堡州。职业高中是沟通中等职业学校与高等院校的桥梁，参加双元制职业培训的人可以通过在这种学校就学获得进入高等教育的资格。

职业文理高中：学制 3 年或 6 年（完全中学），是文理中学的一类，为进入高等教育阶段做准备。职业文理高中毕业生除了获得高校入学资格外，还得到扎实的基础性职业培训和高水平的职业培训。3 年制职业文理高中招收来自实科中学的毕业生，分为 1 年入门阶段和 2 年专业阶段，3 年后可获得普通大学入学资格。6 年制的职业文理中学为学生进行技术、自然、营养及社会健康专业教育，是一种完全中学，目的是使学生通过一个长时间段的专业学习明确自己的专业领域，毕业生可获得高等教育机构的入学资格。职业文理高中可以在其他类型的学校设立，提供 3 年的教育课程，包括普通教育科目和以职业为导向的科目，如商业和技术，也可以获得普通高等教育的入学资格。

夜间文理中学/学院：是为成年人参加全日制课程以获得普通高等教育入学资格而设的学校机构，给成年人提供了第二次教育的机会。申请人必须提供职业资格证明或至少工作两年的证据，也必须是至少年满 19 岁的在职人员，并获得了实科中学学历。申请人如不能提供证书或同等资格证明，则必须完成至少半年的初级课程，主要是德语、外语和数学。夜间文理中学还为成人提供为期一年（两个学期）的课程，以获得主体中学毕业文凭。为期两年（四个学期）的课程可以获得实科中学毕业文凭，也允许有能力的成年人在三年的时间内获得高等教育入学资格。学院是全日制学校，不允许学生在职学习，成年人可以通过学习获得普通大学准入资格。

3. 高等教育阶段

职业学院：学制一般为 3 年，培养目标与应用科学大学大致相同，但相对偏学术性。职业学院同时提供学校教育和企业培训，是比较典型的高等教育阶段双元制教育。就职业学院的入学条件来看，除了需要与进入高等专科学校相同的学历证书外，还需要签订培训合同。申请者如果没有以上证书，但拥有职业资格，也可以通过参加入学考试获取入学资格。一旦学生签订了培训合同，培训企业就将其在职业学院注册。职业学院由企业承担企业培训的开支，并支付学员培训报酬。职业学院典型的学习课程包括以下领域：经济、工程、社会事务，通过培训可以获得学士学位。

双元制大学：双元制大学由职业学院发展而来，比较有名的是巴登-符腾堡双元制大学。巴登-符腾堡州的第一所职业学院在 1982 年正式宣布试点成功，并将双元制高等教育列为该州高等教育体系的组成部分。巴登-符腾堡双元制大学成立于 2009 年，2017 年逐渐走向合法化。双元制大学招收文理高中毕业的学生，学制为 3 年，入学2年后可分流。双元制大学的培养目标是职业型高级人才,入学要求较高,一是具备德国大学的直接入学资格,二是通过企业面试并拿到企业的培养合同。双元制大学专业设置集中在工程技术、经济工程和社会服务三大领域,包括经济管理类、财经金融类、电子信息类、IT计算机类等。双元制大学的学习费用由政府和企业共同承担,学生修完学业并参加国家考试合格者,可同时得到大学学位与职业能力双证书。

应用科学大学:学制4—6年,是德国高等职业教育的主体。应用科学大学的主要任务是培养实际应用型人才,即工程技术人员。应用科学大学的教学不强调学术性,也不偏重基础理论,而是偏重应用技术,专业性强,主要是为职业实践做准备。应用科学大学的入学条件为具备与专科高中毕业效力等同的学术证书和某学科证书;开设三类课程,一类培养技术员,一类培养工程师,还有一类是去一线解决技术难题的技术员。课程通常为8个学期,其中两个学期为实习学期,课程设置比较齐全,所提供的职业领域主要包括工程科学、经济科学/商法、社会事务、行政管理、计算机科学、设计、数学、信息与通信技术、保健/护理等。学生毕业后可以获得学位,但要注明FH字样。应用科学大学可提供学士和硕士层次的教育,也可以和综合性大学一起联合培养博士。

4. 继续教育阶段

专科学校:学制1—3年,专科学校为继续职业教育提供服务,通常要求获得相关的职业资格并随后就业。专科学校涉及农业、设计、技术、商业和社会护理等职业领域,入学要求因职业不同而有所不同,但基本要求通常是具备所选专业国家认可的低级职业资格以及至少一年的工作经验,或是全日制职业学校职业资格,或是至少五年的工作经验。此外,一些专科学校还提供应用科学大学准入资格课程。

工业商会、手工艺行会、其他机构:这些机构也提供高级职业培训课程,分为非全日制和全日制两类,后者持续1—3年,完成课程并通过资格考试即可获得国家高级职业资格,即师傅、技术员、专业管理人员等与学士、硕士层次等值的职业资格。

## 二、英国职业教育学校制度

### (一)英国职业教育学校制度体系与运行规则

当前的英国教育体系建立在"1944年教育法"(巴特勒法案)的基础上,分为义务教育阶段、继续教育阶段(中等教育第二阶段)、高等教育阶段,如图2-2所示,职业教育的学校制度也基于此进行延伸。

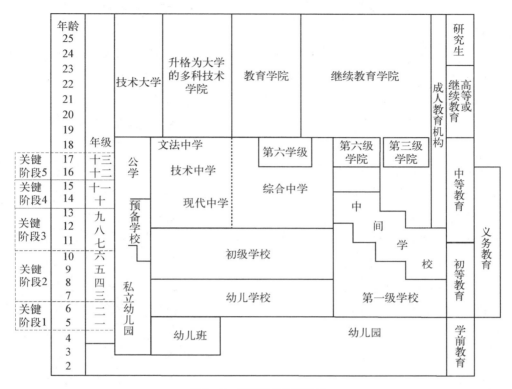

图 2-2 英国学校制度体系

英国从 5 岁(北爱尔兰为 4 岁)到 16 岁(英格兰为 18 岁)的教育或培训是义务性的,英国职业教育与培训部门包括一系列教育和培训机构。在英格兰、威尔士和北爱尔兰,除了私人培训组织和基于工作的学习提供者外,还包括各类初中、第六学级、第六级学院、继续教育学院和高等教育机构等。

以英格兰为例,其现行的学校教育体系大致可分为四个阶段,后三个阶段均含有职业教育因素。

第一阶段为初等教育阶段,学生处在 4—11 岁,年级为 0—6 年级,其中 0 年级为学前班,1—2 年级为关键阶段 1,3—6 年级为关键阶段 2。这一阶段的教育是全民一致的教育,旨在为学生打好基础,因此职业性并未显现。

第二阶段为中等教育阶段,学生处在 12—16 岁,年级为 7—11 年级,其中 7—9 年级为关键阶段 3,相当于国内的初中,10—11 年级为关键阶段 4,相当于国内的高中;一般而言,中等教育的主要学习任务是通过学术课程考试,获取普通中等教育资格,但从关键阶段 4 开始就有包含职业教育因素或项目的学校,如技术中学、现代中学和综合中学等。

第三阶段为继续教育阶段,也被称为后义务教育阶段。这一阶段接近于高中教育或者大学预科,学生年龄在 16—18/19 岁,年级为 12—13 年级,处在关键阶段 5。承担后义务阶段教育的学校机构属于继续教育部门,向 16 岁以上的年轻人提供"进一步的"学校教育。提供继续教育的学校有第六学级或第六级学院、技术学院和自由学校等。

第四阶段为高等教育阶段,学生年龄在 18/19 岁以上,这一时期主要是基于各种"学院"的职业教育以及高等职业教育,同时也对应高级学徒制。提供高等职业教育的学校机构有技术大学、升格为大学的多科技术学院、继续教育学院、教育学院等。

### (二)英国职业教育的各级各类学校机构

#### 1. 中等教育第一阶段

中等教育第一阶段的学校包括文法中学、技术中学、现代中学、综合中学、中间学校和独立学校系统的公学,实施职业教育的学校机构主要有现代中学、技术中学和综合中学。

文法中学:以学术为重,文法中学分为 5 年期的一般课程及后续 2 年期的第六学级课程两个教学阶段。学生在顺利完成考试并拿到一定学术成绩后,继续入读第六学级课程。文法中学在该课程的设置上与第一个阶段没有多大区别,但在教学方法上强调小班授课、教师辅导、个人及小组项目活动,以使学生的学习方式更好地向大学水平过渡。考试不合格者授予"中等教育证书",离校就业。修完第六学级课程的学生需要参加更高一级考试,成绩合格可升入大学。

技术中学:学制 5—7 年,前身是初级技术学校,在第二次世界大战期间转变为技术中学。技术中学同样兼施普通教育与职业教育,但是面向一小部分智力优异但由于对将来职业的考虑或自己的爱好而对课程向往的儿童,故而数量较少。课程设置主要为技术课程,如工程、电力、航海。技术中学的目的是培养初、中级技术人员,以及为高等工程技术院校输送合格的新生。技术中学的毕业生也能参加考试,合格者多升入多科技术学院转型后的大学。20 世纪 60 年代以来,技术中学逐渐增设了与文法中学相似的学术性课程,由于课程上的相似性,也开始出现了注重文法和技术的"双边中学"。

现代中学:学制 5 年,前身是中心学校,是兼施最基本的普通教育和职业教育的中学。现代中学面向的是智力、能力较低的学生,旨在完成多数学生的义务教育任务,以使学生毕业后补充体力劳动者队伍。其课程设置注重实用价值和职业要求。现代中学在第二次世界大战后的20多年里发展很快,近年来设有多种课程的现代中学已经合并或改为综合中学。

需要指出的是,上述三种学校由1944年教育法确立,也使得英国的中等教育形成了三分制的结构,由此也引发了过早分流和阶级固化等问题,于是在1960年,工党提出了"综合中学"。

综合中学:学制为5—7年,是将文法中学、现代中学、技术中学综合在一起的中等学校。综合中学面向所有儿童,根据学生自身成绩、能力选择课程组合,课程内容具有十分强的技术性、实践性。综合中学是英国中学的主体,大多数的英国国立中学是综合中学类型。综合中学实际上是一种多科中学或双科中学,英格兰和威尔士的90%的中学生、苏格兰的全部中学生都在综合中学学习。

2. 中等教育第二阶段

中等教育的第二阶段,在英国也被称为继续教育阶段,承担此层次职业教育任务的学校主要有第六学级和第六级学院、第三级学院等。

第六学级和第六级学院:学制2年,是中学五年级之后为已完成义务教育但想要继续学业的青少年设立的学级和学校。第六学级附设在文法中学或综合中学,是一所中学中的一个特殊的年级。第六级学院是以继续学业的16—19岁青少年为主要对象单独设立的专门学校,规模比第六学级大得多。二者的主要职能是,以升学为目的的学术教育为主,兼施职业技术教育和生计教育。在第六级学院中,会开展一些职业、专业团体的考试课程和证书课程,根据一组相互有联系的职业和产业而设计课程,如工艺设计、社区保护等,有些学院还会开设商业教育协会的课程。此外,还会与职业、专业学校机构联合开设一些职业技术教育课程、职前准备课程和具有职业技术教育性质的"高级水平"的普通教育证书课程(如计算机专业课、技术绘图与设计),还开设普通职前准备课程以及职业指导课程。

第三级学院:学制2—3年,面向16—19岁的青年,主要招收中学毕业后未能升入第六学级的学生,兼施第六级教育和继续教育。创生于1970年,建于继续教育学院的基础上。由于其兼具学术性、职业性、技术性,把学术性课程与职业性课程的学习更好地结合起来,以便学生自由选择,更具经济效率,因此受到地方当局的欢迎。事实上,第三级学院是综合中学之后又一种高一层次的"综合中学",所不同的是第三级学院不仅提供全日制课程,还提供部分时间制课程与夜间学习制课程。第三级学院只不过是第六级学院的职能与技术学院、继续教育学院的职能在同一水平上混合或综合的产物,学院的经营受制于"继续教育规程"[①]。

3. **高等教育阶段**

到了高等教育阶段,提供职业教育与培训的学校主要有继续教育学院、技术大学、多科技术学院和教育学院等。

**继续教育学院**:继续教育学院是为已完成义务教育的16—19岁青年或成人学习者提供"中学后"继续教育或副学位等多种教育机会的机构。1944年后,继续教育学院承担了大量的高等教育、职业资格教育和与工商业相关的应用研究职能,被归类为高等教育机构。2010年,共有270所继续教育学院向17.8万名学生提供高等教育课程,约占整个高等教育学生数的10%。

**技术大学**:1963年《罗宾斯报告》建议发展一些进行科学技术教育和研究的专门学院,并将部分高级技术学院升格为技术大学,重视高级技术人才和企业管理人才的培养。本科学制一般为3年,以全日制为主,工读交替的学制为4年,学成者可以获得学士学位。

**多科技术学院**:多科技术学院是英国在19世纪60年代中期开始发展起来的一种新型高等学校,它在英国科技人才、专业人才的培养中占有重要的一席。1966年,英国发布了《关于多科技术学院与其他学院的计划》白皮书,1969年后的4年内,英国成立了30所多科技术学院,后来又成立4所,实现了《罗宾斯报告》中建议的每个郡都有1所以上本科高校的目标。多科技术学院的课程有全日制、工读交替制、部分时间制、夜间制课程,其中工读交替的"三明治"课程在多科技术学院中普遍开设。20世纪90年代英国高教改革后,30多所多科技术学院仍保留原来的特色,但也有一些在追赶传统大学的过程中丧失了其原来的特点。

**教育学院**:教育学院是英国在1974年后由于生源不足而对以培养师资为主的地方教育学院进行整顿改组而逐渐出现的一类多科性高等学校,属"非大学"高等教育机构。这类机构包括了高等教育学院、技术学院、艺术学院、本科专业学院和极少数教育学院,是英国非大学部分师范教育的主要实施机构,也是为当地培养其他方面专业人才的重要场所,如技术人员、管理人员及专业型人才。

---

① 石伟平.比较职业技术教育[M].上海:华东师范大学出版社,2001:62-63.

## 三、法国职业教育学校制度

### (一) 法国职业教育学校制度体系与运行规则

法国开展职业教育的机构种类众多。如今,法国各个学区都发展起符合本地区特点的职业教育机构,法国已经形成大规模、多层次、多类型的职业教育体系,如图2-3所示。

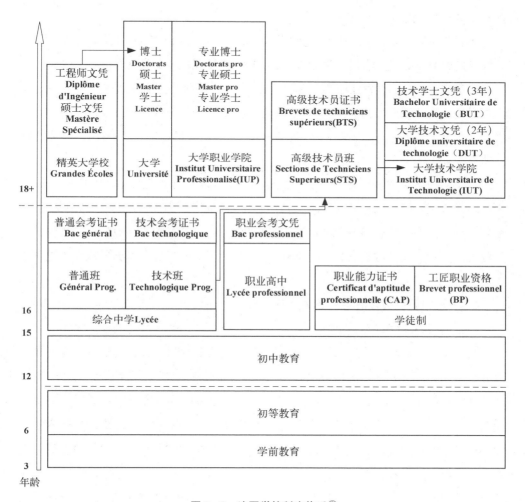

图2-3 法国学校制度体系①

---

① UNEVOC. TVET Country Profiles France [EB/OL]. [2023-11-12]. https://unevoc.unesco.org/home/Dynamic+TVET+Country+Profiles/country=FRA.

法国学制分为初等教育、中等教育及高等教育三级。从2019年起,法国的义务教育阶段从3岁到16岁,即从幼儿园到高中的第二个年级①。学前教育3年,小学5年(6—11岁),初级中学4年(11—15岁),高级中学3年(15—18岁),大学一般为本科3年、硕士2年、博士3年。法国的学校职业教育以初中毕业为起点,主要开展各种层次的学历职业教育,开展职业教育的机构有职业高中、技术高中、高级技术员班、大学技术学院和大学职业学院等。

法国初中阶段已经蕴含职业教育的因素,主要提供普通教育,但也提供帮助学生进入学徒期的职业课程。法国初中的三、四年级为定向阶段,开设职业预备班和技术班。

法国高中阶段的教育在综合中学和职业高中实施,此外还有学徒制职业教育。综合中学分为普通班和技术班,分别提供普通与技术课程。普通班与技术班在第一个年级的课程是一样的,一年级课程结束之后开始分科,学生可以选择普通课程、技术课程甚至是职业课程。

法国高等教育阶段的教育在精英大学校、大学、大学职业学院、高级技术员班、大学技术学院、美术学院、建筑学院等机构实施。与所有其他国家的高中不同的是,法国最好和最大的中学都提供两年的高等教育课程,对应于高等教育的前两年。法国的高等教育除了在上述高等教育机构实施外,亦在若干高中的高级技术员班或高等学院预备班中实施。

**(二)法国职业教育的各级各类学校机构**

1. 中等教育阶段

初级中学:学制4年,一、二年级为普通班,三、四年级为定向阶段,分为职业预备班和技术班。职业预备班为职业教育做准备,主要讲授人文科学和生物与技术科学,还包括一些跨学科的课程、职业调查以及一些职业预备培训,学习结束后可在职业高中继续学习。技术班为学生进入技术高中奠定基础,主要讲授普通教育与技术教育课,有一定的技术教育特点。学习成绩较好并希望继续升学的学生一般申请普通与技术班,否则申请职业高中。

职业高中:学制2—3年,为学生提供全日制教育,职业高中规模较大,所设专业几乎涉及工业和第三产业的所有职业。根据培养目标和学制的不同,职业高中可分为

---

① EUROPE1. La scolarité sera obligatoire dés 3 ans &- partir de larentrée 2019 [EB/OL]. [2022-06-12]. https://www.europe1.fr/societe/la-scolarite-sera-obligatoire-des-3-ans-a-partir-de-la-rentree-2019-3610274.

两类,一类是3年制的职业高中,另一类是2年制的职业高中。3年制的职业高中招收的是初中二年级学生,2年制的职业高中招收的是初中毕业生。考试合格以后,3年制职业高中的学生获得相关专业的职业能力证书;而2年制职业高中的学生获得职业学习证书。这两种证书也都属于法国八级技术职称制的第五级,持有者均能以技术工人和职员的资格直接就业。上述两类职业高中毕业生如果想要具有普通高中证书的同等学力,可以通过一到两年的继续学习取得职业高中会考文凭,再进入高等院校学习。

技术班:技术班不是独立设置的,在综合中学二年级开始分班,培养目标是技术员,同时也为高等技术院校输送人才。课程分为普通文化课和专业课,普通文化课占总课时的1/3至1/2,或超过1/2,专业课在学校教学车间或工厂企业进行。技术班不仅使学生掌握专业技术知识,还有广博、扎实的普通文化知识,具备适应能力,满足社会和企业需要,利于学生求职深造。技术班毕业生获得技术类高中会考证书之后,可以进入高等教育阶段获取高级技术员证书,还可以继续获得工程类的专业学士和专业硕士学位。技术班的优等生可以接受工程教育,前提是要上预备班,这样就可以通过三年的大学技术学院学习获取技术学士学位。

2. 高等教育阶段

高级技术员班:学制2年,是设在高中技术班的短期高等教育机构,招收高中毕业生,旨在培养高级技术员,生源中一半来自高中技术班。专业划分较细,技能培养具有明显的岗位针对性和实践性,毕业生通过国家考试可获得高级技术员证书。高级技术员班的毕业生不仅具有比较扎实的普通文化素质和水平较高的专门技术,就业率高,而且可以继续深造。选择就读该机构的学生,一般学业方向明确,毕业后能够迅速适应职业工作,少数学生也选择升入大学技术学院深造。高级技术员班毕业的学生可以直接进入大学二年级,也有较少一部分人可以进入大学三年级学习。有些高级技术员班在学生、企业、学校三方协议的基础上,实行工读交替教学,学生每周2天在校上课,3天在企业实习,实习成绩在学分中占有很大比例。

大学技术学院:学制2年,是设在综合大学内的短期高等教育机构,创建于20世纪60年代。招收获得高中会考文凭者或同等学力者,来自高中普通班的学生占70%。旨在培养工业和第三产业所需的高级技术员和高级职员,学院的课程设置注重多样化、综合性,特别注意培养学生较强的适应能力,教学偏重实践,教学的主体必须在实验室、车间、工厂等现场进行。短期大学技术学院的毕业生授予大学技术文凭,除此之外,该机构还可以独立或联合其他院校颁发短期职业培训文凭。大学技术学院实行

"宽进严出"的招生考试政策,学生的淘汰率在一年级末就达到了30%至40%[①]。大学技术学院因其专业设置灵活多样,针对性强,基础知识面较宽,教学兼顾升学与就业,培养周期短、费用低,毕业生质量高,而受到社会各界的重视,赢得了企业界的好评,也吸引了越来越多的青年,显示出强大的生命力。

大学职业学院:大学职业学院是设立在大学内的高等教育机构,创建于20世纪90年代,培养目标是工业和经济领域高水平的技术与管理人才。学院招收修完大学一年级课程,或取得大学技术文凭或高级技术员证书的学生,抑或具有一定实际工作经验者。根据学业情况颁发专业学士文凭和专业硕士文凭。大学职业学院与企业签订培训合同,学生在企业至少要实习几个月至一年,并掌握两门外语,已成为法国实施高等职业技术教育的一支重要力量。职业硕士是法国职业教育的最高文凭,学制2年,招收本科学历或同等学力人员,培养过程分学校专业理论教学和企业实习两个环节。

精英大学校:也叫高等专业学院,是一类面向精英的高等院校,为获得"法国学士"的学生或已学习2年时间准备课程的学生开设专门课程。依据法国国民教育部的定义,精英大学校是指能够提供高水平教学、对学生实行严格选拔的高等教育机构[②]。精英大学校包括工程师学院(如巴黎中央理工学院)、高等师范学校(如巴黎高等师范学院)、高等商校(如巴黎高等商学院)和行政学院(如巴黎政治学院)等四类院校。绝大多数精英大学校学制5年,毕业文凭相当于职业硕士。精英大学校规模小、专业少,但其专业化程度高,以严格而竞争激烈的入学选拔和提供极具吸引力的职业教育文凭而著称。通常法国学生在高中毕业后选择进入预备班学习2年,之后参加各个精英大学校的入学考试,整体通过率只有10%。法国大学毕业生取得学士学位之后,也可通过平行录取进入各个精英大学校攻读硕士文凭。精英大学校的毕业生一般都被授予"工程师"或其他专业硕士文凭[③]。根据法国《教育法》规定,获颁工程师文凭的学生同时获得硕士学位,获得此类证书的学生也可转入大学进行第三阶段的学习。

## 四、美国职业教育学校制度

### (一) 美国职业教育学校制度体系与运行规则

美国的学校教育制度体系以"六三三学制"为框架,以综合中学为主体,以进步主

---

① 邱月佳. 法国大学技术学院考试制度与教育质量保障[J]. 世界教育信息,2016,29(19):40-44.
② Wikipédia. Grande école [EB/OL]. [2023-10-25]. http://fr.wikipedia.org/wiki/Grande_ecole.
③ 熊璋. 法国工程师教育[M]. 北京:科学出版社,2012.

义教育思想为指导,上下衔接,富有弹性,如图2-4所示。

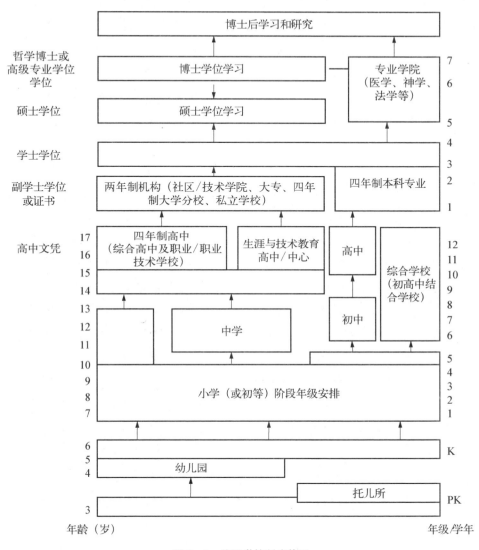

图 2-4 美国学校制度体系

与世界上多数国家施行普通教育与职业教育分流的双轨制教育体系不同,美国的教育体系是一种普通教育与职业教育互相融合、交叉的独具特色的单轨制。职业教育与普通教育在各个阶段相互融合,以满足学生个人发展、行业企业和经济社会发展的需要。总体而言,美国的教育体系可分为学前教育、初等教育、中等教育与高等教育四个阶段,其中职业教育在整个单轨制的教育体系中主要跨越了中等教育与中等后教育这两个阶段。2006年新修订的《帕金斯生涯与技术教育法案》将以前的"职业教育"改为"生涯与技术教育"[①],因此美国的职业教育又被称为生涯与技术教育,承担生涯与技术教育的主体是综合高中和社区学院。

美国中等职业教育主要是以课程和项目形式实施,并通过学分认可和转移系统实现,当前美国的中等职业教育由综合高中、全日制生涯与技术教育高中和区域生涯与技术教育学校或中心共同提供。由于美国是联邦制的国家,各个州分别拥有自己独立的教育体系,因此职业教育实施机构也各不相同。总体而言,当前美国中等职业教育层次的学校教育机构以综合中学为主体,规模较大,课程类型包括学术科、普通科、职业科。另外,实施中等职业教育的还有占比较少的职业技术学校和地区职教中心,提供非全日制职业教育。

中等后教育阶段的职业教育主要在2年制和4年制的高校及其他教育机构中进行,典型的学校有社区学院、技术学院、职业或技术研究所等。学生高中毕业后,可选择直接进入4年制大学学习,毕业后取得学士学位;也可以选择进入社区大学接受职业教育,毕业后根据学生意愿选择就业或是转入4年制大学继续学习。各类社区学院每年秋季招收超600万学生,为中等职业教育的毕业生提供进入大学的机会,学生在社区学院毕业后能获得副学士学位,社区学院在高等职业教育中发挥了关键作用。

### (二)美国职业教育的各级各类学校机构

1. 中等教育阶段

综合中学:学制4年,是将普通教育、学术教育、职业教育三种职能集中在一起的中等教育机构[②],针对学生发展的不同情况,分别进行以下三种教育:学术科,开设学术性的文科课程;普通科,开设基础课程,兼学部分职业课程,主要是为学生的生活做准备;职业科,根据学校的条件以及社会的需求,开设多种职业课程。综合中学设想让学生在完成基础课程的基础上,让其能根据自己的兴趣、特长,自主选择课程内容。需要注意的是,虽然综合中学开设了职业教育的课程,但它更加注重学术教育。

---

① GOLDEN H R D, SCHULTZ D D. The history and growth of career and technical education in America [J]. Workforce Education and Development,2020,12(1):1-4.
② 宁永红,马爱林. 美国综合高中的发展及对我国的启示[J]. 河北科技师范学院学报(社会科学版),2003(2):55-58.

全日制生涯与技术教育高中:学制4年,全日制生涯与技术教育学校约占全美高中的5%,虽然学校数量不多,但单个学校的办学规模往往比综合中学要大,有比综合中学更好的职业生涯教育资源,能提供最多数量的校内职业项目。这类学校更加强调职业教育课程和学术课程的整合,是美国中等教育阶段渗透职业教育的重要力量。学校在注重职业教育教学的同时,也会开设高中所必须完成的学术课程。所有全日制职业教育学校的共同特征如下:开设有连贯的学术课程、职业教育课程以及整合性课程;具有与中等及中等后教育机构相联系的特别机制;学生通过学习,可以获得得到承认的认证或证书以及明确的中等后教育机会;有严格的毕业标准[①]。

区域性生涯与技术教育学校或中心:目前,全美约有2000所区域性生涯与技术教育学校或中心,它只提供生涯与技术教育课程,为那些来自特定地理区域的、多所综合高中的、有职业教育需要的学生提供非全日制职业教育。同时,区域性生涯与技术教育学校或中心通过服务多所高中,实现了规模效应,使单个高中因成本太高或其他因素而无法开设的职业教育课程可以在这里进行。地区生涯与技术中学的学生大多在自己的高中学校学习核心文化课程,在地区生涯与技术中学进行职业生涯教育。地区生涯与技术中学为这些学生提供业余的生涯与技术教育,是综合高中在校外实施生涯与技术教育的重要机构。通常,一个区域性生涯与技术教育学校或中心可以开展多个职业生涯群教育,想去这类学校学习此类课程的学生,一般需要得到所在综合中学指导教师的推荐,并提交相应申请资料,学校则会根据学生已有基础和发展潜力决定是否录取[②]。

2. 中等后教育阶段

社区学院:学制一般为2年,特点是入学要求低、性价比高、申请灵活,并且有成熟的转学机制。社区学院是美国高等职业教育的中流砥柱,在提供中等后职业教育的所有机构中,2年制社区学院占了将近40%的比重。社区学院提供的课程包括两类:一类为过渡性文理课程,相当于4年制大学的前两年,学生修完后可转入4年制大学继续深造;另一类为终止性的职业技术课程,这一类学生修完后可直接选择就业。总的来看,社区学院的职能主要体现在:① 升学或转学教育:学生接受2年制大学教育并获得副学士学位,与4年制本科教育三、四年级的学段相衔接。② 生涯与技术教育:是美国社区学院现在最主要的职能。社区学院收费低廉且课程实用,吸引了大批

---

① 关晶. 美国中等职业教育的现状、特点与改革趋势[J]. 教育发展研究,2009,29(Z1):98-102.
② 吴佳星,付雪凌. 美国职业教育体系结构及毕业生升学途径与机制探究[J]. 江苏教育,2018(20):41-46.

劳动力转移再就业,旨在通过职业培训获得技术技能,并考取职业资格证书以顺利实现转岗或就业,同时也吸引了很多退休人员来这里接受职后生涯教育。③社区服务或终身培训:接受社区服务的学生以充实提高为目的,主要包括丰富社区文化生活、为美国新移民提供语言教育和法律教育等。

### 五、澳大利亚职业教育学校制度

#### (一)澳大利亚职业教育学校制度体系与运行规则

澳大利亚的职业教育起源于19世纪末20世纪初,政府一直重视追求"高福利、低收入、高就业"的理念。尽管最初深受英国影响,经过百余年的改革,澳大利亚已经建立了具有本国特色的职业教育体系。澳大利亚建立了一个行业主导的职业教育和培训体系,行业和企业充分参与职业学校的教学和管理,如图2-5所示。

澳大利亚的职业教育体制独特,不像多数国家那样明确区分中等职业教育和高等职业教育,它依托澳大利亚国家资格框架,采用模块分级方式进行不同层次的教育衔接。据澳大利亚国家职业教育研究中心数据,2021年有430万学生参与了国家认可的职业教育和培训,包括培训包资格证书、认证资格证书、培训包技能和认证课程。

澳大利亚教育体系采取分层教学的方式,涉及幼儿园、小学、初中、高中和大学五个阶段,每个阶段都有不同的课程设置和教学目标。小学教育通常覆盖5—12岁的儿童,中学教育通常面向13—18岁的青少年。分层教学体系是指学生在完成中学教育之后,可以选择进入大学、学院或职业教育学校获得高等教育,也就是在这一阶段有了职业教育与普通教育的分野。

澳大利亚在中学就开设相关职业教育课程,但初中只开设职业指导课程。高中的职业教育可分为三类:一是学校内的学徒制,学生在学校可以注册一个培训包,在所属行业参加非全职的实习,也可以在有培训资格的学校内完成培训包单元课学习,或到校外有培训资格的机构接受培训,以完成培训包规定的课程。二是学生在校内按照培训包的要求通过相关的职业课程考核。三是行业、企业的培训课程,教授职业生涯、行业结构和企业工作导引等。高中职业教育方式灵活,不同课程领域、不同机构、不同学校所修得的学分都可以相互转换。

#### (二)澳大利亚职业教育的各级各类学校机构

1. 注册培训机构

在澳大利亚,职业教育课程的提供者不是传统的职业学校,而是注册培训机构。

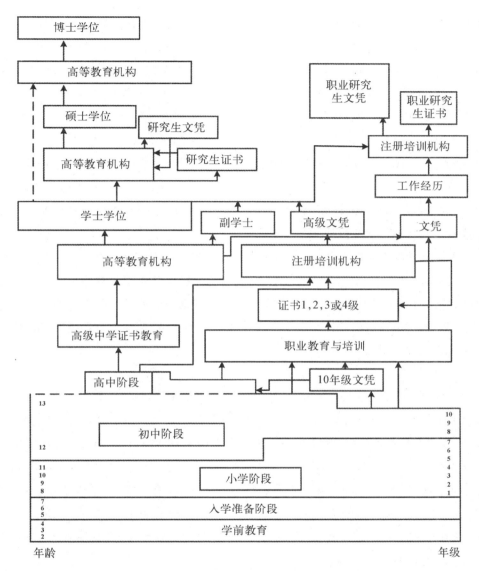

图 2-5　澳大利亚不同教育与培训之间的衔接与沟通①

这些机构是提供职业教育的重要主体,需要符合澳大利亚质量培训框架的标准。只有符合这些标准的培训机构才能被称为注册培训机构,并能够提供国家资格框架认定的培训、技能鉴定、资格证书和相关课程。注册培训机构包括技术与继续教育学院、成人

---

① 匡瑛.英、澳国家资格框架的嬗变与多层次高职的发展[J].高等工程教育研究,2013(4):122-126.

和社区教育机构、农业学院社区组织、行业技能中心、企业以及私人机构等。此外,一些大学和中学也可以提供职业教育课程。任何想要成为注册培训机构的培训机构都需要经过澳大利亚技能质量署的注册。注册培训机构经过注册后,才能提供一级到四级资格证书、学位证书、高级文凭、职业资格证书、研究生证书或学位等国家认可的培训。

2. TAFE学院

TAFE学院是TAFE教育模式的载体,TAFE即技术与继续教育的简称,是一种职业教育培训体系,在澳大利亚教育体系中占有重要地位。作为澳大利亚职业教育和终身教育的支柱之一,TAFE教育模式非常具有特色。由澳大利亚技能质量署、澳大利亚高等教育质量管理与标准署、澳大利亚工业和技能委员会、澳大利亚行业咨询委员会等监管机构负责监管[①]。

TAFE学院是最具代表性的职业教育机构,是澳大利亚最大的公立职业教育与培训机构,全国共有300余所。TAFE学院提供的课程在全澳职业教育中的占比约为88%。TAFE学院的学制通常为2—3年,学生主要通过在职学习方式获取相关职业技能,其课程注重行业应用。TAFE学院颁发的专科文凭、职业教育系统的学位证书和文凭在全国通用[②]。

3. 技术学院

澳大利亚政府在应对技能型人才短缺问题上采取了诸多措施,其中一项即为建立澳大利亚技术学院。该计划于2005年启动,政府划拨了2.89亿澳元用于在技能型人才紧缺、青年失业率高的地区建立24所技术学院。这些学院为11和12年级学生提供高质量的教育和技能培训,于2006年开始招生,2008年全面运行。作为高等职业学校,技术学院学制为2年,每个学院按要求招收300名学生。澳大利亚技术学院倡导弹性的学习形式,专业设置主要满足急需的职业领域,如金属、工程、汽车、建筑、电子技术、商业和烹调等。这些学院配备了世界先进的设备,打造了示范性的专业实训基地。毕业生可选择就业、创业,也可升入TAFE学院或大学继续深造。

**六、日本职业教育学校制度**

**(一)日本职业教育学校制度体系与运行规则**

日本各类职业学校在半个多世纪的发展历程中,经过不断的实践与探索,已基本

---

① 尹春宏.澳大利亚TAFE教育特点及对我国职业院校的启示[J].技术与教育,2020(2):29-33.
② 孙勇,余茂辉.发达国家中等职业教育模式比较分析及启示[J].国外职业教育,2010(8):52-55.

形成了办学定位清晰、层次结构分明、职能分工明确的职业教育体系①。日本以5年制的高等专修学校为核心,构建了高中职业教育、专科层次的技术教育、技术本科与研究生教育贯通的部分双轨制系统,基本形成了主要包括专修学校、短期大学、高等专门学校在内的现行职业教育体系②。如图2-6所示。

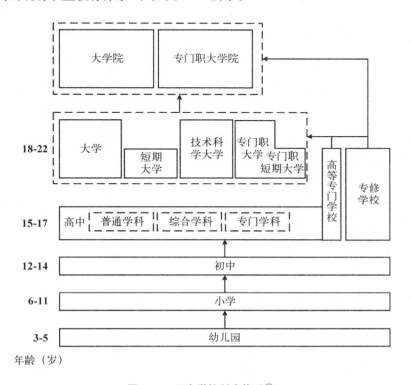

图2-6 日本学校制度体系③

日本目前的学制是典型的6-3-3结构,即小学六年、初中三年、高中三年,大学的学制相对较为灵活。小学从6岁开始,一般持续6年,是日本教育中的基础阶段,主要学科为日本语、社会学、算术、科学、生命环境学、音乐、工艺美术、体育和家政。初中阶段从12岁开始,主要学科有日本语、社会学、数学、科学、一门任选的外语(几乎总是

---

① 王丽燕,庞昊.社会转型期日本高等职业教育的协调发展及启示[J].日本问题研究,2017(5):85-91.
② 東京女子大学.社会人編入学試験と一般編入学試験の相違点[EB/OL].[2023-12-13].http://office.twcu.ac.jp/info/index.html.
③ 文部科学省.高等専門学校(高専)について[EB/OL].[2023-12-13].https://www.mext.go.jp/a_menu/koutou/kousen/index.htm.

英语)、音乐、美术、健康与体育和工业美术或家政,课程内容相对较为丰富。初中毕业后,学生可以选择继续深造或者直接参加工作。初中阶段属于义务教育,旨在实施普通中等教育。除了为学生就业做准备外,还提供一些基本的职业技术知识和技能教育,其中包括家政科和技术科,培养学生某种社会职业方面的基础知识和基本技能、良好的劳动态度以及根据自己的个性选择将来道路的能力。

高中阶段从15岁开始,核心的必修学科课程有日本语、地理与历史、公民、数学、科学、健康与体育、艺术、外语、家政和信息。高中分为三种类型,分别是普通高中(主要提供普通课程)、职业高中(主要提供职业课程)、综合高中(既设有普通课程又设有职业课程)。此外,还有以高中为起点的五年一贯高等专门学校,既重视职业观、人生观的养成教育,又重视"职业人培育"的基础与基本教育,培养学生的一种必须完成社会使命的觉悟,使之能够根据自己的个性决定将来的道路,提高一般教养水平,掌握某种专门技能。

日本中等后教育阶段的学校机构包括大学、短期大学(以接受中学高年级教育为起点)、技术科学大学、高等专门学校(以初级中学教育证书为起点)、专修学校及"各种学校"。高等专门学校、专修学校和"各种学校"都是穿插于高中和大学两个阶段的机构。

**(二)日本职业教育的各级各类学校机构**

1. 中等教育阶段

职业高中:职业高中类似于我国的中职,学制3年,主要面向高中毕业后准备在某一领域就业的初中毕业生,开设农业、工业、商业、水产、家庭、数理和英语等学科。职业高中曾经是日本开展职业教育的重点,但在20世纪80年代,随着高中阶段教育的普及,希望进入职业高中的人数锐减,职业高中的在校生比例已从1991年的40.1%下跌至2022年的17.4%。

综合学科高中:从1991年开始,日本以美国综合高中制度为蓝本,开始了其持续三十多年的综合高中改革。依据《高中学习指导要领》规定,综合学科高中原则上不按学年划分教育课程,除了设置高中必修课程、"产业社会与人"以及专门教育科目的学分数不低于25分的规定外,"学校可灵活自主设定科目,以便于学生在种类多样的学科和科目中发挥选择学习的主体性"[1]。综合高中以科目选择制和学分制为原则,向

---

[1] 文部科学省. 高等学校学习指导要领(2018年版)[EB/OL]. [2023-11-10]. http://www.mext.go.jp/a_menu/shotou/new-cs/1384661.htm.

学生提供符合兴趣、能力和个性的多样化课程，实现普职两类课程的融合[1]。综合学科高中从创设初期的7所发展至2022年的377所，占所有高中数量的5.7%；在校生数量为159067人，占高中阶段学生数量的5.4%[2]。

此外，日本高中阶段还有其他专门学科高中这一类型的学校，其面向理数、体育、音乐、美术、外语、国际关系等学科，这有点类似于我国的特色高中。学校数量略多于综合学科高中，但办学规模较小，在校生数低于综合学科高中。

2. 中等后教育阶段

"各种学校"："各种学校"是日本实施类似学校教育的各种职业技术学校的总称，学制通常在1年以上。"各种学校"主要面向高中毕业生，也接受其他学校在校生和社会人士。"各种学校"旨在教授学生在短期内获得生产、生活和职业所需的知识和技能，使他们能够迅速掌握一门专业。大多数"各种学校"是私立的，规模较小，一般为单科性质，每个学校专注于特定领域，涵盖各行各业和社会生活的方方面面。由于其独特的专业性质，"各种学校"在日本职业教育中备受社会关注和重视。相关数据显示，2022年日本仍有1015所"各种学校"，其中1010所为私立学校，共计有108169名在校生。

专修学校：专修学校创立于1976年，总的来看入学门槛较低，招生对象不仅有高中毕业生，同时也有初中毕业生及无条件限制的社会人士。专修学校同时根据学科的不同实行灵活的弹性化学制。在专业设置上，专修学校不像短期大学和高等专门学校那样有所侧重和限定，课程开设的标准较为自主，主要是为帮助学生取得从业资格证来设置的。专修学校在教学中特别注重实用性、应用性的职业教育，因此得到社会企业的良好评价[3]。

专修学校针对不同学历水平的学生开设有专门课程、高等课程和一般课程，据此又可以将其分为专门学校、高等专修学校和一般专修学校[4]。诸多学者将专修学校与专门学校混淆，导致对于二者的分辨不清。

专门学校是设置专门课程的专修学校，主要招收高中毕业生或者3年制专修学校

---

[1] 金红莲.日本"职业型"综合学科高中的普职融通实施路径分析——以筑波大学附属坂户高中为例[J].外国教育研究,2021,48(7)：112-128.
[2] 文部科学省.令和4年度学校基本統計(学校基本調査報告書)[EB/OL].[2023-11-10]. https://www.mext.go.jp/a_menu/shotou/shinkou/genjyo/021201.htm.
[3] 王丽燕.日本职业教育机构毕业生就业现状及其启示[J].职业技术教育,2008(11)：92-93.
[4] 朱文富.日本专修学校发展的历史与现状[J].河北大学学报(哲学社会科学版),1996(4)：27-32.

毕业生,也有少部分的大学毕业生。专门学校的学制为1—4年,通常为2年或者4年①。2年制以上的毕业生能够获得"专门士"称号,4年制的毕业生能够获得"高等专门士"称号。

高等专修学校是中等教育阶段的学校,一般招收初中毕业的学生,学制1年以上,其中学制3年以上的可以升入专门学校学习。2022年,日本有385所高等专修学校,在校生为33150人,在专修学校中的占比较低。

一般专修学校主要提供职业技能培训,是专修学校的主体,另外各种补习学校也属于一般课程专修学校范围②。专修学校初创时只有893所,在校生13.1万人;2022年已达到3020所,在校生达607944人。

短期大学：简称"短大",始建于1950年,是日本创建最早的职业学校。1964年《学校教育法》规定,短期大学成为高等教育系统永久性机构,成为大学的一种特殊类型,又称"二分之一大学"。短大的标准修学年数为2—3年,毕业后获得短期大学士学位③,可进入高专继续学习1—2年。从短大的学科专业设置来看,家政营养、医疗护理、时装服饰设计等占据了主要地位,此外还设有文学艺术、人文教养等学科领域④。短大的办学以私立学校占多数,招生和人才培养都同本地域社会经济、文化教育发展有着紧密的关联。

高等专门学校：简称"高专",其实行的是以高中为起点、五年一贯制高中加短大的办学模式,学生毕业后可获得"准学士"称号。《五年制专门教育机构设置纲要》规定：高等专门学校招收初中毕业生,学制5年(商船学科为5年半),主要设置机械、电气、化工、土木和建筑类等专业,"教授高深的专门知识,培养职业所必需的能力"⑤。在专业设置上,高专各学校开设的专业略有不同,主要是侧重于工程技术类的工科系,其中包括机械制造工程、电子系统工程、信息技术工程、生物系统工程等,另外还设有都市环保工程、工民建筑学等专业⑥。高专的特点是以培养男性技能人才为目标,以

---

① 日本文部科学省生涯学習振興局. 専修学校：君たちが創る未来のために[R]. 東京：日本文部科学省,2016.
② 刘飞. 日本专门学校的现状、特点及挑战[J]. 高等继续教育学报,2017,30(4)：76—80.
③ 文部科学省. 短期大学について(2012)[EB/OL]. [2023-12-12]. http://www.mext.go.jp/a_menu/koutou/tandai/index.htm.
④ 日本文部科学省生涯学習調査企画課. 文部科学統計要覧[R]. 東京：日本文部科学省,2019.
⑤ 久世俊郎,金津綾美,山本剛志,等. 高等専門学校の現状と課題：苫小牧高専を事例とする調査報告[J]. 公教育システム研究,2001(1)：4.
⑥ 日本首相官邸教育実行会議. 高等学校教育と大学教育との接続・大学入学者選抜の在り方について[EB/OL]. [2023-12-12]. https://www.kantei.go.jp/jp/singi/kyouikusaisei/pdf/dai4_1.pdf.

公立学校为主,办学规模虽小,但在国家政策的大力扶持下,财政经费投入充足,毕业生的就业率一直居于领先地位,被誉为"育英精锐高专"。由于高专与工业有关,而且几乎都是国立学校,因而从建立之初到现在,规模发展有限。

从1992年起,部分高等专门学校在内部设立"专攻科"(亦称为"技术本科"),高专学生修业5年再进行2年相当于本科层次的专攻科学习,符合条件者可以向学位授予机构申请获得学士学位。专攻科毕业生既可直接就业,也可升入其他大学就读研究生。同时,20世纪80年代后期,为满足更多高专毕业生升入本科阶段继续学习的需求,许多综合性大学工学系逐步向高等专门学校开放,高专毕业生作为编入生可直接进入大学三年级继续学习。就这样,高等专门学校向上既可以同时与技术科学大学和普通大学衔接,又可以通过内设专攻科实现学历提升,形成了职业教育内部上下贯通、与普通教育相互融合的良性发展局面。

技术科学大学:1976年,日本以培养具有高度创造性、实践性技术人才为目标,创立了兼有教育和研究功能的高职教育机构——长冈、丰桥两所技术科学大学,首次打通了五年一贯制高等专门学校毕业生的升学通道。技术科学大学成立之初就确立了"培养具有高度创造能力和实践能力、对新技术有适应能力的技术指导者"的人才培养目标,实施以技术科学专业知识和实践动手能力为主体的教育内容。与此同时,日本技术科学大学针对技术型人才的不同能力和知识需求,分别实施了本科、硕士、博士等不同层次和规格的技术型人才教育。技术科学大学大都实行4年制本科教育、研究生教育一体化的教育,本科教育培养兼具基础和专业知识的实践型技术人才,研究生教育培养从事研究和技术开发的研究型技术人才。4年制本科教育新生以普通高中和工业高中的毕业生为招生对象,5年制高等专门学校的毕业生直接编入本科三年级学习,研究生教育招收其他大学和高等专门学校专攻科的毕业生。日本技术科学大学与五年一贯制的高专相衔接,主要招收高等专门学校毕业生(占技术科学大学学生总数的80%以上),在其原来的基础上实施4年本硕一贯制(本科2年,硕士2年)的高等教育,着眼于应用技术开发的教育和研究,旨在通过长期的专业教育,培养具有创造力和研究开发能力的高级技术型人才,同时也兼有作为新生入学的工业高中毕业生。

专门职大学和专门职短期大学:进入21世纪,随着大众对高等职业教育的需求扩张,短大和高专的升学率越来越高,高中生升学意愿越发强烈,同时叠加第四次工业革命带来的人才需求变化、企业内职业培训规模的缩减等因素,专门职大学和专门职短期大学应运而生。2017年《学校教育法》规定,专门职大学是教授与研究高深专门学艺、以培养学生从事某种专门性职业的实践能力与应用能力为目标的本科教育层次大学[①]。2019年,日本政府实施了增设新型高等职业教育机构专门职大学、专门职短期大学的改革措施。2022年,日本共设有专门职大学19所、专门职短期大学3所,此外还有一个专门职学科,为名古屋产业大学的经营专业[②]。

专门职大学与大学的毕业要求基本一致,学制4年,毕业获得学士(专门职)学位,专门职短期大学学制2年,毕业获得短期大学士(专门职)学位。专门职大学的课程主要包括基础课程(20学分以上)、职业专门课程(60学分以上)、拓展课程(20学分以上)、综合课程(4学分以上)四种。此外,学生还需要取得40个职业岗位实习学分方能毕业,40学分的实习中必须有20学分以上是在企业等单位的实际工作岗位顶岗实习所得。

### 七、中国职业教育学校制度

#### (一)中国职业教育学校制度体系与运行规则

2002年,我国提出了建设现代职业教育体系的目标,2014年国家颁布了《现代职业教育体系建设规划(2014—2020年)》,再到2019年《国家职业教育改革实施方案》等文件的颁布,标志着我国职业教育的体系建设进入了崭新的历史阶段。2014年发布的《现代职业教育体系建设规划(2014—2020年)》对现代职业教育的体系框架进行了说明[③],除了在同年开始探索发展的职业本科未被纳入其中,基本与当前的学校制度相符,如图2-7所示。

我国已经建立起了中等职业教育、高等职业教育和技术应用型本科教育(职业本科)的职业教育三级学校体系。承担中等职业教育职能的学校类型包括中等专业学校、职业高中、技工学校,承担高等职业教育职能的学校主要包括高等职业学校和职业本科院校(职业技术大学)。

---

① 文部科学省. 学校教育法[EB/OL]. [2022-02-09]. https://elaws.e-gov.go.jp/document?lawid=322AC0000000026#Mp-At_83_2.
② 文部科学省. 専門職大学等一覧[EB/OL]. [2023-12-12]. https://www.mext.go.jp/a_menu/koutou/senmon/1414446.htm.
③ 教育部. 教育部等六部门关于印发《现代职业教育体系建设规划(2014—2020年)》的通知[EB/OL]. [2023-11-29]. http://www.moe.gov.cn/srcsite/A03/moe_1892/moe_630/201406/t20140623_170737.html.

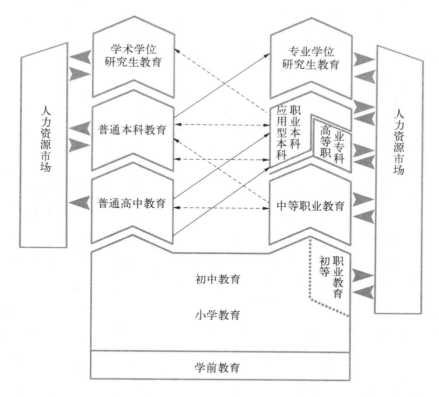

图2-7 中国教育体系基本框架

纵观中国的学校教育体系,学前教育一般从3岁开始,学制3年;小学教育从6岁开始,学制6年;初中教育从12岁开始,学制3年;高中教育从15岁开始,学制3年;大学教育从18岁开始,学制3—4年;硕士学制2—3年;博士学制3—4年。

中国实行普职分流的政策,主要是通过考试来衔接不同层次的学校。学生在中考后进行第一次分流,过去是根据中考成绩,按照普职比大体相当的办法,一部分中考成绩较差的学生进入职高、中专和技校就读,接受中等职业教育,其中少数学生可以选择中高贯通(3+2)或者中本贯通(3+4)的专业升入高职院校或者本科院校获得高等教育文凭。近年也有部分中考高分考生选择"七年贯通培养师范定向生"计划,毕业时能获得本科文凭,给中职的招生带来了一些变化。

进入中职学校的学生如果毕业后不直接工作,也可以通过多种途径实现升学进入高等教育学校。在国家高等教育招生改革"分类考试"的大方针下,中职生的升学通道已变得非常多元化。2020年北京大学中国教育财政科学研究所对全国中职生的调查数据显示,中职生升学率达到了64.9%,升入本科院校的比率为6.4%[1]。可见,对于中职生而言,升入高职类院校几乎不存在入学困难,甚至出现高职招生计划人数超过中职招生人数(不考虑转学、社会考生等因素)的情况。中职生升学的路径有对口升学、高职分类考试、高职单招考试、五年一贯制高职、普通高考、"三校生"(职业高中、中等专业学校、技工学校)高考、免试入学,以及自学考试、成人高考和网络教育等,其中最主要的还是高职单招考试和各种形式的贯通培养。需要指出的是,中职升学考试有着鲜明的地域特征,一般由省级政府统筹。

另一批在中考分流后进入普通高中就读的学生会在高考之后迎来第二次分流,同样根据高考成绩升入本科或者高职院校,近年也有部分职业本科院校开始招生。进入高职院校的学生还可以通过各类专升本考试进入本科继续学习,学制一般为3+2的模式。专科升本科的路径有统招、大自考、小自考、成人高考、开放大学等,最主要的还是统招专升本,招生对象是普通专科高校三年级在籍学生,考试是入学统考+期末考试校考,录取后前往本科院校全日制学习,本科院校颁发并注明"普通高等学校""专科起点本科学习"。

**(二)中国职业教育的各级各类学校机构**

1. 中等教育阶段

初等职业学校:主要面向的是一些未完成初中学业却有着技术学习需求的学生或者是成年人,旨在培育新型城乡劳动者以及合格的初中毕业生。这一阶段的教育还属于义务教育,除了培养一定的技术技能,对于学生的身心发展和道德品质的培养也是重要内容。随着职业教育的快速发展以及建设重点的高移化,职业初中不断减少,根据国家统计局数据,2022年我国仅存8所职业初中。

中等专业学校:源自20世纪50年代我国第一个国民经济五年计划期间国家重点工程建设对各类中等技术人才的需要,发展伊始归行业主管,也为该行业培养专业技术员,主要分为普通中专和成人中专两大类。中等专业学校开设普通文化课、专业基础课和专业核心课。普通文化课主要是完成相当高中文化知识的学习,专业基础课和专业核心课的实践教学贯穿教学全过程,要求学生掌握行业所需的专业知识以及基本的操作技能。

职业高中:这类学校是在20世纪80年代应中等教育结构调整的需要发展起来,

---

[1] 田志磊.中职教育升学:误解、事实与政策[C]//北京大学中国教育财政科学研究所.中国教育财政政策咨询报告2022年,2023:8.

大部分职业高中由若干初中或办学力量薄弱的普通高中合并改建而成,一般招收初中毕业生,学制一般为3年。职业高中重视对学生职业知识、素养及操作技能的培养,在文化基础课方面,也要求学生达到普通高中水平。其培养目标与中专和技工学校类似,以培养生产服务一线的操作人员为主。

技工学校:旨在培养技术工人的中等职业学校,是国家职业技术教育事业的重要组成部分,属于高中阶段的职业教育。技工学校发展初期主要作为国有大型企业的一个部门,培养的责任由企业承担,以培养中级技术工人为主,其目标主要是为企业提供人力资源储备。随着20世纪90年代中期现代企业制度改革,技工学校规模严重萎缩,从企业剥离,归当地人力资源和社会保障部门管理。技工学校的学制根据培养目标、招生对象的不同分别确定。重点培养中级技术工人,主要招收初中毕业生,学制为3年,个别工种确有需要的,可以经省、自治区、直辖市劳动人事部门批准招收高中毕业生,学制为1—2年。

技师学院:这类学校是技工学校的最高层次,是在高级技工学校的基础上发展而来的。技师学院特别注重培养学生的专业技能,旨在培养预备技师以及现代化高级技术人才,招生对象为初中毕业生以及中职或高中毕业生,针对初中毕业生的学制为5—6年,针对中职或高中毕业生的学制为3—4年。学生毕业后可获得与专业相对应的中高级职业资格证书和技师学院全日制毕业证书。通常,技师学院的管理由地市级政府以及当地企业负责,开设专业通常根据当地社会需求进行调整。

需要指出的是,技工院校逐步发展为技工学校、高级技工学校、技师学院三种层次类型。其中,技工学校、高级技工学校和技师学院归人社部门管理,职业高中、普通中专和成人中专归教育部门管理。技师和技工学校除非挂靠到高职,否则都只能发中职文凭,办学层次仍属于中等职业教育,毕业生按要求毕业后可取得中职学历。

2. 高等教育阶段

高等专科学校:这类学校是负责高等职业教育的专科学历教育学校,学制一般为3年。高等专科学校主要招收经过中等教育培训后具备一定专业知识、实践能力的学生,旨在培养创新型国家的技术骨干力量。高等专科学校包括全日制和非全日制两类,全日制指学生经过高考或以单招形式入学进行脱产学习。在我国,这类学校开设数量较多,专业开设也较为丰富,主要包括电子信息、生物技术、外语、商科等。

职业技术学院:我国普通高等院校的一种类型,以全日制专科层次职业教育为主要内容,学制通常为3年,在普通高考录取顺序中为统招专科(高职)批次,也是"三校生"单考单招的录取院校。职业技术学院专业开设广泛,旨在培养高素质复合型、应用型技术技能人才。

职业大学:这类学校于 20 世纪 80 年代在中国兴起,是我国实施职业高等教育的地方性大学。目前,职业大学的办学层次涵盖专科、本科两类,专科学业年限为 2—3 年,本科学业年限为 4 年。职业大学在适应地区经济发展和人才需求的基础上培养应用型人才,其教育经费和师资依靠国家及社会力量。

职业技术大学:这类学校是在本科层次开展职业教育的院校,通常学制为 4 年。2014 年,国务院印发《关于加快发展现代职业教育的决定》,首次明确提及"探索发展本科层次职业教育"。职业技术大学以高层次技术技能人才为培养定位,其专业设置主要围绕国家和区域经济的重点产业领域,服务产业新业态、新模式。自 2019 年启动实施试点改革以来,截至 2022 年,教育部已分批批准建设了 32 所职业技术大学,招生 4.14 万人,在校生 12.93 万人。

## 第二节　各国职业教育学校制度的比较分析

对各国职业教育学校制度的比较必须将其置于其国家的政治、经济、文化背景之下考察,因为不同国家的教育体系是生长于其经济社会背景之下的,有着不同的发展条件、演化规律与特征。

**一、各国职业教育学校制度的比较框架**

从各国学制体系的比较分析框架来看,可以从横向与纵向两个大维度展开。如果将职业教育学校制度划分出一个国际层面的坐标系,可以将普通教育与职业教育的关系作为横轴,将终身教育与职业教育的关系作为纵轴。按照普通教育与职业教育关系取向的不同,横向坐标轴以"职普一体"和"职普分轨"为划分标准。按照终身教育与职业教育关系取向的不同,纵向坐标轴以"生涯导向"和"就业导向"为划分标准。

横向主要是针对职业教育与普通教育的双轨关系以及职业教育与普通教育的融通关系进行剖析,纵向可以看出其学校职业教育更看重生涯发展还是直接就业,应结合普职分流的时间早晚、办学层次的高低、体系衔接的畅滞等维度加以剖析。根据这一比较框架,不同国家在国际职业教育管理制度坐标系中的定位大体如图 2-8 所示。

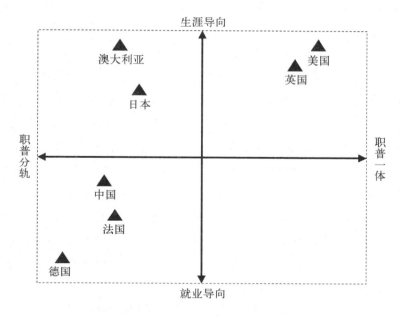

**图 2-8 比较框架中的各国职业教育学校制度定位**

如图 2-8 所示,美国和英国位于第一象限,日本和澳大利亚位于第二象限,德国、法国和中国位于第三象限。之所以如此划分,是考虑到各国的学校制度设计,我们在前文中逐个分析了各国的学校制度,对其整体情况有了较为清晰的感知。下文将以此分析框架为基础,对其进行比较分析。

## 二、职业教育与普通教育的关系:职普分轨还是职普一体?

讨论职业教育与普通教育的关系是永恒的议题。从现代学校教育发展史来看,职业教育从济贫性质的"劳作学校",逐渐向上发展到中等职业教育、高等职业教育,形成了一个完备的体系,而面向精英的普通高等教育则向下延伸,逐步形成满足大众教育需求的基础教育。由此,双轨制便成为认识职业教育与普通教育关系的重要概念基础,也在各国学校教育发展的走向中发挥了重要作用。随着时代的发展与各国自身的探索,传统双轨制的形态或得到完善,或走向瓦解,形成了职普一体的单轨制和职普分轨的双轨制。

由于制度取向的不同,不同国家在职业教育学校制度设计上存在较大的差异。从案例国家来看,德国和中国采取的是职普分轨的职业教育学校制度设计,日本、法国和澳大利亚强调加强普通教育与职业教育之间的沟通衔接,美国和英国采取的是职普一体的职业教育学校制度设计。

## (一)以德、中为代表的职普分轨学校制度模式

德国有着丰富的职业教育学校类型与学徒培训,这源于德国人将工作视为"天职",崇拜工匠精神,因此十分重视职业教育,也尊重技术技能人才。德国的职业教育学校包含了中等教育第一阶段的主体中学、实科中学以及综合中学,中等教育第二阶段的双元制教育中的职业学校、职业专科学校、专科高中、职业高中、职业文理高中等,以及高等教育阶段的双元制大学、职业学院、应用科学大学,继续教育阶段的专科学校等。在职业教育轨道与普通教育轨道的沟通上,德国也在不同的分流阶段设计了一定的转换路径,但条件较为严格,例如主体中学成绩优异的学生在毕业后可以转入文理中学高中部,双元制职业教育与全日制职业教育毕业生在职业补习高中(专科高中、职业高中等)补习文化后才能进入学术型高等教育体系,或者积累了多年实践经验之后进入某些应用型高等教育机构。

中国建立了职普分轨的教育体系,分别在中考后和高考后进行教育分流,并逐渐建立起相互之间的转学机制。从普通教育轨向职业教育轨的转换相对比较容易,但从职业教育轨向普通教育轨的转换比较困难。在普通教育的不同阶段均可以升入更高一级的职业学校,但职业学校的学生很难升入更高一级的普通教育学校,诸如中职学生进入普通本科,或者高职学生"专升本"的通道是比较狭窄的。

## (二)以日、法、澳为代表的普职互通学校制度模式

日本作为东亚国家,受到儒家文化的影响,有着浓厚的学历崇拜社会氛围。日本的产业结构以二产和三产为主,制造业没有因为产业转移而空心化,因此对技术技能人才的依赖较大。日本当前承担职业教育职能的学校有高中阶段的专门学科高中、综合学科高中,"各种学校"、专修学校、高等专门学校、短期大学、技术科学大学、专门职大学和专门职短期大学。日本在中等教育阶段以普通科为主,职业科和综合学科占比较低,升学导向也越来越重。诸多职业学校会接受普通学校的毕业生进行职后的培训,但大部分职业学校学生无法向普通学校流动。但在高等教育阶段,专门学校的毕业生能够升入大学接受普通教育,短期大学的毕业生也可以通过进入高等专门学校的专攻科实现向普通教育的转轨,进而获得学士学位或研究生学位。得益于技术科学大学打通了高等专门学校毕业生的升学通道,同时部分综合性大学也向高等专门学校开放,高等专门学校向上既可以同时与技术科学大学和普通大学衔接,又可以通过内设

专攻科实现学历提升,形成了职业教育内部上下贯通、与普通教育相互融合的良性发展局面。技术科学大学的建立完善了与专业本科的新型接续体制,从而筑造了在9年义务教育阶段之上的普通教育轨并行的9年一贯制高等职业技术教育(5+2+2)的另一轨,形成了日本高等教育阶段的"双轨制"体系。专门职大学和专门职短期大学的创建也进一步打通了职业教育轨道的升学通道,职业教育轨与普通教育轨的融通得到进一步增强。

法国自古以来是非常重视传统文化、突出精英教育的国家,受古希腊思想家亚里士多德思想的影响,将人的生活分为"鄙俗"和"高尚",职业技术教育被纳入"鄙俗"的范畴,职业教育的地位也相对较低[1]。法国的学校职业教育机构较少,形成了以高等职业教育为主体的学校职业教育体系[2]。实施职业教育的学校有职业高中、技术高中(附设于综合高中)、高级技术员班、大学技术学院(附设于综合大学)、大学职业学院(附设于大学)和大学校。法国的双轨制特征也较为明显,但这种分轨更多体现为校内分轨的模式,如职业教育的学校总是附设于普通教育学校机构之中。法国高中录取虽无正式考试,但普通高中和技术高中通过审查学生成绩总是选拔比较优秀的学生。这种淘汰式的高中分流机制导致了职业高中的生源质量差,就业出路不佳,社会地位低下。尽管职业高中的学生可以转换到普通教育或者技术教育路线,但这条通道是较为狭窄的。技术高中作为精英层次的职业教育,拥有升入大学技术学院的机会,但大学技术学院接受的大部分学生来自普通科。大学职业学院也向普通教育轨的学生开放,最高可以取得职业硕士文凭。可见,法国的学校制度体系更多的是普通教育轨向职业教育轨的单向流动,普职融通度并不高。

澳大利亚尽管深受英国影响,通过国家统一资格框架体系实现了对教育体系的整体设计,但其职业教育与普通教育间的差距并没有英国那么大。得益于澳大利亚移民国家相对自由开放的文化,公众对于传统学术的追求并不太高,因此在澳大利亚许多技术类职业的地位非常高且受到大家的尊重,技术人员的收入可能远高于白领。澳大利亚的职业教育学校主要是注册培训机构和 TAFE 学院,依靠资格证书对不同资格等级进行衔接,证书、学位、学历和职业要求对应,接受职业教育的学习者可以根据所修学分免试相关课程进入高等教育深造,深造的学习者也需要获得职业资格证书才能具备进入行业的就业资格。由于职业教育与普通教育各自需要的资格认证不同,因此

---

[1] 杨文杰,祁占勇.法国职业教育制度的发展历程、基本特征及启示[J].教育与职业,2018(3):30-36.
[2] 李兵,石玥,黄旭琛.法国职业与技术教育体系现状研究[J].西部学刊,2023(8):139-142.

在二者之间的转换未必顺畅,如高中毕业生只有在获取职业资格之后才可以免试进入本科深造,而从普通本科学校转入职业学校,也要结合学习者的职业资格层次、转入理由及申请的学校和专业来确认能否通过。

### (三) 以美、英为代表的职普一体学校制度模式

美国的学校制度中并没有明显的职普分轨,形成了一种普职融合的一体化单轨学制。美国在中等职业教育阶段依靠课程分别开展职业教育和普通教育,学生就像是在一个大型的课程超市里,根据自己的需要,选择和搭配一套属于自己的个性化的课程。通常学习了三门及以上某一职业生涯领域的职业教育课程的学生,就会被认为是这一职业生涯的专修者。美国的高等职业教育阶段也完全向大众开放,几乎人人能上大学,实行申请入学,因此在职普转换上比较畅通。美国构建了强大的学分互认机制,社区学院也具有转学教育的功能,从职业教育轨跨到普通教育轨或者从普通教育轨跨到职业教育轨都十分方便。社区学院不同于国内的专科,学生通过"2+2"获得的文凭认可度较高。

英国的学校职业教育相对于普通教育而言较为弱势,原因在于英国重视学术的"绅士文化"传统。为了促进教育公平以及提升职业教育质量,英国建立起职业教育与普通教育的"等值"关系的资历框架[①]。英国借助统一的国家资格框架构建教育体系,体系内强调课程而非学校教育机构。英国职业教育学校主要有中等教育阶段的技术中学、现代中学和综合中学,继续教育阶段的第六学级、第六级学院、技术学院、自由学校等,高等教育阶段的技术大学、继续教育学院、高等教育学院等。英国在不同阶段通过考试进行普职分流,在高中阶段以综合高中的形式实现普职融通,现代中学和技术中学等也包含了职业教育因素或项目。英国在14—16岁阶段开设职业教育课程,让学生的生涯规划提前,实现普职教育的过渡衔接。16岁考试后进入职业教育轨道的学生无论是修习中学高级水平考试课程还是职业性中学高级水平考试课程,都有机会进入3年制本科阶段的学习,然后学习1—2年制的硕士研究生课程。英国的各种"学院"也同时提供学术和职业课程,同样为普职融通提供了支持,如继续教育学院承担了大量的高等教育、职业资格教育和与工商业相关的应用研究职能,第三级学院也结合了学术性和职业性课程,以便学生自由选择。

---

① OFQUAL. Regulatory Strategy Statement [EB/OL]. [2023 - 11 - 28]. https://assets. publishing. service. gov. uk/government/uploads/system/uploads/attachment_data/file/420231/2015 - 03 - 30 - regulatory-strategy-statement. pdf.

### 三、职业教育与终身教育的关系：就业导向还是生涯导向？

终身教育与职业教育的关系是学校职业教育构建面临的第二个问题。从世界教育的发展趋势来看，终身学习已经成为一种必然趋势；这就要求各行各业的劳动者只有不断地学习，才能适应科学技术的不断发展、知识的不断更新，以及生活方式的日益现代化；现代社会中学习与工作的关系，已经从学习到工作的单向式流程，演变为从学习到工作再从工作到学习的循环往复式链条[①]。从学校职业教育的设计来看，除了传统的就业取向之外，不少国家开始将生涯作为重要取向，并在学校教育的不同阶段（尤其是高等教育阶段）为已经工作的人提供继续教育机会。

由于制度取向的不同，不同国家在职业教育学校制度设计上存在较大的差异。案例国家中，德国和法国是就业导向的职业教育学校制度，中国和日本是就业与生涯并重的职业教育学校制度，美国、澳大利亚和英国是生涯导向的职业教育学校制度。

**（一）以德、法为代表的就业导向的学校制度模式**

德国的普职分流时间较早，在小学四年级之后就进入两年的定向期，定向期之后学生就被分到职业学校或者普通学校。职业教育的办学层次也达到了本科以上层次，最高可以在应用科学大学中取得博士学位。学校的衔接上，提供了一定的通道，但双元制教育主导下更强调学生的直接就业，而非通过各种路径升学。德国适龄青年中仅有三分之一的人走进大学殿堂接受高等教育，而剩下三分之二的人接受的是职业教育，德国职业教育在其经济社会发展中占据重要的地位[②]。在双元制中，基本上企业占据更为主导的地位，学校只是配合企业的人才培养工作。在德国人看来，所谓生涯发展永远是基于真实世界的工作岗位。德国通过各种职业学校培养了大量的技术技能人才，其高等教育毛入学率在 OECD 国家中并不高，但经济发展却取得了较大的进步，很大一部分原因在于其高质量的制造业人才。

法国的分流是在初中之后，学生在初中三、四年级步入定向阶段。法国的职业教育最高到硕士层次，大学职业学院硕士文凭是最高文凭。法国通过各种文凭证书实现不同层次学校之间的沟通衔接，高等教育阶段的职业学校教育十分注重专业性，如高级技术员班强调技能培养的岗位针对性和实践性，因此毕业生具有高水平的技术，就业率较高，同时也为其提供了进一步深造的通道。大学技术学院和大学职业学院的教

---

① 郝天聪.职业教育转换研究——基于现代职业教育体系运行的考量[D].南京：南京师范大学，2016.
② 李继延，等.中外职业教育体系建设与制度改革比较研究[M].上海：复旦大学出版社，2014：26.

育也与企业紧密合作,十分强调培养学生的实践能力。21世纪以来,法国政府着重平衡职教和普教发展中各个方面的关系,职业教育课程安排方面,普通教育每周课时高于技术教育,也体现出法国逐步重视培养学生终身发展的能力①。

### (二)以中、日为代表的就业与生涯并重的学校制度模式

中国的普职分流相对较早,在初中之后分流。职业教育层次提到了本科,职业本科院校正在不断建设之中。在整个体系的衔接上较为顺畅,中职—高职的通道是较为宽松的。一方面,随着高等教育普及化,2022年我国高等教育毛入学率已经达到59.6%,原有的以就业为导向的中等职业学校已经面临着诸多的办学困难,开始转向以升学和就业并重,升学倾向越来越明显。就业导向的学校职业教育的重心逐渐高移,也让中等职业教育被定位为提供更多的职业基础教育,为学生的生涯发展做准备,而高等专科学校的学生直接就业的比例逐年减少,高职院校的升本率逐年提升,也出现了较强的学历提升倾向。尽管就业导向的职业教育出现了层次高移,但目前中国的职业教育仍然是以就业导向为主。另一方面,随着高龄少子化的冲击,终身教育与成人教育越来越受到重视,进入劳动力市场的社会人可以多次进入学校接受职业教育。例如,2019年启动的高职扩招不仅面向普通高中和中职学校应届、往届毕业生(含同等学力人员、基层在岗群体和灵活就业人员),还面向退伍军人、下岗失业人员、农民工和高素质农民等社会群体。但不得不承认,目前成人进入学校主要通过自学考试、成人高考或者网络教育等途径,一方面给予社会考生的名额较少且难度较大,另一方面相关学历的社会认可度较低,并没有很强的吸引力。综上可见,中国职业教育的就业导向逐渐减弱,生涯导向逐渐增强。

由于日本的职业教育主要依靠企业培训,因此学校职业教育的就业导向相对较弱。日本学校职业教育更看重生涯发展,注重培养学生的基本知识与基本能力,学生的综合素质和公民素养是学校职业教育的重点。之前日本的各职业学校均强调就业,现在越来越看重升学,但不同的职业教育学校办学方向很不一样。日本职业学校的升学倾向也在不断增强,专攻科、专门职大学、技术科学大学等均在强调升学。日本的大学升学率持续走高,数据显示,日本2021年大学升学率再创新高,达到了54.9%,如果算上短期大学和高等专门学校等的话,高中毕业后的升学率为83.8%②。

---

① 杨文杰,祁占勇.法国职业教育制度的发展历程、基本特征及启示[J].教育与职业,2018(3):30-36.
② 佐野領.【学校基本調査】大学進学率56.6%過去最高を更新[EB/OL].[2023-12-12].https://www.kyobun.co.jp/article/20221221-04.

### (三) 以美、澳、英为代表的生涯导向的学校制度模式

美国普职不分流，对职业教育也不设限，修习职业教育课程的学生可以通过社区学院转学到综合院校中，最高能够取得博士学位。美国高等教育普及化程度非常高，因此升学通道也非常宽松。美国于 2006 年将以前的"职业教育"改为"生涯与技术教育"，可以看出美国职业教育具有鲜明的生涯导向。20 世纪 70 年代，马兰提出生计教育时就指出了职业生涯教育应该贯穿于人一生的全过程。1990 年，美国职业教育的对象扩大到了所有学生，也促成了 STW(School to Work) 到 STC(School to Career) 的转变。STC 将职业教育的关注点从一时的就业，延伸到了一生的事业。美国十分强调个体的生涯发展，生涯与技术教育是美国实施职业教育的重要依托，学校机构主要有中等教育阶段的综合高中、全日制生涯与技术教育高中、区域生涯与技术教育学校或中心，高等教育阶段的社区学院、技术学院等。美国的职业学校制度也是更重视生涯发展的，并不注重为学生就业做准备，提供更多通用性课程，更多的是鼓励升学。

澳大利亚的分流时间相对较晚，在高中后明确分流，但在高中课程设置中包含了职业教育的元素。澳大利亚通过国家资格框架实现了职业教育和普通教育的等值，职业教育最高可以达到硕士研究生层次，同时在国家资格框架的支持下也实现了纵向衔接的畅通。澳大利亚的职业教育体系逐渐发展成为一个面向各个年龄和教育背景的人的终身体系，只要完成了 10 年义务教育，任何人都可以免费参加职业教育。澳大利亚职业教育和培训以终身教育的理念为基础，强调提高实际工作能力，形成一个学习—工作—再学习—再工作的良好机制。澳大利亚不仅关注学生的最终就业，更关注学生的整个职业生涯发展，为此澳大利亚建立了生涯咨询制度。通过生涯咨询，学生更清晰地了解自己适合什么职业、自己的职业兴趣是什么，以及想从事职业所需的技能。这不仅帮助学生明确在校学习的目的性，而且极大地降低了学生选择职业的盲目性，有助于促进学生就业。

英国职业教育分流在 16 岁之后，之前的义务教育阶段也通过开设职业教育相关课程实施职业教育。职业教育最高可以达到本科及以上层次，这与近年英国高等学徒制和学位学徒制的发展有关。英国的职业教育发生在后义务教育阶段，即 16—19 岁之间，这一阶段又被称为继续教育。后义务教育阶段的学校机构属于继续教育部门，其职业教育体系本身带有鲜明的终身教育色彩。英国"重学术轻技术""重学位轻职业资格"的理念根深蒂固，普遍认为学术教育应该是教育的主流，强调政府应该减少对职业教育的干预，对技术技能人才的培养任务则主要应该由行业和企业来承担。此外，

英国推出的高等学徒制和学位学徒制也反映了其学历为高的价值取向,职业教育容易沦为接受更高级高等教育的跳板①,其生涯导向不言而喻。

## 第三节 对中国职业教育学校改革的启示

从世界范围来看,学校制度改革包含着诸多要素,不仅需要构建横向职普融通、纵向衔接贯通的人才培养立交桥,也需要外部的资历框架设计、社会文化氛围、劳动分配制度等的支持。以各国为鉴,未来我国可以从以下几个方面着手进行学校制度改革。

**一、推进职普融通协调发展,满足国民多样化教育需求**

综合各国职业教育学校制度来看,在课程、学校和体系上进行建构是实现职业教育与普通教育融通的三种途径。课程融通上,德国的综合中学以及提供多种课程的学校、英国的第六学级、美国的综合高中和生涯与技术教育高中均实现了职业教育课程与普通教育课程在同一所学校内的融通。校际融通上,德国允许学生在职业教育和学术教育之间转换,如主体中学中有能力的学生,在毕业后可以转入文理高中;瑞士也允许学生选择到不同类型的学校之中试读,在试读后再进行职普轨道的转换。体系融通上,美国通过综合中学、生涯与技术教育高中、社区学院的一体化设计消解了职业教育与普通教育的界限,社区学院通过课程学分互认等方式,直接融入普通高等教育体系。

职普融通一直是我国教育事业发展的指导思想,1985年中共中央《关于教育体制改革的决定》明确要求,基础教育也要适当配合中等职业技术教育。1993年中共中央《中国教育改革和发展纲要》也提出,普通中学也要分不同情况,适当开设职业技术教育课程。2022年颁布的新职教法和党的二十大报告亦明确提出"职业教育与普通教育相互融通"和"推进职普融通",职普融通已经成为新时代推进国家教育体系优化的重要政策话语和改革方向。尽管我国一直倡导鼓励普职校际间的课程互选、学分互认、资源互通,甚至学生互转,但已有研究发现,职普融通还存在诸多难点和堵点。其一是我国政府虽然自20世纪80年代以来一直倡导职普融通,但只停留在鼓励探索层

---

① LITTLE B. Policies towards Work-Focused Higher Education-Are They Meeting Employers' Needs?[J]. Tertiary Education and Management,2005(11):131-146.

面,并没有出台与之相匹配的具体政策法规[①]。其二是职普融通试点不明确,缺乏统一的规划与组织,普职学校间的学分互认也是停滞不前。其三是综合课程无法开设、不愿开设、设而不用,始终难以真正落地。其四是学籍转换通道狭窄,同层级普通教育与职业教育之间转学通道的考试制度尚未成形。

借鉴国外职业教育的先进经验,加强我国职业教育与普通教育的融合发展,满足高等教育普及化背景下国民的多样化教育需求,需要做到以下几点。一是夯实职普等值的认知定位,职普等值是实现职普融通的前提,事关学生在接受职业教育或普通教育后能否在自我实现、社会认可、未来发展空间与机会等方面实现相近的意义或价值[②]。需要从观念上改变"重普教轻职教"的认知,加强职业教育的社会宣传,改变人们对职业教育的传统印象。二是兼顾好试点与推广,要及时总结职普融通的试点经验,充分厘清推行过程中的问题与成效,因地制宜推广相关经验。职普融通是涉及教育机构、教育内容、学习者以及相关重要办学主体等多方面、多样化、深层次的渗透融通[③],针对不同区域和不同需求,应当选择适切的发展模式。三是完善职普融通的外部保障,出台与之相匹配的具有可操作性的政策法规。需要在普职校间的课程互选、学分互认、资源互通、师资共用和学生互转等方面建构起明确的运行制度,实现有规可循、有法可依,充分保障职普融通的规范性和有效性。

**二、构建现代职业教育体系,服务终身学习与生涯发展**

从世界范围来看,发展终身职业教育、全民职业教育已经成为一种重要趋势。各国均建构了符合终身学习与生涯发展的现代职业教育体系,而在学校职业教育中也十分注重学生的生涯发展,兼顾学生升学与就业的需要。如澳大利亚通过国家资格框架让学习者在不同类型或层次的教育之间实现了更加顺畅的转移,促进了各类教育和各层次教育的相互衔接,从而实现了升学路径的通畅。日本高等专门学校向上既可以同时与技术科学大学和普通大学衔接,又可以通过内设专攻科实现学历提升,形成了职业教育内部上下贯通、与普通教育相互融合的良性发展局面。

---

① 常宝宁.政策工具视阈下我国高中阶段普职融通政策研究:基于1978—2018年政策文本的分析[J].教育发展研究,2019(Z2):57-62.
② 刘丽群,刘家伟.我国高中阶段教育普职融通困难的原因分析[J].湖南师范大学教育科学学报,2015,14(2):75-79.
③ 朱德全,王志远.新时代职普融通的教育强国战略与评价改革赋能路径[J].新疆师范大学学报(哲学社会科学版),2024,45(2):68-79+2.

对于中国而言,我们始终致力于构建现代职业教育体系,当前也做出了诸多有益的探索,未来在学校职业教育的改革上需要坚持以下战略。一是坚持中职的基础地位。由于我国缺乏欧美一些国家的大学预科教育,高中阶段教育应担负某些大学预科教育的办学职能,也就是高中阶段不应只是基础教育的升级,也应成为专业教育的预备,中职学校应当继续发挥为技术技能人才生涯发展奠基的功能。二是推动高职由规模扩张转向质量发展。高职占据了我国高等教育的"半壁江山",未来需不断提升发展质量,部分院校可借鉴法国大学技术学院、日本专攻科、德国双元制大学的发展经验,着力培养高技能人才。三是稳步发展职业本科,2021年发布的《关于推动现代职业教育高质量发展的意见》提出,到2025年职业本科教育招生规模不低于高等职业教育招生规模的10%,然而职业本科在当前普通高考招生中常遇断档窘境,如何保障职业本科的生源质量尤其关键。同时,英国多科技术学院的"学术漂移"也在警示我们,高职不能升本就"忘本",应始终坚持职业教育的类型属性。

### 三、广泛开展职业启蒙教育,充实技能型社会发展基础

职业启蒙[①]教育在个体生涯发展进程中尤其重要,需要在正式开始职业学校教育之前开展,融入义务教育阶段,渗透于学生的基础教育课程之中。如法国初中阶段已经蕴含职业教育的因素,初中的三、四年级为定向阶段,开设职业预备班和技术;德国学生也有两年的定向期,主要通过家校密切联络配合并结合学生意见进行生涯发展选择。

我国的职业启蒙教育开展得很不充分,技能型社会建设仍面临适宜于技能成才的社会文化支持系统尚未改善等诸多挑战。强化职业启蒙教育、打造技能成才的社会基础、重构社会文化支持系统任重而道远[②]。

广泛开展职业启蒙教育,充实技能型社会发展基础,具体可以从以下几个方面着手。一是在基础教育阶段,要积极强化职业启蒙,引导学生、家长和社会大众树立技能宝贵的正确价值观,客观看待职普分流,将技能文化真正地渗入人心。二是从中小学阶段开始,帮助学生了解各种职业和行业,培养职业兴趣。通过举办职业体验活动、职业嘉年华等形式,让学生亲身感受各类职业的特点。三是提供更多实践机会,包括实

---

① 职业启蒙作为一种有意识地影响学生体验、认知、探索以及规划职业的活动,对落实新时代劳动教育方针、完善全生命周期职业教育体系和推动技能型社会教育体系构建具有重要意义。现代职业教育体系应该是贯穿于职业启蒙、职前培养、职后培训、老年职业教育的全生命周期的教育体系。
② 石伟平,郝天聪.职业教育如何助力技能型社会建设:黄炎培职教思想的当代启示[J].现代远程教育研究,2023,35(1):59-67.

习、学徒制度、校企合作项目等。通过与实际职业场景的接触,学生可以更深入地了解职业的本质和实践操作,为未来的职业选择做好准备。四是广泛地开展生涯教育与指导,使一批适合接受职业教育的学生及其家长主动选择职业教育。在学校设立"生涯教育指导中心",开设面向全体学生的生涯规划课程,利用生涯管理系统开展个性化的生涯测评与指导服务。

**四、深化分类招考制度改革,畅通各层次教育衔接渠道**

在不同层次职业学校的衔接上,各国均制定了相关的考试和资格证书制度,在大的资历框架下进行有效的运行。法国职业教育学校制度的运行依靠各种职业资格证书衔接,美国设置了高等学校标准入学考试和美国大学入学考试,澳大利亚通过国家资格框架使证书、学位、学历和职业要求之间建立对应关系,教育界和产业界遵循统一的能力标准和证书体制,德国一定程度上也实现了职业学校教育毕业资格与普通教育毕业证书等值。

我国自1999年高职高专被纳入普通高考统招以来,职业教育高考长期依附于普通高校的统一考试招生制度[1]。统一高考为主的招生考试制度不能满足职业教育的类型和特色的需求,不仅影响了高职院校的生源质量,也进一步加剧了"职教次于普教"的社会错误认识[2]。2013年高职分类考试政策推行后虽然成效显著,但仍存在考试制度不能体现职业教育类型特点、招生制度未能凸显职业教育功能地位等问题[3]。尽管2019年国务院印发《国家职业教育改革实施方案》,首次明确提出建立"职教高考"制度,但迄今我国只是构建了一些局部化的中职生升学途径,系统规划和建设职业教育高考制度是职业教育改革和发展的重点[4]。

为了深化分类招生考试制度改革,畅通各层次学校衔接的渠道,需要在以下几个方面进行改革。一是构建职普转换衔接的制度体系,尤其要重视资历框架和学分银行的建设。资历框架作为一种世界性行为,指向了不同类型、不同层次教育间的衔接和融通,在诸多国家取得了较大的成效。我国在学分体系的建设、学分转换机制的建立、

---

[1] 蒋丽君,边新灿,卓奕源.对高等职业教育考试招生的若干思考——以新高考改革为视角[J].中国高教研究,2016(7):97-101.
[2] 袁潇,高松.改革开放40年来高等职业教育考试招生制度改革探析[J].复旦教育论坛,2019,17(1):76-82.
[3] 邱懿,薛澜.我国高等职业教育考试招生制度现状、问题与展望[J].中国考试,2021(5):33-39,55.
[4] 徐国庆.作为现代职业教育体系关键制度的职业教育高考[J].教育研究,2020,41(4):95-106.

学习成果的判定以及相关标准的研究与实践方面滞后于职业教育发达的国家[①],需要进一步加强建设。二是建立招生考试环节的集权与适度分权的多主体治理框架,构建与职业教育类型相适应的招生考试制度,组建技能评价专业机构,完善具有职业教育特点的"文化素质+职业技能"评价体系。三是改革高职学校招生工作机制,引导和鼓励地方政府、行业企业、工业园区等社会需求方参与新生招录工作,丰富职教高考内涵,培育政府、行业、企业、社会等从源头深度参与职业教育的制度环境。

---

① 祁占勇,刘丹.国家资历框架立法的现实诉求及其立法思考[J].江苏高教,2021(3):33-41.

# 第三章　职业教育学徒制度

以"师傅带徒弟"传承技艺为主要形式的学徒制度体现了职业教育的本质特征,而现代学徒制是在传统学徒制的基础上,结合现代学校教育因素发展而来的一种新的教育制度,为众多国家发展职业教育所青睐。本章内容聚焦各国职业教育现代学徒制的实践探索,一是从改革背景出发探析各国发展现代学徒制的原因,二是结合学徒制的实施机构和运行机制归纳发展现代学徒制的典型经验,三是从制度监管的角度探讨发展现代学徒制的外部保障。此外,本章将基于上述经验,采用问题导向的逻辑对各个国家职业教育学徒制度进行比较分析,并在历史与现实、经验与问题、理论与实践等多方面的互动中,探寻对我国职业教育现代学徒制改革的启示与借鉴。

## 第一节　各国职业教育学徒制度

### 一、德国职业教育现代学徒制

双元制作为帮助德国在战后经济迅速崛起的秘密武器之一,引起了世界的关注,并且也引发对学徒制的重新思考。

**(一) 发展现代学徒制的原因**

综合来看,促成德国从传统的手工业行会学徒制向由双元制为代表的现代学徒制转变,从背景上看,离不开以下几个方面的动因。

1. 生产力与生产方式的变化。从德国学徒制的发展来看,12—15 世纪由于生产力水平较低,以家庭作坊手工业为代表的生产方式促成了手工业行会学徒制的发展和盛行;随着分工升级和资本的积累,到了 16—18 世纪,手工工场成了德国的主要生产方式,此时,学徒制的教育功能逐渐被削弱,而劳动制度的特性被强化;到了工业革命后,机器生产规模不断扩大,机器操作在纺织、机床建造和炼铁等领域取代了许多传统的职位和劳动技能,使得学徒制的教育功能受到进一步的冲击,在很大程度上沦为了资本家剥削廉价劳动力的工具;而现代经济对人才的技能、综合素质和岗位灵活性的要求,使得学徒制的教育功能重新回到人们的视野①。德国从行会学徒制发展到现代学徒制所经历的错综复杂的演变过程,都反映出社会生产力的发展与生产方式的变化要求。

2. 社会民主化进程的推动。在封建专制时代,教育权和劳动权作为社会资源由少数特权阶级所控制,这一时期的学徒制在很大程度上起社会分层和社会控制作用。随着社会的进步和民主的发展,启蒙运动所引领的社会民主浪潮将学校职业教育拉入人们的视线。为满足社会成员接受教育的愿望,1919年的《魏玛宪法》也规定了普及义务教育原则上由至少八学年的国民学校和与此相衔接的直到18周岁的进修学校来实施,使得学校职业教育得到进一步发展。而在1920年,德意志帝国教育会议将进修学校正式改为职业学校,至此德国现代学徒制和学校职业教育双轨并行的雏形基本形成。

3. 德国"天职论"的文化传统的保障。学徒制在德国有如此顽强的生命力与德国尊重职业、崇尚技术的传统文化有着密切的联系。在德语中,"职业"是受上帝"委派"的,它不仅仅是用于谋生的一技之长,更是代表着一个人一生的重要使命。在这种"天职观"的影响下,一个技艺熟练、精湛的技艺和技术人员在德国非常受尊重,同时劳动者对自己的"职业"有着强烈的自我认同感②。并且,德国企业参与职业教育的意愿与其他国家相比,更为强烈。

**(二) 发展现代学徒制的典型经验**

1. 学徒招聘。在德国双元制下,招聘学徒与企业招工有着密不可分的关系。想接受双元制职业教育的青年,只有先在企业找到学徒岗位,才能获得学习机会。各类中等学校的毕业生是双元制学徒的主要来源。其选择途径主要有两种:向各地劳动局咨询并由它们推荐;通过个人渠道与企业接触,如实习、通过熟人介绍、看企业广告等。根据联邦《职业教育法》的规定,招收他人接受职业教育者(教育提供者)须与学习者签订职业教育合同,方可建立培训关系。合同的文本至少应该包含学习的目的、性质、内容、时间、期限、标准、企业内部培训以外的补充培训措施、试行培训期报酬、假

---

① 关晶,石伟平. 西方现代学徒制的特征及启示[J]. 职业技术教育,2011(31):77-83.
② 关晶,石伟平. 西方现代学徒制的特征及启示[J]. 职业技术教育,2011(31):77-83.

期、合同解除的条件以及培训双方的责任义务和权利①。培训合同签订之后,企业需及时向主管部门申请登记,否则合同无效。

从20世纪70年代起,全球产业结构从制造业向服务业转变。相应地,在德国双元制学徒招生中,服务业学徒人数日益增多,2011年服务业新进入学徒制的人数比制造业多10万人。根据统计,2016年德国新学徒人数最多的三个职业分别为管理文秘、零售和售货员,都属于服务业②。

2. 学徒培养。德国双元制人才培养活动的开展以强大的标准体系为引领。企业依据《职业培训条例》对学徒开展培训,职业学校按照《框架教学计划》对学徒开展教学。③《职业培训条例》详细地规定了培训职业的名称、培训时长、所要教授的技能和知识、进度安排以及考试要求,在《职业培训条例》中规定培训所教授的技能和知识、时间进度安排以及考试要求的《培训框架计划》是最核心的内容,也是企业开展培训的主要依据;而《框架教学计划》按学年划分,对学习范围、学习内容、学习目标和学习时间这几个方面做出详细规定。

在课程与教学方面,德国职业教育以"学习领域"的课程方案代替了传统的以分科为基础的综合课程方案,课程设计需要经过从典型工作任务到学习领域的导出以及从学习领域到学习情境具体转化的两次转变,常用教学方法有项目教学法、引导文教学法、模拟教学法等④。

在考核评价方面,根据德国《职业教育法》的规定,凡是接受双元制的学徒必须进行两次国家考试,分别是中期考试和毕业考试。中期考试通常在培训一年到一年半后进行,该考试是诊断性考试,由各行业的主管部门负责为毕业考试成立考试委员会,委员会由相同数额的雇主和雇员方代表及至少一名职业学校教师作为委员组成,雇主及雇员代表应至少占委员总数的三分之二⑤。毕业考试面向所有国家承认的工种开展,以证明学徒是否具备对应职业的行动能力。通过毕业考试的学徒可获得国家承认的相关证书,该证书在整个西欧都是通用的,这对学徒找工作十分有利。

3. 学徒升学与就业。对于从双元制学校毕业的学徒而言,其就业通道十分通畅,

---

① 刘立新,张凯.德国《职业教育法(BBiG)》——2019年修订版[J].中国职业技术教育,2020(4):16-42.
② 何杨勇.德国和瑞士双元制学徒培训制度的分析与启示[J].当代职业教育,2020(2):96-104.
③ 王菁华,梁伟样,李钧敏,等.德国"双元制"成功奥秘:职业教育标准研发与实施[J].职业技术教育,2020(24):66-70.
④ 关晶.职业教育现代学徒制的比较与借鉴[M].长沙:湖南师范大学出版社,2016:66-68.
⑤ 刘立新,张凯.德国《职业教育法(BBiG)》——2019年修订版[J].中国职业技术教育,2020(4):16-42.

大多数学徒在完成培训后选择就业。德国双元制下培养出来的学徒大多选择留任,平均留任率达到60%,一些大型企业的留任率可达到80%。

在升学方面,职业教育与高等教育融通性增强,衔接更为顺利,毕业学徒可以获得应用科技大学和普通高校的入学资格。2014年,德国99%的应用科技大学入学资格和16%的普通大学入学资格通过职业学校获得,到了2016年共有15.6万人通过职业教育途径获得高校入学资格,占总入学人数的34.41%,其中进入应用科技大学的有9.95万人,占当年进入应用科技大学总人数的99.2%,进入普通高校的有5.65万人,占当年进入普通高校总人数的16%[1]。

**(三) 发展现代学徒制的外部保障**

1. 法律保障。德国实施现代学徒制主要的法律依据有《职业教育法》和各州颁发的《学校法》。1969年颁布的《职业教育法》是德国职业教育史上里程碑式的法案,它标志着双元制的确立。1981年颁布的《职业培训促进法》重新划分培训职业,建立跨企业培训中心,引入了基础培训年并且将双元制纳入正规教育系统,进一步促进了双元制的发展。

2. 质量保障。德国现代学徒制由多方参与才得以开展,因此,完善的管理系统是保障学徒培养质量的有力支撑。具体来说,其管理体系包含了各个层面,其中联邦层面的主要机构是联邦教育与研究部、各经济领域的相关部委及联邦职业教育研究所;在州层面主要有州教育与文化事务部、州相关经济部门和联邦德国各州教育与文化事务部长联席会议;在行业和地区层面,主要是行业协会;企业和职业学校是双元制的直接提供者。各个层面相互协调,各司其职,秉持"利益协调"的原则使得各方利益都得到保障。

3. 经费保障。德国双元制的经费来源主要有两大渠道:一方面,企业作为德国双元制的主体承担了大部分的费用,其资助方式主要分为直接资助和集资资助。直接资助是主要的资助方式,适用于一些规模较大、对技术型人才需求量大且有足够实力能够依靠自身的培训中心或培训部培养人才的企业。而集资资助是为了防止培训企业和非培训企业之间的不平等竞争而引进的融资形式[2]。学徒在整个双元制的培训过程中不需要缴纳学费,且学徒的工资由学校或企业提供。另一方面,职业学校的办学

---

[1] 刘立新. 工业4.0背景下德国职业教育4.0发展述评及启示——基于德国联邦政府《2017年职业教育报告》[J]. 中国职业技术教育, 2017(18): 5-12.
[2] 袁旖旎. 浅析澳德美三国职业教育经费筹措保障体制及其启示[J]. 科技视界, 2016(4): 170-171.

经费则由所属州的州政府和地方、办学机构承担。其中公立职业学校的人事费用,如教职工的工资养老金等由州政府承担,学校设施、建筑等硬件设施的维护、管理等费用由地方办学机构承担并可获得州政府的部分补贴。对于国家承认的私立学校,根据不同州的规章制度,在业务及人事费用方面给予相应的补贴。

**二、英国职业教育现代学徒制**

英国现代学徒制于 1994 年开始正式实行,其目的在于为英国产业经济发展提供中间阶段的技术技能工人,改善英国中级技术工人(即达到 NVQ3)的供给状况。虽然自 2004 年起,英国已经去掉学徒制的"现代",但为了与英国传统学徒制加以区分以便更好地考察学徒制的发展脉络,这里还是以英国现代学徒制为名。

**(一)发展现代学徒制的原因**

结合英国经济社会发展的时代背景,其现代学徒制的改革动因可归纳为以下几个方面。

1. 传统学徒制的衰败。英国的传统行会学徒制的兴起和衰落都伴随着社会转型导致的技术传承体系的变化。从 15 世纪大航海时代的到来,到资本主义萌芽出现了手工工场,再到 18 世纪产业革命的兴起,英国的传统学徒制在曲折中发展和衰落,社会生产活动方式和技术传承形式的变革导致以往由行会主导的学徒制影响力不断弱化。1814 年英国废止了《工匠学徒法》,英国传统学徒制基本失去了立足之地。"二战"后,更因其是自发的分散式的技能培训以及政府管理的缺失,传统学徒制已逐渐走向穷途末路[1]。20 世纪六七十年代,有人将英国经济不振的原因归结于已有的职业教育不能有效提升本国技术工人的实践技能水平,尤其是不能满足增强国家产业竞争力所需产业结构升级和工人技术水平素质提升的需要。基于此,英国政府自 1993 年起大力支持现代学徒制的推行[2]。

2. 产业结构升级对新型技术人才的需求转变。进入 20 世纪以来,全球技术产业革命不断发展,社会各个领域的科技研究成果井喷式地出现,科技研究成果转化为实际的生产力就需要工程技术的不断突破以及在生产中的应用,这就对产业变革背景下的技术技能人才提出了更高的要求。在以往传统学徒制的影响下,只掌握某一项单一

---

[1] 陈蕊花,刘兰明,王芳. 英国现代学徒制嬗变历程、战略管理及经验启示[J]. 职教论坛,2020(2):164-170.
[2] 杨信. 英国现代学徒制发展的历史沿革、特征及启示[J]. 教育与职业,2018(19):94-107.

技术已不能适应社会的发展,学徒本身除了职业能力以外还要获得各项综合素质的协调发展。在产业变革的大环境下,必须对传统学徒制进行革新,以使之符合新的经济社会发展需要,培养满足本国经济社会发展需要的技术技能人才。

3. 国家职业教育制度体系建设改革的需要。随着社会生产方式的转变,以往传统职业教育培养出来的人才已经不能满足企业雇主的要求,学生的个人职业发展也被极大地限制。为此,英国政策制定者自20世纪末开始对英国的职业教育制度体系进行了各方面的改革和建设。通过不断的改革调整建立起一个较为完善的职业资格证书体系,将社会上的不同职业加入到这个证书资格认定中,并在职业资格证书和学历证书之间设置转换以实现普职教育的衔接。在现代学徒制的发展上也与这个衔接体系靠近,学徒在完成培训获得认证后可以根据自身的发展需求去选择进行更高级的技能培训或者进入普通教育体系中。

**(二)发展现代学徒制的典型经验**

1. 学徒招聘。英国现代学徒制的招生对象存在两个方向的延伸,一个方向是初中学业阶段的学生,把有五门初中会考成绩的16—17岁学生纳入学徒范围;另一个方向则对学徒对象的范围进行了不断扩大,在学徒的招生上废除了25岁的年龄限制。[1] 2010—2015年,一种从14岁开始没有年龄限制的青年学徒制、前学徒制、学徒制、高级学徒制的体系正式构建起来。2015年12月,英国商业、创新与技能部和教育部颁布了《英国学徒制:2020年发展愿景》,该报告提出,到2020年学徒人数达到300万[2]。

2. 学徒培养。英国现代学徒制在教育培养制度的制定和实施主体上坚持突出企业雇主的地位和重要性。英国政府在2005年颁布的《全国雇主培训纲领》和2013年确立的《英格兰未来的学徒制:执行计划》中,均明确强调企业雇主在现代学徒制实施过程中的主导地位,包括主导现代学徒制中各个项目标准的制定与开发、实施参与等。这样的培养制度安排极大地激发了企业雇主参与现代学徒制建设的积极性,也能卓有成效地提升学徒配合企业生产要求的实践能力[3]。

在教育形式上,英国现代学徒制实行"工学合一"的培养方式。学徒拥有工人和学生的二重身份:他们平均每周需要有三分之一的学习时间在校园里进行专业理论知

---

① 张俊勇,张玉梅. 英国现代学徒制的发展及其启示[J]. 职业技术教育,2017(1):74-79.
② 张俊勇,张玉梅. 英国现代学徒制的发展及其启示[J]. 职业技术教育,2017(1):74-79.
③ 杨信. 英国现代学徒制发展的历史沿革、特征及启示[J]. 教育与职业,2018(19):94-100.

识的学习,剩下三分之二的时间到企业的生产实践中进行课程知识的实践锻炼①。

在考核评价上,英国现代学徒制基于国家职业资格证书制度(National Vocational Qualification System,NVQ),采用证书评价模式以及现场工作能力考核为辅助的考核评价方式②。当前职业资格证书划分为4个层次:初级学徒证书(NVQ1)、中级学徒证书(NVQ2)、高级学徒证书(NVQ3)、高等学徒证书(NVQ4—NVQ7)、学位学徒证书(NVQ6、NVQ7),其中高等学徒证书与学位学徒证书的主要区别在于是否获得完整学位③。学徒要获得相对应学习阶段水平的职业资格证书,方能算作完成了课程,进而获得从业的资格。

3. 学徒就业。英国现代学徒制的特点是"招生即招工"。大部分的职业培训在招收学徒以后,会根据不同岗位类型把他们分配到不同的企业,学徒也同时获得了就业岗位,形成学徒与员工的双重身份。学徒的就业和学习之间能够有一个良性的动态评价过程,大大提高了现代学徒制培养出来的学徒的职业胜任力④。英国在2010年之后由政府提供资金设立高级学徒基金,涵盖多个职业技术领域,增加这些领域的高级学徒工作为4级学徒工。2012—2016年新增招收学徒岗位50.37万个,有岗位的学徒工人达到了90.5万之多,促进了英国现代学徒制的多层次、宽领域发展⑤。

**(三) 发展现代学徒制的外部保障**

1. 法律保障。英国现代学徒制的法律保障源头可以追溯到1563年颁布、1814年废止的《工匠学徒法》,这部法律标志着学徒制从传统的零散相异的学徒制转化为国家立法的学徒制⑥。从16世纪到20世纪末,英国颁布了许多关于传统学徒制的法律法规,然而随着传统学徒制的改革和衰落,这个过程中部分法规逐渐被淘汰。21世纪初,英国政府开始建立相应的政策法规以保障现代学徒制的完善和发展。2003年,英国政府发布《技能战略》白皮书,向社会传达了政府对现代学徒制的改革思路;2008年以来,英国政府陆续公布了《世界一流学徒制:释放天赋,发展所有人的技能》《福利改革和工作法案》《企业法案》《学徒制、技能、儿童与学习法案》,从法律层面来完善学徒制的制度安排,明确学徒制的合法地位及在现代教育中的重要作用,"学徒"与"学位"

---

① 杨信. 英国现代学徒制发展的历史沿革、特征及启示[J]. 教育与职业,2018(19):94-100.
② 吴静,杜侦. 英国职业教育学徒制变迁及其启示[J]. 职教论坛,2014(6):92-96.
③ 关晶. 英国学位学徒制:职业主义的高等教育新坐标[J]. 高等教育研究,2019,40(11):95-102.
④ 杨信. 英国现代学徒制发展的历史沿革、特征及启示[J]. 教育与职业,2018(19):94-100.
⑤ 张俊勇,张玉梅. 英国现代学徒制的发展及其启示[J]. 职业技术教育,2017(1):74-79.
⑥ 李惠华. 英国职业教育现代学徒制的发展、特点与启示[J]. 中国成人教育,2019(13):66-69.

两个概念获得了平等的法律地位;2012年5月,英国发布了《学徒质量说明》,针对各行业、各工种都制定了统一的教学培训大纲[①];又分别在2013年通过《英格兰未来的学徒制:执行计划》、2015年通过《全国雇主培训纲领》,来明确企业雇主在职业培训中的主导性作用,赋予他们在学徒制培训中的权利和义务。

2. 质量保障。从20世纪90年代初英国推出现代学徒制以来,英国从政府到企业、学校通力合作,形成以政府法律和政策扶持为保障、企业雇主为制度主体、市场就业需求为目标、协同平台为支撑、相关领域共同合作为基础的发展格局。在宏观的制度建设方面,除了从法律制度上完善质量保障体系之外,还设立更加高效齐全的机构对相关学徒制度的实施进行严格的监督与评价管理,如经费申报资助系统和职业资格的认证[②]。在微观执行方面,企业和学校有审查员对学徒的阶段学习进行现场的评估,学校的内部审查员收集学徒的学习记录,并及时向他们告知其评价水平。此外,英国政府还设置外审机构对学徒制的实施情况进行外部审核,这些标准审查人员都是在各行各业拥有较好声誉的技术专家、学者。无论是标准审查员还是内部查核员,他们都要深刻领悟标准设置机构及其他相关产业组织的文件和标准报告。最后还要参考"联合颁证机构"对审核的具体意见的反馈[③]。这些详细而又客观的程序标准与资格证书联系在一起,有效保障了英国现代学徒制的质量。

3. 经费保障。英国学徒制的成本主要包括两大类:培训费用和学徒工资,由雇主和政府两方共同承担。一方面,学徒不支付任何费用,由雇主支付其工资,并为学徒提供工作岗位。英国目前的规定是,受雇的学徒工资不能低于每周95英镑。据调查,学徒平均的周薪为170英镑,最高的是电子技术行业,为每周210英镑。另一方面,学习与技术委员会支付比例不等的培训费用。这部分经费又被称为基准比率,即学习与技术委员会根据学徒年龄承担相应的费用,它为16—18岁的学徒支付全部培训费用,为18—24岁的学徒支付50%的培训费用(剩下的由雇主承担),对25岁以上的成人原则上不提供培训费用,但可以通过特殊项目申请补助。

2017年以来,英国政府开始征收学徒税,征收对象主要为企业,即雇主的雇员工资支出超过300万英镑的征收比例为0.5%。对于缴纳学徒税的企业,政府每月补贴15000英镑,以此鼓励企业开展学徒培训。据统计,大约有2万家企业涉及学徒税,占

---

① 张俊勇,张玉梅. 英国现代学徒制的发展及其启示[J]. 职业技术教育,2017(1):74-79.
② 李惠华. 英国职业教育现代学徒制的发展、特点与启示[J]. 中国成人教育,2019(13):66-69.
③ 王海军. 论英国现代学徒制及其对我国的启示[J]. 教育与职业,2018(8):92-95.

据了雇主总数的2%[1]。

### 三、法国职业教育现代学徒制
#### （一）发展现代学徒制的原因
法国现代学徒制发展的原因是受多方面内外因素影响的，既有其他国家的经验借鉴，又有自身社会发展和教育制度改革的需求。其职业教育培训制度的发展和演变也是在社会政治、经济、文化等各种层次背景因素的影响下不断改革深入的。

1. 顺应西方现代学徒制改革的浪潮。20世纪六七十年代，西方各国普遍存在社会矛盾激化、大量的社会青年失业、产业发展不景气等问题，引起了各国对自身职业教育的反思和改革。20世纪末，德国双元制改革的成功为其他国家提供了一个具有借鉴意义的参考方案。在这样的自身需求与经验指导下，法国也开启了本国现代学徒制的一系列改革。尤其是2007年美国爆发次贷危机以后，欧洲的经济增长率受到波及持续走低。随之而来的劳动力市场的内卷，使得社会就业形势严峻，失业率居高不下，并且失业的群体中12—24岁的青年人占到了21%。法国的就业指导委员会在这样的客观发展环境和对于未来的经济评估下，提出劳动力技能更新的要求。

2. 革除传统职业教育体系的积弊。随着时代的发展，法国传统职业教育体系的一些弊端也逐渐呈现，如法国社会普遍对职业教育所培养出来的劳动力认可度不够等问题。据统计，接受学徒制教育的学徒占学生总数的比例较低，为15%，大多数学员仍然重视学历文凭，获得学徒制文凭的职业高中学生只占学历文凭学员数量的四分之一[2]。为了有效提高职业教育体系对于企业、学徒培训中心、青年劳动者、社会民众的吸引力，提高职业教育的质量和效益，法国职业教育体系借鉴了德国双元制改革的优势经验，结合自身的国民教育需要，对现代学徒制进行了一系列改革。

3. 满足社会价值观和产业升级的技能发展需求。法国历来在西方的社会政治、经济改革中都扮演了一个具有改革精神的国家形象，传统产业的劳工培训形式尤其是伴随着人身剥削现象的学徒制，在强调自由、平等、独立的法国自由主义人士看来是不符合当时和未来的社会价值观的。其一，日益突出的学徒与师傅雇主的矛盾和技术传承的体制矛盾迫使法国政府重新审视传统技术教育方式。其二，第一轮产业升级使得

---

[1] 杨丽波,张桂芳.英国学徒税政策研究[J].河北师范大学学报(教育科学版),2020(1):101-107.
[2] 李默妍.法国加紧改革职业教育体系[J].劳动保障世界,2018(34):63-64.

社会青年从传统职业学校习得的技能不能满足社会发展需求,从而导致失业,这些人的技能再培训和就业岗位的安置成为法国政府要考虑的问题。同时,青年又是经济发展的人力资源和产业革新的潜力所在,对于这些年轻人的职业技能培训也是获得未来再一轮产业结构调整和升级机遇的生力军储备。

**(二)发展现代学徒制的典型经验**

1. 学徒招聘。法国工会或者地方政府开办的学徒中心和国家政府建立的学徒中心,主要负责学徒培训的理论知识的教学,并且培养对象为16—30岁的签订了企业合同和学徒认定的培训者[①]。虽然法国政府一直以来都比较重视学徒制的推行,但是仍然还有130多万既不做学徒也不上大学的年轻人。2016年,法国一共有40万名学徒,只占全国16—25岁年轻人的7%,而这个比例在欧洲国家平均为15%。2018年7月,法国出台职业继续培训制度改革法案,并制定了"五年技能投资计划",旨在为100万求职者和100万最远离劳动力市场的年轻人提供培训[②]。

2. 学徒培养。法国学徒制学生大部分集中在生产制造领域和服务领域。从2016年的数据来看,法国学徒制的专业分布为:服务业领域的学徒占学徒总数的40%,生产制造领域的学徒约占学徒总数的58%,剩下的学徒主要分布在人文艺术、法律、数学等领域。法国设立了专门的学徒培养机构,法国1013个专门的学徒培养机构分布在3057个地点对学徒进行训练,它们提供2732个不同的培训课程[③]。学徒培养等级参照法国资格框架的五个证书等级,Ⅰ级相当于硕士、博士,Ⅱ级相当于本科,Ⅲ级相当于完成大学2年学业,Ⅳ级相当于高中毕业,Ⅴ级相当于完成高中2年学业[④]。2016年,法国共有40.5万学徒。其中,高等教育阶段(Ⅰ级、Ⅱ级、Ⅲ级证书)学徒约为14.4万,占学徒数量的三分之一;中等教育阶段(Ⅳ级、Ⅴ级证书)学徒约为26.1万,占学徒数量的三分之二。此外,法国在2018年通过了个人培训账户计划,学徒通过积累工龄可从个人培训账户中获得培训资金,可以终生享用灵活分配于个人的技能培训[⑤]。

3. 学徒就业。法国劳动部于2017年5月发布了以发展双元制职业教育为核心的

---

① 苏航,陆素菊.法国学徒制发展概况与启示[J].当代职业教育,2018(4):102-107.
② 法国国民教育部.学徒制变革[EB/OL].[2018-01-09].http://cache.media.education.gouv.fr/file/Fevrier/65/7/DP_apprentissage_Web_Bdef_895657.pdf.
③ 驻法使馆教育处.法国职业教育学徒制.[EB/OL].[2015-08-06].http://www.education-ambchine.org/publish/portal116/tab5722/info116112.htm.
④ 驻法使馆教育处.法国职业教育学徒制.[EB/OL].[2015-08-06].http://www.education-ambchine.org/publish/portal116/tab5722/info116112.htm.
⑤ 法国提出学徒制改革讨论案[J].教育科学论坛,2018(15):12-13.

"法国社会模型"计划,其中提出了将就业合同和学徒合同合二为一的计划①。学徒培养的主体完全以企业雇主为核心,学徒的质量完全与企业的实际培训质量合二为一,通过合同的结合将学员与员工、培训与就业进行一体化推进。2018年,在学徒制变革法案中提出每个专门的学徒培养机构和培训学校公开学徒相关数据资料的要求,大区将会负责学徒的职业指导,要求大区间社会组织机构与职业界、政府部门、培训学院进行合作,共享组织青年学徒的信息以促进就业。

### (三) 发展现代学徒制的外部保障

1. 法律保障。法国学徒制的法律保障一直可以追溯到1919年的《阿斯蒂埃法》。该法律规定为18岁以下工厂学徒设立免费义务职业课程,也正是从这部法令开始,法国正式对学徒制的实施进行政府干预。二战后,为应对青年人辍学率和失业率增高的现象,法国颁布了《提高青年人的职业水平和社会地位》法令,旨在通过培训提高青年人的职业技能水平。1971年,法国颁布了《德罗尔法案》(又称《学徒制法案》),确定了学徒制作为法国职业教育体系组成部分的法律地位。1987年,《塞甘法案》颁布,扩大了可通过学徒制获得的证书范围,高等教育阶段学徒得到发展。进入20世纪90年代以后,法国政府出台了《社会现代化法案》对学徒制进行了经费保障体系的搭建,有效提高了学徒制对青年人的吸引力。2017年10月,法国劳动部和国际教育部共同颁布了《二号法案》,将学徒制的改革、职业教育培训的改革和劳动者失业保障三个部分的内容作为一个相互联系的整体进行针对性的改革②。

2. 质量保障。学徒制的质量保障主要通过证书资格认定和学徒制培养体系结构的规定来实现。学徒的结业证书是学徒完成培训后获得的最后认定,法国学徒制的资格证书主要分为两种,包括能力资格证书和学历资格证书。学徒在完成两个月左右的学习后,会有企业的实习指导老师和学徒培训中心的职业培训师对其进行考核,以便确定其是否有进一步学习的可能。学徒需要先进行两个月的学徒前训练,接着修满课时学分后才能得到相应的证书③。

法国学徒制改革提出创立两个机构:专业技能机构和职业发展辅导委员会。专

---

① 欧洲职业教育发展中心. 法国职业教育与培训变革[EB/OL]. [2018-01-09]. http://www.cedefop.europa.eu/en/news-and-press/news/france-series-reforms-transform-vocational-training.
② 法国政府网站. 我们的社会模型变革:学徒制. 职业培训和失业保险改革[EB/OL]. [2018-01-09]. http://www.gouvernement.fr/renovation-de-notre-modele-social-reforme-de-l-apprentissagede-la-formation-professionnelle-et-de-l.
③ 关晶. 法国现代学徒制改革述评[J]. 全球教育展望,2013(4):104-111.

业技能机构是由雇主、工会和大区政府共同管理的机构,其主要任务是负责培训的质量管理,对培训机构的技术规格和获得证书的相关条件进行审核。

3. 经费保障。政府经费投入于1880年底开始,培训学徒手工艺的学校可以得到教育部或者工商部的资金支持,1925年学徒税的确立为学徒教育的经费保障提供了较为稳定的来源,当时的标准为所有人和企业强制性地缴纳工作所得标准工资的0.2%用于学徒制的投入[1]。学徒培训资金来源为雇主缴纳培训征摊金。所有企业都要缴纳这一笔费用,用于资助员工数量在50人以下的企业的学徒培训。法国现代学徒制的经费保障机制主要分为两个层面,一是面向学员本人的保障,包括在培训中心的工资报酬、培训期间的保险福利等;二是维持学徒制度的经费保障体系,主要由三个部分组成:公共财政的投入支持、大区政府的经费和所有企业所缴纳的学徒税。

**四、美国职业教育现代学徒制**

**(一)发展现代学徒制的原因**

美国的学徒制经历了复杂的演变过程。随着经济全球化的发展,世界各国的政治、经济、文化等方面都迎来了巨大冲击,美国也不能幸免。这就要求美国的学徒制谋求新的发展,也是美国现代学徒制发展的主要原因。

1. 美国的劳动力结构存在突出问题。自进入21世纪以来,美国的经济和产业结构发生了很大的变化,劳动力队伍的素质和结构也发生了巨大的变化,但新兴产业部门的人才却没有相应的增长,特别是诸如医疗急救技师、注册护士、汽车机械师、建筑工人等中级技能人才。根据调查,这部分工作占美国就业岗位的53%,但在实际的劳动力市场中,这些人才的数量是短缺的[2]。因此,为培养具有竞争力的劳动者,使其胜任中等技能和高技术岗位,满足21世纪发展的需要,就需要积极地开展学徒制培训工作。

2. 传统的职业教育体系不能满足企业需要。美国众多企业的领导者们声称,很多职业技术教育学院所培养的毕业生已经不能满足实际的需要,表现在:一是职业技术教育学校设置的专业和企业的需求和期望存在差距;二是职业技术学院专业的设置本就存在着一定的滞后性;三是企业某一个特定的岗位或者行业所需要的雇员比以前

---

[1] 赵长兴. 法国学徒制教育研究[J]. 中国职业技术教育,2016(30):38-45.
[2] 许明,黄孔雀. 美国社区学院的学徒制培训:背景、举措与特征[J]. 中国职业技术教育,2020(15):34-42.

更少了,这就要求雇员们拥有更加广泛的基础技能。而这一切都向美国的职业教育体系提出了挑战,需要美国的职业技术教育进行创新,而与企业合作利用学徒制来培训劳动力也许是最有用、最有效的办法。

3. 美国现行教育制度仍存在问题。一是美国学徒制培训的职业领域不够宽泛。美国的学徒制主要涵盖的领域集中在传统行业领域,如机械、建筑业、电子电气行业,而现代服务业所需的技术技能人才培训则严重不足[1]。二是高等教育普及化趋势迅猛且学费巨幅上涨。但美国高等教育迅速普及化的背后是美国大学学费的不断提高,带动高等教育阶段的助学贷款总额不断增加。为促进可负担的教育和高回报工作的推广,美国教育系统和劳动力开发项目亟待改革,美国学徒制扩展计划应运而生。三是美国学徒制培训规模不足且性别结构不合理。近年来,美国参与学徒制职业培训的学徒数虽然在逐年增加,但仍然低于预期,无法有效满足劳动力市场需求,所占比例很小。同时,美国参与学徒制的学徒性别结构不合理,主要表现在学徒的性别结构和职业的性别比例并未呈现正相关,在女性占绝大多数的行业中学徒制发展得十分薄弱。

**(二) 发展现代学徒制的典型经验**

美国学徒的主要培育对象一般为拥有操作技能或者其他目标职业相关技能的中学毕业青年,有些特殊专业的年龄要求为18周岁以上。除此之外,学徒还包括部分失业人员、退伍军人、家庭妇女等。按照规定,学徒必须完成规定学时的理论知识和实际操作技能的学习,由学校和雇主分别承担两部分的学习内容。在此期间,学徒不仅免除学费,还可以获得雇主企业的实习工资。完成培训后,学徒通过考核方可结业并取得证书。

1. 学徒招聘。美国的学徒招聘范围十分广泛,不局限于中学生、失业人员、退伍军人、家庭妇女等,而是让更多适合或是有需要的人都有机会参与学徒制。同时,对一些有特殊需求的劳动者来说,学徒制能够帮助他们获得最大限度的能力和实力去从事有报酬的工作,如残疾人员、监禁释放人员、潜在失业人员、非传统行业的劳动者都是学徒制的招聘对象[2]。但是,美国的学徒制培训并不是在所有的行业中推行,而是有选择地在一些诸如消防员、汽车修理工、瓦工等传统职业中推行,同时也在新兴产业中

---

[1] 许明,黄孔雀. 美国社区学院的学徒制培训:背景、举措与特征[J]. 中国职业技术教育,2020(15):34-42.
[2] 马君,李姝仪."扩大学徒制"计划:美国现代学徒制改革的新思路[J]. 中国职业技术教育,2019(27):50-59.

去推行学徒制,从而为传统行业、高科技产业和新兴产业培养所需的人才。在选择学徒制推行行业时,能够兼顾到传统和现代,让学徒制服务于不同的产业以及相应的就业群体并取得应有的效果。

2. 学徒培养。在现代学徒制的培养方面,美国政府大力支持和鼓励产业、行业企业和社区学院参与学徒培养。2017年,美国总统特朗普在白宫签署的《美国扩展学徒制总统行政令》中提出,建立"产业认可的学徒制项目",赋予更多的行业和产业参与学徒制的机会[①]。同时也积极推动第三方参与开展学徒制项目,任何行业认可的学徒制项目都可以在劳工部管理的注册学徒制项目下快速和简化注册。同时,基于社区学院分布的广泛性与其产学合作的基础,鼓励社区学院积极参与学徒培训既有其稳固基础,又有其光明前景[②]。美国早期用于支持学徒制的资金有限,但理论上可间接用于支持学徒制的资金来源是较为广泛的,例如税收抵免、补助金等。美国《扩大学徒制工作组最终报告》提到了培训基金,以及要求教育部、司法部、退伍军人事务部、国防部、住房和城市发展部等多个部门参与学徒制资金筹措,以保障学徒制的正常运转。美国的学徒制资金筹措考虑从公共资金和私人捐赠两方面入手,多方面筹措资金,支持学徒培养。

3. 学徒就业。学徒完成学业获得的学徒制培训证书是在其相应的职业领域内培训经历的正式证明文件,具有很高的含金量。在美国,学徒们通过学徒制培训后一般都能找到更好的工作,而这得益于科学的学徒制证书体系的建立。同时,在证书互通方面,美国也积极地检查并减少在行业认可的证书互通方面存在的障碍。在试行现代学徒制的过程中,美国建立了权威的学徒制培训证书体系,规范学徒制培训和考核的各个环节,保证学徒制培训证书的含金量,为学徒就业提供了更好的基础。

(三)发展现代学徒制的外部保障

1. 法律保障。美国学徒制的推进始终按照相关的法律规定来实施,并且注重对与其他法律法规冲突的部分和学徒制的特殊性及时做出解释。不仅联邦政府颁布法律,各州也有相关的法律保证学徒制的顺利实施,这些法律对管理和参与学徒制的相关组织以及个人的责任进行了界定,同时也对学徒制实施过程中的具体细节,如确定学徒标准、确定培训内容和时间、签署培训协议等进行了说明。并且,美国早在1937

---

① 张晶晶,张建军.2017—2020年美国学徒制动态研究[J].中国职业技术教育,2020(15):43-50.
② 许明,黄孔雀.美国社区学院的学徒制培训:背景、举措与特征[J].中国职业技术教育,2020(15):34-42.

年就通过了《国家学徒制法案》,将现代学徒制的规范和保障上升到了国家立法的层面。完善法律是一个长期的过程,美国从1917年颁布的《史密斯·休斯法案》开始,已经走过上百年的历程,为其现代学徒制的发展打下了良好的制度保障基础。

2. 质量保障。美国学徒制培训的成功得益于政府支持和各方的积极参与,同时各州范围内完善的管理制度也保证了学徒制的培训质量。通常美国政府会制定优惠政策,拨付资金来推动学徒制培训项目的实施,同时政府部门也会做好相关配套服务,例如项目管理、专家咨询、证书颁发等。因此,雇主参与学徒制培训项目既可以获得来自政府的资金支持,又可以吸引人才,在一些州还可以享受减免税收等优惠,雇主参与学徒制培训的积极性比较高。同时,相关的合作伙伴,比如社区学院、行业协会可以为学徒制提供教学、咨询服务。而学徒则要积极地参与所选择的学徒制项目,努力学习学徒制项目要求的各种知识和技能。在这样的长期合作过程中,参与注册学徒制培训的各方都非常清楚自身的权利和义务,各方会根据协议规定扮演好自己的角色,以保证学徒制培训能够落到实处,是学徒制培训的重要质量保障。

3. 经费保障。美国学徒制培训经费的投入途径多样、来源丰富。首先是政府和各州政府的拨款,美国相关法律和政策对各级政府拨款的额度及比例有明确的规定,保障了美国学徒制培训的经费投入。除此之外,美国还建立了多元的资金筹措机制,教育部、能源部、司法部、住房和城市发展部等各部门都参与到学徒制支持资金筹措中来,以保障学徒制的正常运转。2016年,美国劳工部获得了9000万美元的拨款,这是国会首次专门用于扩大学徒培训的拨款。在此之后,这个数字稳步攀升,2017年9500万美元,2018年1.45亿美元,2019年1.6亿美元。可以看出,随着现代学徒制的重要性日益凸显,美国对于现代学徒制的完善和发展也在不断做出努力,这些经费的支持就是学徒制发展的经费保障。

## 五、澳大利亚职业教育现代学徒制

### (一)发展现代学徒制的原因

澳大利亚职业教育现代学徒制于1996年启动,1998年正式诞生。澳大利亚政府对此给予高度重视,并在1998年同年开始了"新学徒制"改革。改革的具体内容为,将传统的学徒制和受训生制归纳为澳大利亚学徒制[1]。20多年来,澳大利亚现代学徒制

---

[1] 易烨,石伟平. 澳大利亚新学徒制的改革[J]. 职教论坛,2013(16):89-92.

的发展受到多重因素的驱动。

1. 经济因素的促成。经济因素是澳大利亚发展现代学徒制最直接的原因。在学徒制建立初期,适逢澳大利亚产业结构急需优化,服务业的高速发展导致劳动力市场出现异常,进而引发了严重的失业问题。为此,澳大利亚政府于 1998 年 1 月 1 日开始施行"新学徒制",以帮助未进入劳动力市场的劳动力踏足或重返劳动力市场。澳大利亚政府的这一举措,正式拉开了发展现代学徒制以适应经济背景需要的帷幕。同时,经济全球化和一体化趋势加剧了国家间在教育方面的竞争,致使新的经济背景对现代学徒制的质量提出更高的要求[①]。自金融危机爆发以来,澳大利亚经济衰退,很多受培训者无法接受培训,直接降低了现代学徒制的参与度,从而加重社会经济负担。为此,澳大利亚政府实施了学徒启动计划,使现代学徒制进一步发展以满足国家经济需要。时间推移到工业 4.0 时期,随着产业结构的迅速更新迭代,服务行业崛起,而传统制造业日渐衰落[②]。为适应经济背景的变化,澳大利亚政府创建了新的管理体系,以满足各行业对学徒培训的新需求。同时还实施了新的学徒试点项目,更高效、更及时地解决学徒在培训岗位上遇到的难题,提高学徒培训的质量。

2. 社会问题的推动。由于学徒制自身的制度特点,社会力量制约着现代学徒制,发展现代学徒制的同时必须考虑解决社会问题。自 2010 年以来,澳大利亚的人口老龄化速度急剧增长,情况愈演愈烈。人口老龄化的直接影响就是,国家劳动力市场严重失衡,急需通过移民等手段来填补劳动力市场的空缺。然而,仅通过移民手段,并不会抑制住澳大利亚本国学徒培训规模下降的趋势。为了解决这一社会问题,澳大利亚政府更多要考虑的是,采取一定措施吸引外来移民学生关注甚至践行学徒制,并在移民大背景下,尽可能地加强学徒制的国际性流动,以推进学徒制的进一步发展。

3. 新技术的影响。受以信息技术为代表的新技术思潮影响,时代要求将不同行业、不同性质的专业综合素养融入到职业能力中。由此,因新技术的兴起而产生的新工作岗位对所需人才的技能素养也提出了更全面的要求。此时,澳大利亚政府正面临一个全新的难题——技能型人才短缺,由此导致很多生产力较低的行业无法生存,创新项目受到延迟甚至被取消[③]。而技术与经济本身又有着密不可分的联系,因此,澳大利亚的现代学徒制需要得到进一步发展,从而满足国家经济增长的需求。

---

① 王启龙,石伟平. 德、奥、澳三国现代学徒制补贴政策:经验与启示[J]. 职业技术教育,2017(1):66-73.
② 过筱,石伟平. 智能制造背景下澳大利亚学徒制创新发展研究[J]. 职业技术教育,2018(19):74-79.
③ 王维思,徐涵. 英国、澳大利亚学徒制新发展之比较[J]. 职教论坛,2016(25):82-86.

**（二）发展现代学徒制的典型经验**

1. 学徒招聘。鉴于某些行业中的小雇主很难招聘到全日制学徒的情况，澳大利亚政府提出由专业的招聘公司代替雇主本人招聘学徒，并能够保证在学徒合同期内学徒所接受的培训量。在学徒培训结束后，再由这些专业公司将学徒分派到雇主手下工作。另外，企业也可以根据自身的发展需要，通过发布广告的方式来招聘学徒，并到对应的学徒培训服务中心签订合同。第三方机构介入学徒招聘改革，不仅使雇主能够招聘到足够的学徒，还使学徒后续的培训和就业得到保障，现代学徒制的招聘流程愈发规范化[①]。

2. 学徒培养。澳大利亚创设了免费向社会提供服务的中介机构——现代学徒制培训服务中心，使澳大利亚政府可以推行"用户选择"的学徒制模式——学徒可以根据自己的职业规划自主选择培训机构，并且可以中途更换，先前参加培训的经费也会随之转移到新的培训机构。为了进一步提高雇主对发展现代学徒制的积极性，澳大利亚政府开始推行一种全新的培训机制，从而尽可能地满足雇主对学徒的要求。具体内容如下：首先，为了提升学徒培养的灵活性，澳大利亚政府创设了"培训包"项目，并将其设定为现代学徒制培训项目的基础，使得学徒培训项目中的实践课程和理论课程可以完美融合[②]。有了培训包的辅助之后，雇主会和学徒商议有关培训计划的制定。其次，澳大利亚政府要求培训计划的制定要考虑到雇主的实际情况，灵活调节培训计划中相应的部分。学徒也可以通过自我评价的形式，及时了解自身的接受状况，必要时可以反映给雇主作为参照。此外，澳大利亚政府还设置了可以培养出更多高素质、高技能年轻学徒的高级应用技术学徒培训试点。设置此试点是为了贯彻工作本位学习的思想，搭建现代学徒制的框架结构，便于填充现代学徒制发展后的内容。

3. 学徒就业。澳大利亚政府曾出台过一份关于学徒就业的报告，目的是解决澳大利亚现代学徒制长期存在的只注重短期成效的问题。站在雇主的角度，注重短期成效的现代学徒制固然好，但是长期来看，对学徒未来的就业发展十分不利，如只接受单方面技能培训的学徒，无法在其他行业应用自己所学技能，缺乏就业所需要的技能广度。因此，澳大利亚借鉴他国经验，加强企业、雇主和培训的提供者、职业教育三者间的沟通，并逐渐把职业教育纳入创新体系，而作为职业教育关键制度的现代学徒制也

---

① 陈云志.澳大利亚集团培训学徒制经验及其对我国现代学徒制建设的启示[J].教育与职业，2018(16)：82-86.
② 关晶.当前主要国家现代学徒制的制度分析[J].职教论坛，2016(16)：81-84+88.

由此得到了相应扶持。借此方式,现代学徒制体系所提供的技能深度和广度都得到提升,同时更能吸收到有学习能力和再就业能力的学徒,促进提高国家整体的学徒就业率。

**(三)发展现代学徒制的外部保障**

1. 法律保障。1978年澳大利亚《职业培训法》的设立,奠定了现代学徒制法律保障的基础[①]。近年来,由于澳大利亚政府通过立法来保障现代学徒制的发展,澳大利亚现代学徒制的法律体系愈发稳固健全,但各州层面和国家层面的法案有所不同。各州层面的法律主要包括西澳大利亚1996年制定的《职业教育与培训法案》、昆士兰2000年制定的《职业教育、培训与就业法案》、新南威尔士2001年制定的《学徒制与受训生制法案》、首都领地2003年制定的《培训与第三级教育法案》、维多利亚2006年制定的《教育与培训改革法案》、南澳大利亚2008年制定的《培训与技能开发法案》。

国家层面的法律有2008年制定的《澳大利亚技能保障法》和2010年制定的《职业教育与培训管理法案》,主要用来确立具体法案建立的原则及流程[②]。这些法案对现代学徒制发展都起着类似的作用,包括:规范现代学徒制的程序;明确雇主和学徒的义务;规定培训的具体要求及报酬;申明行政管理和争议处理方法;任命官员及建立委员会。

2. 质量保障。一方面,通过颁布《澳大利亚质量培训框架》《共同的责任:面向21世纪的澳大利亚学徒制》《加速学徒计划》《澳大利亚国家资格框架》等政策文件,为现代学徒制的发展提供质量保障。另一方面,澳大利亚政府在各州设立了培训局,为当地现代学徒制的发展制定战略规划,并对培训机构进行系统管理,以保障学徒培训质量。此外,政府层面为现代学徒制建立了全国统一的培训框架——澳大利亚政府成立了教育、就业与工作场所关系部专门处理职业教育事务;各州则成立州/领地培训局专职管理职业教育。除以上两个政府部门外,各行业企业也可以通过国家产业技能委员会及其11个具体的产业技能委员会,向行政管理部门提供建议,从而参与到现代学徒制的管理中来。总的来说,澳大利亚政府构建了系统的管理体系,以保障现代学徒制的质量。

3. 经费保障。早在2003年,就由国家政府和各州政府共同为现代学徒制提供经费;2013到2014年期间,国家政府和各州政府提供的经费共达2.3千万澳元;2017年

---

[①] 汤百智,吴立勋.澳大利亚新学徒制的建立及其启示[J].职业技术教育,2004(34):65-67.
[②] 关晶.当代澳大利亚学徒制述评[J].职教论坛,2015(4):80-84.

5月,澳大利亚政府成立技能基金会,目的是促进各州之间的联系,并进一步投入30万澳元。

为了保证经费能被合理利用,澳大利亚政府制定了一系列政策,如"贷款计划"和"离家津贴"等,其用意是将经费精准资助到最需要资助的学徒身上。此外,为改善学徒的培训效果,澳大利亚还进行了学徒激励项目改革,主要包括基础性激励项目、针对性激励项目、雇主激励项目、个人补助项目和成人学徒支持项目五类。借由经费创办的这些激励项目在为经费提供必要保障的同时,也将吸引更多雇主及学徒参与到现代学徒制的发展中来,为现代学徒制的发展贡献积极力量。

**六、日本职业教育现代学徒制**

日本的学徒制最早可以追溯到江户时期,主要模式是被称为奉公人的"师傅"带"徒弟"或者是手工业中实行的技艺传承制度"亲方制度",这个时期的学徒制师徒关系亲密,以实践教育为核心[①]。到了明治时期,日本处于从农业社会到工业社会的过渡时期,由于工厂数量的增加,相应的工作岗位增多,对技术人才的需求激增。传统学徒制培训周期长、规模小,无法满足社会的需要。因此,由政府主导开办了"工厂学徒制",其目的是快速培养劳动力。二战后,日本将德国"双元制"与"工厂学徒制"有机融合,形成了具有本国特色的现代学徒制。

**(一)发展现代学徒制的原因**

1. 经济发展及产业结构变化的直接推动。经济的发展及生产方式的进步不断对技术人才提出新的要求,也推动了学徒制的发展。二战后,日本经济飞速发展,产业得到拓展,特别在电子工业领域突飞猛进。到了20世纪70年代,受到亚洲金融危机的影响,日本许多公司营业额下降,纷纷裁员。为了应对金融危机,恢复经济发展,日本的产业结构做出大的调整,出现了许多新的岗位,并且加强对新知识、新技术的应用,这样一来对员工的综合素质提出了更高的要求,而已有的工作人员无法满足新岗位提出的要求。而且20世纪90年代后,日本先后颁布了科学技术创造立国、知识产权创造立国、人才创造立国及创新立国等国家战略,旨在培养适应经济全球化、信息化、网络化的技术人才,发展本国经济[②]。为了满足社会经济发展的新需求,职业教育势必

---

① 费珏琼.日本现代学徒制的研究及对我国职业教育的启示[J].时代农机,2018(12):71-72.
② 陈劲,张学文.日本型产学官合作创新研究——历史、模式、战略与制度的多元化视角[J].科学学研究,2008(4):880-886+792.

要做出相应的变化。

2. 社会制度变化及民主化进程的助推。二战后,日本在美国的管理下针对消除封建残余进行了一系列的推进民主化进程的改革,其领域涵盖经济、政治以及教育。颁布的《工会法》《劳动关系调整法》和《劳动基准法》等法律保障了日本劳动者和工人阶级的利益,《土地改革法》和《教育基本法》的颁布彻底清除了封建残余。民主化改革的结束标志着日本彻底进入资本主义社会,以终身教育为特色、具有民主性质的日本现代学徒制也应运而生。

3. 日本传统思想文化背景的保障。日本传统文化既包含儒家思想,又有一定的本民族特色,这样的文化造就了日本在对待外来的、有利于自身发展的事物时抱有积极开放、虚心学习的态度。二战后,日本看到同为战败国的德国靠着双元制使得国民经济得到快速恢复,便学习双元制的长处,将其与本国的工厂学徒制有效结合,形成了适合本国国情的日本现代学徒制。同时,日本传统武士的"奉公"精神也影响着日本人对技术的不懈钻研,这也为现代学徒制的发展提供了不可替代的精神支持。

## (二)发展现代学徒制的典型经验

日本职业教育最典型的特征是贯彻终身教育思想的企业内培训,其现代学徒制也充分体现了该特色。日本的学徒通常根据企业的用人需求进行招聘,有企业内员工的身份,入职即就业。本部分主要介绍日本职业教育的学徒培养体系与方式。

1. 培养体系。重视职后教育是日本现代学徒制最成功、最具特色的一点,员工可以在进入企业后通过多种形式参与培训来提高自身的技能水平及综合素质。这不仅使得员工自身的潜力得到挖掘,也为企业和社会创造了更多的经济价值,减少了企业应对劳动力市场变化的成本[1]。这样的良性循环促进日本的现代学徒制趋于成熟,并引起各国的效仿。日本企业内开展的职业教育是从新入职的员工教育一直到骨干员工、管理层及经营者的一贯培训,主要的培养体系包括了入职前教育、新入职教育、骨干职员教育、监督者及管理者教育。其中新入职教育是学徒进入企业后最基础和重要的培训,目的在于让新学徒熟悉环境,掌握工作岗位所需的基本知识,尽快进入工作状态,一般分为岗前培训和岗位分配后培训。岗前培训是在工作现场由老员工带领新学徒以师傅带徒弟的形式熟悉实际生产环境,加深对专业知识技能的理解,时间一般为三个月;岗位分配后培训主要以宣讲的方式,使新学徒了解并认同企业文化,提高对企

---

[1] 张莉.日本职教发展经验及启示[J].教育与职业,2012(1):103-104.

业的忠诚度,融入企业的大环境中。

2. 培训方式。日本企业内学徒培训主要依托三种方式进行:一是在职培训,指在实际工作场景中由老员工或上司带领新学徒学习与职业相关的专业知识与技能等,其最大特点是受培训者无须离开工作岗位就可以得到培训。通过完成生产实际中的具体任务,提高学习者对知识与技能的感性认识以及解决实际问题的能力。在培训过程中,大多是一对一的形式,因此也可以把它看作学徒制的一种延伸。二是脱产培训,指学徒暂时离开自己的工作岗位放下手头工作,全心投入学习的一种培训模式,可以在企业自办学校或社会中的学校及培训机构进行集中学习。根据企业规模、职务资格及职位结构的分类接受不同层次的教育,旨在系统地提高员工的业务能力。主要方式有:参加会议、研习、讲习会等[1]。三是自我拓展,指学徒根据自身职业发展的规划,在不占用工作时间的情况下选择自己感兴趣的方向进行学习,提高工作能力并且培养创新精神和对学习的主动性。自我拓展的培训方式十分契合日本职业教育以人为本和终身教育的教育理念,在这样的模式下,学徒始终保持对学习新技能的积极性,是企业内教育不可或缺的一种形式。

(三) 发展现代学徒制的外部保障

1. 法律保障。日本在发展现代学徒制过程中高度重视通过立法来保障教育的发展。自1958年颁布《职业训练法》以来,日本政府针对经济发展的变化先后对其进行了四次修改。从1996年开始,日本政府每5年颁布一期科学技术发展基本计划,其中主要的政策及法律有《科学技术基本法》《产业技术竞争强化法》《研究开发力强化法》及《新成长战略》等,保障了职业教育体系的先进性与规范性[2]。

此外,日本政府为了现代学徒制更好地发展,颁布了一套配套制度,如在雇佣方面的终身雇佣制度,一方面避免了企业培养的人才流失,提高员工对企业的忠诚度,另一方面避免了市场对人才的恶意竞争,促进企业良性发展;薪资方面采取的是"年功序列制",员工的职位晋升和薪资待遇的提升都与在企业的工龄有关,并且员工跳槽后工龄需要重新计算[3]。这样一来,可以保证员工对公司的忠诚度,并且为了激发和维持企业员工的学习积极性,日本政府推行了职业资格制度并将其与薪资挂钩。职业资格等

---

[1] 金双鸽,梁晓清. 日本企业内职业教育的发展及其对我国的启示[J]. 教育理论与实践,2015(36):30-31.
[2] 曹勇,秦玉萍. 日本政府主导型产学官合作模式的形成过程、推进机制与实施效果[J]. 自然辩证法通讯,2011,33(5):91-98.
[3] 丁宁. 日本职业教育发展历程、特点及启示[J]. 教育与职业,2019(4):79-85.

级分为特级、一级、二级、三级这四类,不同等级对员工的学历、技能及工作时长的要求都不同,并且需要通过职业资格鉴定部门的考核才能升级,保障了企业内教育的质量稳步提高。

2. 质量保障。在日本,为了保证现代学徒制有质量地进行,企业对师傅的准入制度有着严格的要求。想要成为现代学徒制的师傅必须具备国立的工业大学或综合大学的本科学历,一些专业要求硕士学历才可以任职。在能力方面,师傅是既要有理论知识的教学能力又要有实践操作能力的一体化师资,必须修完规定课程获得一定学分并参加完实习后才能获得教师资格证上岗教学。同时,政府还倡导企业教育师资与学校职业教育师资的交流,提升教学水平[①]。

3. 经费保障。在现代学徒制中,企业作为办学主体要承担办学经费,同时政府也对企业做出相应的补贴来保持企业办学的积极性。政府对企业的福利政策主要分为直接援助和间接援助,前者是指在企业进行某项必需的培训时,单靠企业自身实力无法保障培训有质量地进行,这时需要政府为其提供援助,帮助企业完成培训;后者是指政府向与企业相关的培训机构、研发机构及员工提供帮助,并不直接作用于企业。除此之外,开办企业内教育的企业在税收方面也有相应的优惠政策,如员工职业培训的经费被排除在税收之外。

### 七、中国职业教育现代学徒制

我国学徒制的起源可追溯到奴隶社会时期,彼时学徒制未完全制度化,主要以血亲性质的家庭关系为基础。随着社会的发展与变革,我国学徒制也在不断演进[②]。直至德国率先建立双元制,西方各国纷纷模仿并发展本国的学徒制,现代学徒制这一概念才应运而生。

**(一) 发展现代学徒制的原因**

具体来说,我国现代学徒制的发展动因有以下几个方面。

1. 技术技能人才短缺的驱动。随着我国经济发展步入新常态时期,产业结构调整和优化升级的速度不断加快[③],但我国各级各类职业学校技术技能人才的培养与产

---

① 丁宁. 日本职业教育发展历程、特点及启示[J]. 教育与职业,2019(4):79-85.
② 关晶,石伟平. 现代学徒制之"现代性"辨析[J]. 教育研究,2014(10):97-102.
③ 李金. 我国现代学徒制发展的历史轨迹及未来趋向——基于政策分析的视角[J]. 职教论坛,2019(2):72-79.

业发展还存在结构性差距。现代学徒制被认为是解决这一问题的有效方式,因为其本质上就是一种随着技术升级而发生自适应变化的技能形成制度[①]。就目前而言,技术技能人才匮乏的问题尚未得到彻底解决,作为职业教育的一种新的人才培养制度的现代学徒制仍需要继续发展,以满足国家及社会对此类人才的需求量。这些都离不开国家在态度和行动上的支持。

2. 校企深度合作需求的推动。现代学徒制的推广很大程度上是为了解决校企合作不深入的问题。长期以来,尽管企业和职业学校在共同培养人才方面不断加强各个领域和环节的合作,但彼此之间的合作仍旧存在不少问题,远远没有达到校企融合应达到的目标水平。如企业参与职业教育的积极性不高,对学生进企实习实训的接纳度不够,导致学生参与到真实情景中的学习机会不多,且质量较低等[②]。无论是职业学校还是企业,都迫切地希望能够找到一种更有效地促进校企融合以培养高技能人才的方式。在此背景下,发展现代学徒制显得尤为迫切,有助于进一步提升校企合作的深度。

3. 西方学徒制改革的影响。现代学徒制的概念最早由西方国家提出,时间上可以追溯到20世纪六七十年代。相较于西方国家,我国职业教育起步较晚,始于以学习西方技艺为主、培养实业人才的早期实业教育时期。由于我国落后的职业教育发展已无法满足高速发展的国家经济、技术变革需要,更无法与经济发达国家的职业教育相比,因此,在西方国家普遍复兴现代学徒制的背景下,学习其现代学徒制办学经验就成为一种潮流。在接纳、吸收德国、澳大利亚、英国、瑞士等国家发展现代学徒制的成果后,我国也试行了具有中国特色的现代学徒制。

(二) 发展现代学徒制的典型经验

1. 学徒招聘。在传统的学校教育制度下,职业学校的招生仅以学校本身作为唯一主体;而现代学徒制则以"招生即招工"为核心原则。现代学徒制作为一种校企双主体共同培养人才的制度,校企双方利益的保证是发展这一制度的前提之一。对此,学徒招聘做到校企联合招生,如有些职业学校会根据与其建立合作企业的不同需求,在结合本校专业优势、特点的基础上,通过校企合作的方式招收不同类型的学徒,并做到

---

[①] 汤霓,王亚南,石伟平. 我国现代学徒制实施的或然症结与路径选择[J]. 教育科学,2015(5):85-90.
[②] 孙佳鹏,石伟平. 现代学徒制:破解职业教育校企合作难题的良药[J]. 中国职业技术教育,2014(27):14-18.

校企双方在学徒培养和后续的就业方面全程沟通合作,搭建校企共同管理的体系①。学徒的生源质量和录用情况等数据,也是衡量现代学徒制吸引力和社会影响力的重要指标。

2. 学徒培养。职业学校和企业为学徒培养设定了培养目标,设置了相应的课程,建立了专业的师资团队以及安排了合理的培养计划等②。在此制度下,学徒由双导师共同指导完成学习任务。其中,有关企业和岗位所需知识的课程由企业导师传授,具体采用在师徒关系下进行的岗位教学形式;关于基础理论知识和基本技能的课程则由职业学校的导师进行教授,学徒在企业岗位上,以工学交替的方式进行学习。

3. 学徒就业。现代学徒制能够有效保障学徒的就业率,而学徒的就业情况是现代学徒制取得成功的最直接反映。第一,体现在"现代学徒制根据劳动力市场需求培养学徒"这一点上。相较于此前职业教育缺少风险性预测的情况,在现代学徒制模式下,企业可以根据自己的实际需求自主地规划学徒岗位,有效避免了职业教育供需失衡现象的发生,也降低了出现技术浪费和技能短缺情况的可能性。第二,现代学徒制是一种有助于学徒完成从学校向就业过渡的机制。现代学徒制在学校教育和就业之前建立了"学校到学徒制"和"学徒制到就业"两个过渡带,帮助学徒平缓地渡过从教育到工作的转变过程。由于校企融合的推进,学徒相比于其他应聘者,把握住了平时接受培训的企业录用的主动权,而企业方面也更愿意录用那些已经熟悉本企业工作模式的学徒,这样可以省去企业再对应聘者进行重新培训的时间,是一种双赢的结果。通过现代学徒制,青年失业率被有效控制,成为解决我国青年就业问题的重要保障。第三,现代学徒制为全民提供了终身学习的机会。诸如澳大利亚和英国这些现代学徒制发展比较完善的国家,已经取消了现代学徒制的年龄上限,我国也可以去做类似的尝试,以刺激学徒就业率的提升③。

**(三)发展现代学徒制的外部保障**

1. 法律保障。现代学徒制的发展离不开国家的扶持,而来自法律上的保障是国家最直接的扶持手段。通过出台有针对性的法律法规,可以使现代学徒制更具发展潜力且更加规范化。我国在明确各方职责的条件下,结合自身发展情况选择他国经验,

---

① 程宇. 我国现代学徒制的政策发展轨迹与实现路径[J]. 职业技术教育,2015,36(9):28-32.
② 赵鹏飞. 现代学徒制人才培养的实践与认识[J]. 中国职业技术教育,2014(21):150-154.
③ 关晶,石伟平."现代学徒制"为何国际上受青睐[N]. 中国教育报,2014-09-29(006).

制定了以《中华人民共和国职业教育法》为核心的法律体系,目的是保障参与现代学徒制各主体的合法权益。从宏观层面上看,国家出台的各方权益保障法明确规定了教师和学生在参与现代学徒制时应尽的义务和享有的权利。细化到微观层面,国家又依据各主体的不同权益保障需求,颁布了各项专门法律法规,将法律体系细化,确保"基本法与专门法并重"原则顺利实现[1]。

2. 质量保障。搭建现代学徒制质量保障体系,需要从生源问题、课程设置、师资力量、教学条件等多方面进行考虑。建立顺应现代学徒制发展特点的管理制度,并加强对教学的全过程监督,创建多方考评机制,辅以"双证书"策略,以确保人才培养质量[2]。同时,还积极利用目标激励、物质激励、荣誉激励和情感激励等激励手段,通过制定相应的激励措施,充分调动校企和师生各方的积极性,提高学徒培养质量。现代学徒制的质量保障是一个复杂的问题,也是发展现代学徒制的关键因素。我国做到了加强制度层面上的引导、教学实施层面上的监控,倡导校企合作的深化,由此使现代学徒制的教学培养质量不断提升。

3. 经费保障。在我国,现代学徒制的实施还处于创新改革阶段,为保证该工作的顺利进行,国家给予现代学徒制发展充足的经费支持。具体而言,国家一方面建立了专项经费项目,其中主要包括来自政府的经费投入和来自社会的捐赠等,这些经费再交由地方政府统筹管理。所筹得的经费根据其使用途径,可被分为三类。第一类是用于职业学校各方面开支的公共经费,第二类是企业用来奖励和补贴的企业经费,第三类是校企合作时使用的校企共建经费[3]。另一方面,国家建立和完善了经费制度,从制度上监督和约束地方政府对经费的管理,使得这些经费能最大限度发挥其作用,从而为现代学徒制提供了有力保障。

## 第二节 各国职业教育学徒制度比较分析

从各个国家关于职业教育现代学徒制的设计来看,关涉两个层面的问题。一个层面是职业教育现代学徒制的举办主体问题,即职业教育现代学徒制究竟是以企业为举办主体,还是以学校为举办主体?另一个层面是职业教育现代学徒制的

---

[1] 谢燕红,李娜. 基于现代学徒制的各利益主体权益保障研究[J]. 教育与职业,2020(20):60-63.
[2] 马进,黄海珍. 现代学徒制教学质量保障体系建设的探索研究[J]. 现代职业教育,2019(29):8-9.
[3] 谢燕红,李娜. 基于现代学徒制的各利益主体权益保障研究[J]. 教育与职业,2020(20):60-63.

协调主体问题,即职业教育现代学徒制究竟是以行会为协调主体,还是以政府为协调主体?

## 一、现代学徒制的举办主体:企业为主还是学校为主?

### (一)各国现代学徒制举办主体的构成

从 20 世纪下半叶开始,作为一种古老职业教育办学模式的学徒制开始走向复兴,并发展为现代学徒制。除了德国、瑞士等具有学徒制传统的国家外,英国、美国、澳大利亚等国家也逐渐加大了对现代学徒制的重视。而在进入 21 世纪以后,我国的现代学徒制试点也逐渐提上日程。2014 年 2 月,李克强总理在主持召开的国务院常务会议中提出,"校企联合招生、联合培养的现代学徒制试点"。同年 6 月,《国务院关于加快发展现代职业教育的决定》正式出台,在"提高人才培养质量"章节中明确提出"开展校企联合招生、联合培养的现代学徒制试点,完善支持政策,推进校企一体化育人"。在国家政策的指导下,教育部于 2014 年着手落实现代学徒制试点工作。从职业教育现代学徒制的举办主体来看,大致上可以分为两种。一种是以企业为重要的举办主体,一种是以学校为重要的举办主体。由于经济社会与教育背景等方面的差异,不同国家在职业教育现代学徒制的举办主体上往往也存在差异。具体如表 3-1 所示。

表 3-1 各国职业教育现代学徒制的举办主体

| 国家 | 职业教育现代学徒制的举办主体 |
| --- | --- |
| 德 国 | 德国现代学徒制实际上是一种教育调节下的企业主体模式,即职业教育办学通常以企业为主,职业学校配合企业完成人才培养工作。 |
| 英 国 | 英国企业雇主主导现代学徒制中各个项目标准的制定与开发、实施与参与,在项目开发上拥有极其重要的发言权。 |
| 法 国 | 法国工会或者地方政府开办的学徒中心和国家政府建立的学徒中心,主要负责学徒培训的理论知识的教学,参加培训的学徒首先与企业雇主签订相关的行业学徒合同,并在学徒培训中心登记注册,而后才可以参与培训。 |
| 美 国 | 美国学徒制以企业注册学徒制为主,并形成了固定的体系,无论是国家和州政府层面的法律规范、行业等制定的标准,还是各实施主体的职权范围和合作模式等,都有较为成熟的基础。 |
| 澳大利亚 | 企业培训是现代学徒制培训的重要组成部分,职业院校的目的是补充学徒培训在工作场所缺乏的专业知识和技能,通过培训来增加自己的专业理论和基础知识。 |

续 表

| 国 家 | 职业教育现代学徒制的举办主体 |
|---|---|
| 日 本 | 重视职后教育可以说是日本现代学徒制最成功、最具特色的一点,员工可以在进入企业后通过多种形式参与培训来提高自身的技能水平及综合素质。 |
| 中 国 | 中国职业教育现代学徒制以学校为重要举办主体,企业主要发挥配合学校完成技术技能人才培养任务的作用。 |

### (二)各国现代学徒制举办主体的制度取向

从制度取向来看,由于举办主体的差异,可以将职业教育举办主体划分为企业为主和学校为主两种制度取向。由于制度取向的不同,不同国家在职业教育现代学徒制设计上存在较大的差异。从案例国家来看,部分国家采取的是企业为主的现代学徒制举办主体设计,部分国家采取的是学校为主的现代学徒制举办主体设计,也有不少国家的职业教育现代学徒制举办主体设计介于二者之间。具体如表3-2所示。

表3-2 各国职业教育现代学徒制举办主体的取向

| 国别 \ 取向 | 企业为主 | 学校为主 |
|---|---|---|
| 德 国 | ★★★★★ | ★ |
| 英 国 | ★★★ | ★★ |
| 法 国 | ★★★ | ★★★ |
| 美 国 | ★★★★ | ★★ |
| 澳大利亚 | ★★★★ | ★★★ |
| 日 本 | ★★★★★ | ★★ |
| 中 国 | ★★ | ★★★★★ |

注:任何一个国家都不存在单一的职业教育现代学徒制举办主体取向,但存在程度的差异。所以采用星级制来表达不同职业教育现代学徒制举办主体取向的程度,一颗星代表程度最低,五颗星代表程度最高。

## 二、现代学徒制的协调主体:政府为主还是行会为主?

### (一)各国现代学徒制协调主体的构成

由于现代学徒制通常涉及学校和企业两种不同性质的组织协同培养人才,因此,为了减少二者之间的冲突、加强二者之间的对话,通常也需要协调主体发挥一定的作用。从职业教育现代学徒制的协调主体来看,大致上可以分为两种。一种是以政府为重要的协调主体,一种是以行会为重要的协调主体。由于经济社会与教育背景等方面的差异,不同国家在职业教育现代学徒制的协调主体上往往也会存在差异。具体如表3-3所示。

表3-3 各国职业教育现代学徒制的协调主体

| 国 家 | 职业教育现代学徒制的协调主体 |
| --- | --- |
| 德 国 | 德国行业协会在技能认证、专业教学标准制定等方面拥有很大的话语权,并控制着行业内的技能供给方式,而且能够避免企业间的恶性竞争,有效控制劳动力市场的流动,为企业内技能积累创造有序的市场环境。 |
| 英 国 | 在行业协会的指导下,英国国家职业资格证书制度按照真实职场中所必需的知识和技能划分,学徒在学习期中要获得相对应学习阶段水平的职业资格证书方能算作完成了课程,进而获得从业的资格。 |
| 法 国 | 法国学徒制系统中包括专业技能机构和职业发展辅导委员会两个专业机构。专业技能机构是由雇主、工会和大区政府共同管理的机构,其主要任务就是对学徒参加技能培训的价格进行规定和调节,以及对培训费用进行控制。职业发展辅导委员会是按大区设置的由国家、大区政府和劳资双方共同管理的机构,主要面向有特殊需要的员工提供职业生涯指导工作。 |
| 美 国 | 美国学徒完成学业获得的学徒制培训证书是在其相应的职业领域内培训经历的正式证明文件,具有很高的含金量。在美国,学徒们通过学徒制培训后一般都能找到更好的工作,而这得益于科学的学徒制证书体系的建立。 |
| 澳大利亚 | 首先,为满足行业和雇主对职业教育与培训的新需求,澳大利亚政府设立新的管理组织——澳大利亚工业和技能委员会和技能服务组织。前者旨在发挥行业企业在职业教育与培训部门中的指导和决策作用;后者的职责是开发和管理培训产品,为相关行业参考委员会提供各种支持服务。 |
| 日 本 | 在行业的协调下,日本实行终身雇佣制度,避免了企业培养的人才流失,提高员工对企业的忠诚度,薪资方面采取的是年功序列制,员工的职位晋升和薪资待遇的提升都与在企业的工龄有关。 |
| 中 国 | 在中国职业教育现代学徒制中,政府是重要的协调主体,搭建起学校与企业之间协调的桥梁,行业协会发挥的作用相对较小。 |

## （二）各国现代学徒制协调主体的制度取向

从制度取向来看，由于协调主体的差异，可以将职业教育协调主体划分为政府协调和行会协调两种制度取向。由于制度取向的不同，不同国家在职业教育现代学徒制设计上存在较大的差异。从案例国家来看，部分国家采取的是政府协调为主的现代学徒制协调主体设计，部分国家采取的是行会协调为主的现代学徒制协调主体设计，也有不少国家的职业教育现代学徒制协调主体设计介于二者之间。具体如表3-4所示。

表3-4 各国职业教育现代学徒制协调主体的取向

| 国别 \ 取向 | 政府协调 | 行会协调 |
|---|---|---|
| 德 国 | ★★ | ★★★★★ |
| 英 国 | ★★★ | ★★ |
| 法 国 | ★★★★ | ★★ |
| 美 国 | ★★★★ | ★★ |
| 澳大利亚 | ★★★ | ★★★ |
| 日 本 | ★★★ | ★★★★ |
| 中 国 | ★★★★★ | ★ |

注：任何一个国家都不存在单一的职业教育现代学徒制协调主体取向，但存在程度的差异。所以采用星级制来表达不同职业教育现代学徒制协调主体取向的程度，一颗星代表程度最低，五颗星代表程度最高。

### 三、国际坐标中的职业教育现代学徒制定位

如果将职业教育现代学徒制划分出一个国际层面的坐标系，可以将职业教育现代学徒制举办主体作为横向上的坐标轴，将职业教育现代学徒制协调主体作为纵向上的坐标轴。按照职业教育现代学徒制举办主体取向的不同，横向坐标轴以学校为主和企业为主为两个方向。按照职业教育现代学徒制协调主体取向的不同，纵向坐标轴以行会协调和政府协调为两个方向。根据这一划分标准，不同国家在国际职业教育现代学徒制坐标系中的定位如图3-1所示。其中，德国、日本、澳大利亚位于第一象限，中国位于第三象限，英国、美国、法国位于第四象限。

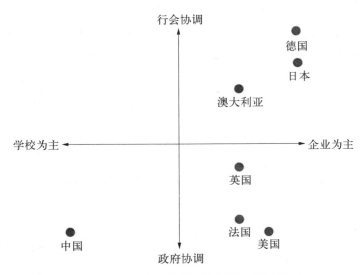

图 3-1 国际坐标中的职业教育现代学徒制定位

## 第三节 对中国职业教育学徒制度改革的启示

通过对各国现代学徒制的深入研究和比较分析,我们可以从中汲取宝贵经验,并结合我国的实际情况进行借鉴,为我国职业教育现代学徒制的改革和发展提供有益启示。

**一、强化制度与法律法规的支持,营造学徒制利好的政策环境**

现代学徒制的改革涉及多方社会主体和多层次的现实问题,因此,仅仅从教育改革层面去推动现代学徒制的发展是远远不够的,众多西方国家现代学徒制改革之所以成效斐然,与其被视为国家发展战略具有深刻的关联[1]。立法是最高形式、最具强制性的制度保障,因此,现代学徒制发展较成熟的国家都以立法确定现代学徒制的地位,重视国家层面对学徒制法律和政策体系的设计,从制度层面规范与支持学徒制的实施,并保障各项资源[2]。如 2008 年以来,英国政府陆续公布的《世界一流学徒制:释放

---

[1] 关晶,石伟平.西方现代学徒制的特征及启示[J].职业技术教育,2011,32(31):77-83.
[2] 关晶.当前主要国家现代学徒制的制度分析[J].职教论坛,2016(16):81-84+88.

天赋,发展所有人的技能》《学徒制、技能、儿童与学习法案》等,直接面向现代学徒制的发展,从法律层面来完善学徒制的制度安排。事实上,从国家制度设计的层面强化对现代学徒制改革的支持,在法律法规的框架下明确政府、企业、行业、职业院校等多方主体在学徒制运行过程中的作用、地位、权利和职责,既是现代学徒制顺利实施的关键,又是保障学徒培养质量的前提和基础。更进一步说,国家层面的支持和肯定对于提高现代学徒制在教育改革中的地位,进而对明确职业教育类型教育的地位、提升职业教育的吸引力有着极其重要的意义。

结合我国学徒制的推行现状,2022年5月1日起正式施行的《中华人民共和国职业教育法》明确提出,国家将推行中国特色学徒制,这也是第一次将学徒制上升到国家制度的层面,是一个好的起点。但从法律法规体系的构建角度来看,还缺乏针对学徒制的专项立法。对于学徒制在实施过程中各主体应当具备的作用、肩负的职责和享有的权利等具体的问题,尚未有统一且明确的规范,导致各地学徒制的实践出现多方牵头但各自为政的乱象。因此,我国应尽快建立完善的体系,支持现代学徒制试点工作的开展,并为其全面推广提供良好稳固的法治保障,为提升我国现代学徒制度的改革成效奠定基础。

**二、构建多元主体成本分担机制,激发企业参与学徒制的积极性**

从国际坐标系定位来看,我国职业教育现代学徒制的典型特点是以学校为重要举办主体,政府从中发挥着主导与协调作用;而从职业教育发达国家发展现代学徒制的经验来看,企业均扮演着重要的举办主体角色,而行业协会也从中发挥着重要的协调作用。事实上,无论现代学徒制的主导者是谁,不可否认的是,企业是现代学徒制运行中的核心利益相关者,企业对学徒制的认可度和参与度直接关系到学徒制最终的成效。虽然政府可以通过制定法律法规和各类政策规定等强制性的手段迫使企业参与到学徒制过程中,但归根结底,企业是具有逐利性质的组织,如果在学徒培养中企业投入成本远大于收益,则企业的参与必然不能长久,其培养成效也将大打折扣。因此,为激发企业参与现代学徒制的积极性,应构建起合理的多元主体成本分担机制,对参与的企业等利益相关者的权益进行保护,同时也能规避强制性推行学徒制改革带来的风险。国际劳工组织也指出,"公平、完善的经费制度是学徒制高质量发展的核心"[①]。

---

① ILO. ILO Toolkit for quality apprenticeship Volume I: Guide for policy makers[Z]. Geneva: ILO, 2017: 61.

具体来说,企业在参与学徒培养过程中所承担的成本主要包括:学徒的薪资、福利,师傅的工资、培训费用,学徒因技能不足导致企业生产效率降低带来的损失,与院校联合培养学徒的支出等;此外,还有可能存在的损失风险包括:学徒完成训练后跳槽,导致企业前期经费投入"有去无回",学徒的流失甚至还会带来企业核心技术的外流,造成无形中的经济损失等①。因此,对于学徒制成本分担机制的构建可以从两个方面入手:一方面,可以由政府出资给予企业相关的经费补贴,分担学徒培养成本。如参考英国的做法,通过政府拨款、征收学徒税、发放学徒补贴等方式,对企业参与学徒制的直接成本进行补偿;或参考英美等国家设置"经费带"的做法,依据不同地区、专业、学徒平均培养时间等因素计算成本,划定若干个学徒培养项目经费拨款区间,按项目所属拨款区间给予培养资助②。另一方面,还可以充分发挥第三方在职业教育办学中的协调作用,尤其是重点培育行会。行会多是民间性组织,不同于正规的政府组织。以行会为平台,往往可以集中行业内最优秀的专家,调动行业内最优质的资源,因此通常具有较高的权威性。通过行会的协调,可以有效解决企业与学校、企业与企业之间可能存在的冲突问题。在政府"放管服"改革趋势下,成熟的行会可以推动社会治理模式的转型,对行业内的技能工资进行控制,对技能标准进行开发,对职业资格进行认证,而且可以有效控制企业之间过度的"挖人"行为,避免企业之间的恶性竞争,从而维持流动有序的区域技能生态系统③,对企业潜在的成本损失进行规避。以企业、政府、行业等多主体完善健全的成本分担机制的构建,解除企业参与学徒培养的后顾之忧,以此提高企业参与学徒培养的积极性,推动职业教育现代学徒制的健康有序发展。

## 三、建立层次完备的组织管理体系,保障学徒制的高质量推进

当前我国的现代学徒制试点工作以最大程度鼓励利益相关主体积极参与为导向,因此对于牵头单位并未做过多限定,政府、行业、企业和职业院校有需要、有能力者均可牵头,其本意是促进现代学徒制的多样化构建。但在实践过程中,由于不同部门分头试点、各自管理,反而导致了部分项目运转"条块分割、各自为政"的散乱管理现象,

---

① 陈志铅. 英国现代学徒制发展研究(20世纪60年代以来)[D]. 福州:福建师范大学,2020.
② 关晶. 迈向高质量:中国特色学徒制的发展愿景与推进路径[J]. 教育发展研究,2022,42(Z1):23-30.
③ 郝天聪. 职业教育何以成为类型教育?——基于国家技能形成体制建设的观察[J]. 苏州大学学报(教育科学版),2020(4):63-72.

不仅对现代学徒制具体项目的实施过程造成阻碍,还有可能加剧不同管理部门之间的资源内耗,提高了管理成本却收效甚微①。事实上,现代学徒制的制度本身就涉及产业和教育双重领域的融合,其涉及的主体更是具有跨界属性,且层级多样,对学徒制的运行管理来说是极大的挑战。为保障我国现代学徒制有效且高质量地运行,则需要建立起层次完备的一体化组织管理体系。当然,从国际经验中也可以有所借鉴,各国为推进现代学徒制的有效运行,根据各自的政治体制,建立了中央政府和地方政府分工合作的组织管理体系,主要包括决策机构、咨询机构、监督机构、管理机构、教学机构等机构。例如,美国建立了包括由监督机构、咨询机构、管理与实施机构、实施与教学机构、辅助性机构组成的联邦政府与州政府二级管理学徒制的模式;德国制定新的国家战略以支持学徒制发展,其双元制进一步强化了以企业为主导开展校企合作育人,建立了德国联邦、州、地区三级学徒制管理模式和以行业协会为核心的监督管理机制,确保学徒培养质量等②。

因而,我国当前所面临的现代学徒制管理运行难题和其他国家的发展经验启示我们,未来现代学徒制组织管理体系的构建可以从三个方向把握:第一,强化组织管理体系的完备性。从中央政府到地方政府,各个层级都应设立专门的组织与管理部门,保证管理体系的完备。且政府层面的现代学徒制需要在整体性的治理框架下,由统一的主管部门进行统筹和规划,方能真正发挥其技术技能人才培养的预期效能。第二,明确各层级管理主体的分工与重点任务。一般而言,是由中央政府的学徒制管理机构侧重决策和监督,地方政府的学徒制管理机构侧重管理和教学实施,在统一"指挥棒"的协调下保障学徒制的有序推进。第三,提高行业协会对学徒制管理工作的参与感。行业企业作为学徒培养的"需求侧",对市场变化的感知更敏锐、更准确,对学徒培养的规格需求也更了解。因而,行业协会作为中间组织,可以通过主导标准制定的方式参与到学徒制运行的管理工作中。标准主要包括三个:学徒培养标准、机构资质标准和学徒培养协议范本。学徒培养标准对人才培养规格、教学内容、工学占比、教学方式、评价考核等进行规范;机构资质标准对于企业与教育机构的基本资质、教学环境、师资条件等进行约束;学徒培养协议范本包含招募机构、学徒岗位、学习内容、学徒津贴、劳

---

① 关晶.迈向高质量:中国特色学徒制的发展愿景与推进路径[J].教育发展研究,2022,42(Z1):23-30.
② 赵鹏飞,刘武军,罗涛,等.现代学徒制中国实践、国际比较与未来展望[J].职教论坛,2021,37(12):6-11.

动权益、违约责任等必备条款①。通过行业协会主导这些学徒培养相关标准的制定,使得学徒制的人才培养成效更高,更为契合我国经济发展支撑的现实人才需求,保障现代学徒制的高质量推进。

---

① 关晶.迈向高质量:中国特色学徒制的发展愿景与推进路径[J].教育发展研究,2022,42(Z1):23-30.

下编

# 职业教育国家政策比较研究

与职业教育国家制度具有一定稳定性不同,职业教育国家政策的灵活性更强。因此,无法采用一个统一的分析框架对不同国家职业教育政策进行跨案例的比较分析。因此,在本编中,我们将针对德国、英国、澳大利亚、韩国、中国等国家出台的典型职业教育政策进行国别案例研究。在此基础上,做进一步的比较分析,以探讨职业教育国家政策出台、执行等方面的普遍性规律。

# 第四章　德国应用科学大学博士学位授予权的政策分析

在德国高等教育领域,由于办学传统、制度设计等方面的原因,博士学位授予权曾长期控制在综合性大学与部分学院手中,应用科学大学并没有独立的博士学位授予权。未料从 2013 年起,越来越多的州政府开始出台实质性政策文件,拟赋予应用科学大学独立博士学位授予权,此举在德国社会各界引发激烈讨论。2016 年,德国黑森州终于迈出具有标志性意义的一步,新修改的州高等教育法决定赋予富尔达应用科学大学独立博士学位授予权。2017 年 1 月 1 日,富尔达应用科学大学"社会科学""公共卫生""社会工作"等三个研究中心的 150 名教授中,有 36 名教授正式获得为期五年的独立博士学位授予权[①]。该校由此成为德国首个获得独立博士学位授予权的应用科学大学。消息一出,即将德国社会各界关于应用科学大学是否应该获得独立博士学位授予权的争议再次推向高潮。"时代进步"抑或是"历史倒退"的声音不绝于耳。本章正是以此为切入点,来系统探讨博士学位授予权之争的"来龙去脉",并深刻反思争议的根源所在及其对于当前阶段我国教育改革的启示。

## 第一节　综合性大学"最后堡垒"的崩塌?

在洪堡高等教育思想的影响下,德国大学自创立以来就被看作培养少数社会精英的场所,纯学术性、无目的性一度被视为大学的神圣办学宗旨。20 世纪 60 年代以降,德国社会经济的飞速发展对高级应用型人才产生了巨大需求,一批明显不同于传统大

---

① ANONYMOUS. Promovieren an der hochschule fulda [EB/OL]. [2017-05-08]. https://www.hs-fulda.de/forschen/promovieren/? L=0.

学的应用科学大学①"异军突起"。自此以后,德国开始形成更加多元化的高等教育结构与组织形式,并引发社会各界关于不同类型高等学校角色和任务的广泛讨论。

起初,由于分工与定位的不同,综合性大学与应用科学大学具有较为清晰的办学界限。为了避免陷入"东施效颦"的境地,应用科学大学在创建之初就确立了与综合性大学"不同类型但是等值"的办学定位。综合性大学立足于基础性的科学研究,致力于培养科学的接班人②。与综合性大学不同的是,应用科学大学最重要的任务是在研究发现的基础之上,传授实践导向的和应用相关的教育③。因此,应用科学大学以培养应用型人才为目标,着重于设置实用性较强的专业,而较少设置纯粹的基础性学科。

随后,二者之间的办学界限变得愈发模糊,并在某种程度上产生彼此趋近发展的趋势。1999年,为了实现与欧洲高等教育体系的一体化接轨,德国签署了《博洛尼亚宣言》,建立起国际上主流的"学士—硕士—博士"三级学位体系。在这一改革进程中,综合性大学与应用科学大学都将研究、教学、继续教育、知识传播等作为改革的重要任务。原本特别强调学术性的综合性大学在培养目标上开始趋近于应用科学大学,突出表现为,在学士阶段也将培养学生的就业能力作为目标之一。此外,应用科学大学印发的学位证书也在宣言签订之后去掉了"FH"字样,真正实现了与综合性大学的学位等值,此举大大提升了应用科学大学的社会地位。然而,此时博士学位授予权依旧是综合性大学的特权,这被看作综合性大学防止应用科学大学步步紧逼的"最后堡垒"④。

对应用科学大学而言,为了深化推进相关专业领域的学术研究,它们同样具有培养博士研究生的需求。应用科学大学具有学术潜力的年轻人,也同样具有攻读博士学位的诉求。近年来,应用科学大学硕士毕业生中想要继续攻读博士学位的人数在不断增长。然而,由于并未获得独立的博士学位授予权,应用科学大学的硕士毕业生要想

---

① 德语"Fachhochschule"按照其原意可译为专门高等学校,但由于在国际交流中容易被误解为大专,遂在1998年的联邦文教部长联席会议之后,将其英文名统一译为"university of applied sciences",因此,本书将其中文名译为应用科学大学。
② STIFTUNG B W. Gleichartig-aber anderswertig? Zur künftigen rolle der (Fach-) hochschulen im deutschen hochschulsystem[M]. Bielefeld: W. Bertelsmann Verlag, 2013: 7.
③ KLOCKNER C. Die Gründerzeit ist schon geschicht, eine exemplarische Betrachtung der vorgeschichte und der anfangsjahre der fachhochschule wiesbaden[M]. Verlag: Hochschule Rhein Main, 2012: 9.
④ GILLMANN B. Universitäten halten fachhochschulen bei promotionen auf distanz [EB/OL]. [2017-04-30]. http://www.handelsblatt.com/karriere/nachrichten/debatte-um-promotionsrecht-universitaeten-halten-fachhochschulen-bei-promotionen-auf-distanz/2808556.html.

攻读博士学位,只能申请参加综合性大学开设的博士班,或者参加合作式博士研究生培育项目。在合作培养博士研究生的过程中,应用科学大学的教授虽然有权指导博士学位论文,但是并没有资格参加博士学位委员会,官方意义上的指导教授只能来自综合性大学。而且,合作的主动权牢牢掌握在综合性大学手中,合作能否成行在很大程度上有赖于相关系所、教授之间的私人关系。由于多数综合性大学针对应用科学大学的考生设置了严格的考核测试,能够顺利通过该测试的人数相当有限。另外,通过合作式博士研究生培育项目攻读博士学位的现象也并非常态。数据显示,在2009—2011年,仅有1200名应用科学大学硕士毕业生获得博士研究生资格,其中1000名学生报考的是综合性大学开设的博士班,而只有200名学生通过合作式博士研究生培育项目获得攻读博士学位的机会①。在国内升学不利的局面之下,应用科学大学硕士毕业生只能更多地到国外寻求攻读博士学位的机会。

为了改变上述困境,越来越多的应用科学大学加入争夺博士学位授予权的行列,并日益受到地方州政府②的重视。实际上,关于应用科学大学是否应该获得独立博士学位授予权,在德国社会各界一直存有争议,只不过未有实质性政策出台。直到2013年底,石荷州公开表示,该州预计在2014年底赋予应用科学大学博士学位授予权。2014年,巴符州的绿党和社会民主党也提出赋予应用科学大学博士学位授予权。2017年初,黑森州正式赋予富尔达应用科学大学有足够科研实力的专业博士学位授予权。

在上述一系列实质性政策出台之后,德国社会各界对应用科学大学是否应该获得博士学位授予权的争议再次达到高潮。支持者与反对者形成两大阵营,应用科学大学与综合性大学作为直接利益相关者表现出截然不同的态度。对于黑森州的这一决定,大多数应用科学大学持支持态度,认为终于可以做到与综合性大学"平起平坐",而大多数综合性大学则持反对态度,认为其区别于应用科学大学的"最后堡垒"已然崩塌。

## 第二节 应用科学大学获独立博士学位授予权是否具有"合法性"?

有关新生事物"合法性"的思考是对其是否符合社会、时代发展要求的最基本的价

---

① JULIA NEUMANN. Promotionsrecht für fachhochschulen:Raus aus der zweitklassigkeit [EB/OL]. [2017-04-30]. http://www.taz.de/! 5043367/.
② 由于德国是联邦制国家,对于联邦基本法未有明确规定的事务,地方州政府有权制定相关政策。

值判断①。面对应用科学大学是否应该获得独立博士学位授予权的争议,有必要审慎考察其"合法性"。一般而言,"合法性"主要有两层含义,一是"合法律性",二是"合正当性"。"合法律性"是指一个行为或者一个事物的存在符合法律的规定;"合正当性"则是指一个行为或者一个事物的存在符合人们某种实体或程序的价值准则,以及其他非强制的原因,而为人们所认可或赞同,进而自愿接受或服从②。如前文所述,应用科学大学的博士学位授予权是由州政府立法通过的,因此必然"合法律性"。本部分主要就其是否"合正当性"做出讨论。

### 一、是否有资格获独立博士学位授予权?

在德国,是否将学术研究作为应用科学大学的任务,一直以来颇具争议。联邦宪法法院曾在1982年和1983年的决议中提到"学术研究不是应用科学大学的首要任务"③。也就是说,学术研究是综合性大学特有的任务,应用科学大学的重点任务是教学,而非学术研究。直到1985年,德国修订了《高等学校总纲法》,才将"应用导向的学术研究"作为应用科学大学的重要任务之一。应用导向研究以解决实际问题为其最终目的,而并非为了寻找最高真理,这逐渐成为其区别于综合性大学理论导向研究的标志。但是,问题在于,这种差异是否足以剥夺应用科学大学的独立博士学位授予权?

在德国大学中,设立博士学位的最初目的在于更深入地开展学术研究。起初,由于大学类型的单一性,所开展的学术研究主要是以理论为导向的,因此,某门学科在理论层面的学术研究价值就成为其能否获得独立博士学位授予权的衡量标准。然而,在博洛尼亚进程之后,综合性大学与应用科学大学之间的不同办学特色成分日益减少。在学士阶段,二者都强调获得职场中就业所需要的职业资格,而在硕士阶段,都强调相当程度的理论导向研究。如今,二者都有向应用导向研究发展的趋势,比如同样是应用数学专业,不仅在应用科学大学有所开设,而且在特里尔大学、克劳斯塔工业大学等综合性大学也有所开设。由于两种类型的学校都有理论导向与应用导向的课程与专业,因此,学术研究是否具有纯理论色彩已然不能成为阻碍应用科学大学获得独立博士学位授予权的决定性标准。

---

① 郝天聪,庄西真. 多学科视角下的本科职业教育"合法性"审视[J]. 高等理科教育,2015(5):40-45.
② 谢海定. 中国民间组织的合法性[J]. 法学研究,2004(2):17-34.
③ ELISABETH H. Das prinzip fachhochschule-Erfolg oder scheitern[M]. Münster:Verlagshaus Monsenstein und Vannerdat OHG Münster,2013:187.

大学作为整个教育制度最高级的层次，必须敏锐地触及社会的脉动，对于后现代社会所带来的人类理性、思考方式、知识合法性地位及传统的改变，要以前瞻性的眼光加以因应，并提出可能的改革之道①。就学术研究本身而言，并无高低贵贱之分。尤其是在后现代社会逐渐到来之后，学术研究本身的内涵实际上也在不断发生变化。无论是理论导向研究，还是应用导向研究，只要拥有学术研究价值，都应该一视同仁。应用科学大学在某些专业领域的应用导向研究已经十分深入，可以比肩甚至超越综合性大学的研究水平，但这些研究本身的价值却被大大低估。由于应用科学大学没有独立博士学位授予权，这些专业领域的毕业生没有机会在校内继续攻读博士学位。另外，应用科学大学获得博士学位授予权，也有利于提高德国经济社会的发展水平。德国基尔应用科学大学校长比尔（Beer）认为，"应用科学大学将应用导向的学术研究成果转化到企业，从而大力推动了新产品的研发，应用科学大学获得博士学位授予权是必然的发展趋势，它可以强化德国的整体科学水准与经济发展地位"②。

## 二、是否有能力培养博士研究生？

能否获得独立博士学位授予权，还要考察应用科学大学是否有能力培养博士研究生。对此，来自综合性大学的不少反对者对应用科学大学培养博士研究生的能力提出质疑，并严厉指出，博士研究生培育以及学术研究绝不能以廉价的方式进行。德国高等学校联合会主席肯彭（Kempen）认为，"作为一种形象构建的手段，博士学位授予权必须保留在综合性大学手中，否则很有可能导致高校工作任务分工不清晰，甚至会对整个科学体系产生影响"③。学者黑普勒（Hippler）同样持类似的观点，"博士学位授予权是以相当的学术研究基础设施和人员配置为前提的，只有当应用科学大学在这些方面与综合性大学达到同等水准时，方可考虑赋予其博士学位授予权"④。

诚然，与综合性大学相比，应用科学大学的整体办学实力存在一定差距，但是在某些领域差距并不明显。与综合性大学相比，应用科学大学有同样严格的教授评聘标

---

① 杨洲松. 后现代知识论与教育[M]. 台北：师大书苑有限公司，2000：129.
② FRANK S. Ein quantensprung-das promotionsrecht für fachhochschulen. [EB/OL]. [2017-05-01]. http://www.fh-kiel.de/vielfhkiel/index.php/ein-quantensprung-das-promotionsrecht-fur-fachhochschulen/.
③ IBISCH P. Schluss mit zweiklassen wissenschaft [EB/OL]. [2017-05-02]. http://www.zeit.de/studium/hochschule/2014-01/promotionsrecht-fachhochschulen-kommentar.
④ SCHARPEN A. Doktor ohne uni-studium: Studierende in schleswig holstein sollen auch an fachhochschulen promovieren können[N]. Germany：Taz, 2013-11-19(22).

准,要求教授岗位具有博士学位且有至少5年的职业实践,其中至少3年在高等学校范围外进行,并在有关应用或科技开发方面取得特殊成就①。就此而言,应用科学大学教授的科研能力无疑是有保障的。另外,应用科学大学在某些专业领域的发展水平已经超过综合性大学,甚至达到国际领先水平。需要注意的是,各州并非采取"一刀切"的方式,来赋予应用科学大学博士学位授予权,也并非全面覆盖应用科学大学所有专业领域,而是针对个别研究实力雄厚的专业方向,以及学术研究能力格外突出的教授。如巴符州计划在新高校法案中加入实验性条款,即在有效期限内,以具体课题的方式赋予那些科研业绩出色的教授相应博士学位授予权。黑森州在赋予应用科学大学博士学位授予权问题上,也明确提出了"高层次而非大众化"的口号,即能够考虑授予博士学位的仅限于应用科学大学中"能证明其研究优势"的专业方向②。

除此之外,应用科学大学培养博士研究生也有足够的科研资金保障。在目前德国整个高等教育领域财政预算缩减的不利环境下,应用科学大学的财政经费却有上涨趋势。2006—2011年间,德国联邦政府为应用科学大学的教学与研究拨款3.16亿欧元,涨幅达190%,尤其是科研项目的资金投入与2005年相比几乎翻了四番;与此相比,综合性大学在同时期的拨款涨幅仅有82%③。而且,与综合性大学相比,应用科学大学与企业、行业的合作更为密切,在为应用型博士研究生提供实习机会的同时,还可以从社会相关单位或者机构获得科研经费支持。

### 三、是否会降低博士学位论文质量?

尽管在博士研究生质量的衡量维度和相关指标上存在着许多争议和研究上的困难,但从全球来看,博士学位论文质量绝对是一个核心指标,它能够综合反映出博士毕业生的质量,包括知识面、研究能力、创新能力等④。相应地,要确定应用科学大学能否获得独立博士学位授予权,就要考察其能否保证博士学位论文质量。

---

① 董大奎,刘钢. 德国应用科技大学办学模式及其启示[J]. 教育发展研究,2007(21):41-44.
② 中华人民共和国驻德意志联邦共和国大使馆教育处. 德国应用科学大学首次获得独立博士学位授予权[EB/OL]. [2017-05-02]. http://www.de-moe.edu.cn/article_read.php?id=12016-20161021-3939.
③ OSEL J. Streit um promotionsrecht:Fachhochschulen begehren gegen unis auf [EB/OL]. [2017-05-02]. http://www.sueddeutsche.de/bildung/streit-um-promotionsrecht-fachhochschulen-bege-ren-gegen-unis-auf-1.1453804.
④ 李艳,赵世奎,马陆亭. 关于博士学位论文质量评价的实证分析[J]. 学位与研究生教育,2014(10):50-54.

针对应用科学大学获独立博士学位授予权一事,以综合性大学为代表的反对者曾义正辞严地指出,这极有可能拉低博士学位论文的质量,应用科学大学根本无法保障博士学位论文的质量,并以博士学位论文剽窃的"前车之鉴"警示众人。反对者所讲的"前车之鉴"是指,德国联邦教育与研究部前部长莎万(Schavan)因博士学位论文剽窃事件而被取消了博士学位。因此,迫切需要更为全面地审视博士学位论文的质量问题。其主要依据在于,安妮特·莎万虽然毕业于杜塞尔多夫大学,但是其指导教授威勒(Wehle)此前任职于没有博士学位授予权的教育学院,因而被质疑能力有欠缺,并最终导致博士学位论文的质量问题。仔细追究该事件的来龙去脉,不难发现其中的逻辑瑕疵。令人费解的是,指导教授威勒需要为此事负责,而授予其博士学位的杜塞尔多夫大学却可以置身事外,也没有人去指责其博士学位论文质量保障机制不足的问题。而事实上,为了保障博士学位论文的质量,拟赋予应用科学大学博士学位授予权的各州已经提出构建相应的质量保障机制。比如,有的州提出,要建立特别的评审机制来保障应用科学大学博士学位论文的质量,即博士学位论文评审工作由三位评审委员完成,其中包括两名综合性大学教授和一名应用科学大学教授。需要特别指出的是,作为博士研究生指导教授的应用科学大学教授禁止同时担任评审委员。

另外,还有反对者指出,在现有制度规定下,应用科学大学教授具有繁重的教学任务,他们每周要承担至少 18 个学时的教学任务,而综合性大学的教授每周只需要承担 8 个学时的教学任务。因此,应用科学大学教授并没有足够的精力与时间来指导博士学位论文,那么也就难以保障博士学位论文的质量。如学者斯密特(Schmidt)所言,"我们需要的是更高的博士学位质量,尤其是在辅导博士生方面。但是应用科学大学教授每周必须授课 18 个学时,他们怎么还能在授课之余辅导博士生呢?"[1]按照上述逻辑,即便是通过合作式博士研究生培育项目来培养博士,同样需要花费应用科学大学教授大量精力与时间,那么是否就不需要应用科学大学教授参与其中了呢? 对此,有支持者提出,或许可以换一种思路,更多地站在应用科学大学教授的角度来思考问题,给予其更多人性化的、友善的政策关怀。比如,为了帮助其更好地指导博士研究生,辅导学生写好博士学位论文,可以将规定的应用科学大学教授教学任务同样缩减为每周 8 个学时。

---

[1] SCHMIDT M. Bitte nicht noch mehr doktoranden! [EB/OL]. [2017-05-02]. http://www.zeit.de/2014/10/fachhochschulen-promotionsrecht-doktoranden.

## 第三节 基于后现代社会"新知识生产模式"的再思考

后现代社会是一种资讯社会,也就是大众传播社会,当社会进入后工业时代,许多文化进入后现代化时,知识的地位就发生变迁。许多知识论专家认为,至少在20世纪50年代,这一种改变就已经形成了。伴随着后现代社会的来临,人类的知识生产模式也在不断发生变迁,并为当代社会科学研究的转型与变革提供了源源不竭的动力。从此意义观之,德国应用科学大学与综合性大学关于独立博士学位授予权的争议,可以被归结为知识"合法性"的争议,亦即新旧两种知识生产模式的斗争。

### 一、新知识生产模式下的"合法性"溯源与质量问题检视

从20世纪70年代起,有关知识生产模式转型的研究就已经成为国际学术政策研究领域的重要议题。在这些转型研究著作中,以吉本斯(Gibbons)等人所著的《知识生产的新模式:当代社会科学与研究的动力学》影响最为深远,其核心理论观点甚至为经济合作与发展组织所采纳,并发表在1998年出版的《大学研究的转型》一书之中。吉本斯等人提出,20世纪下半叶以来,一种不同于传统知识生产模式的新知识生产模式涌现出来。为了表述上的方便,传统知识生产模式可称作"模式Ⅰ",新知识生产模式可称作"模式Ⅱ"。从模式Ⅰ到模式Ⅱ的变迁反映出学术研究重心的转移,即由学术兴趣驱动的学科导向研究转变为由问题解决驱动的应用导向研究。

这种新的知识生产模式影响非常广泛,不仅影响生产什么知识,还影响知识如何生产、知识探索所置身的情境、知识组织的方式、知识的奖励机制、知识的质量监控机制等[①]。与模式Ⅰ相比,模式Ⅱ主要具有以下典型特征:知识生产更多地置身于应用情境,并开始在整个社会弥散;知识生产以跨学科或超学科的方式进行,最终解决办法的形成通常会超越任何单一的学科;知识生产具有异质性和组织多样性,要求围绕不同问题情境构建工作团队,并形成灵活的、非制度化的组织网络;知识生产的整个过程中会渗透进社会问责机制,使得所有的参与者更加具有反思意识;知识生产的质量控制不再由一套传统的标准来决定,而是鼓励同行评议体系之外的更广泛的社会主体(包括政府部门、企业、社会公众等)参与评议。

---

① 迈克尔·吉本斯,等.知识生产的新模式:当代社会科学与研究的动力学[M].北京:北京大学出版社,2011:1.

就此而言,德国应用科学大学所开展的应用性研究具有典型的模式 II 特征,其所开展的研究无疑是以应用为导向的,并围绕问题的解决组建跨学科的工作团队,而对于研究成果的评价需要在更广泛的社会层面来检视。为了提高知识生产的水平与学术研究的深度,应用科学大学提出获得独立博士学位授予权的诉求自然也在情理之中。但需要注意,在"泛化"的社会评议标准下,由于研究质量不再完全由学术精英主导的同行评议控制,如何防止研究质量的下降值得深思,这也是综合性大学担心应用科学大学获得独立博士学位授予权会导致博士研究生培养质量下滑的根源所在。至此,需要明确的是,应用科学大学获独立博士学位授予权的"合法性"是毋庸置疑的,但需要建立严格的质量监控机制,以保障博士研究生的培养质量。

### 二、新知识生产模式下的"共生"关系辨析与合作方式展望

知识生产模式的变迁,并非是一个彻底的"革命"的过程,新知识生产模式的产生并不意味着要完全否定传统知识生产模式。亦即知识生产模式的这种转型,并不意味着模式 I 将完全为模式 II 所取代。相反,在很长一段时间内,模式 I 与模式 II 将"共生"于社会科学研究领域。虽然由于研究范式的不同会滋生出相应的矛盾,但是仍然可以通过彼此之间相辅相成的关系来调和矛盾。正所谓"科学为源、应用为流",二者紧密相关,缺一不可。没有模式 I,就没有模式 II。传统的以学科为中心的知识生产模式,即模式 I 是模式 II 的基础和内在动力,在模式 I 的基础上开展模式 II 的知识生产,是现代知识生产模式发展的必然趋势①。尤其是在当今时代,科学与应用之间的界限也同样变得愈发模糊,综合性大学的基础性学科会有应用方向研究,应用科学大学的应用性学科也会有基础科学研究。

由于知识生产模式的变迁,在一些以知识生产为基础的社会科学领域活动中,势必会产生传统知识生产模式与新知识生产模式的博弈,迫切需要处理好二者之间的矛盾问题。这也就不难解释为什么在博士学位授予权的争议问题上,综合性大学与应用科学大学会意见相左。在博士学位授予权的争议问题上,应用科学大学作为利益边缘群体,怀着"利益均沾"的心态,急于在博士学位授予权上"分得一杯羹";而综合性大学作为既得利益者必然会担心,如果不能捍卫博士学位授予权这座"最后堡垒",无疑会带来利益上的损失,也将难以"独领风骚"。在前文中我们已经阐明,二者之间矛盾的

---

① 李志锋,高慧,张忠家. 知识生产模式的现代转型与大学科学研究的模式创新[J]. 教育研究,2014(3):55-63.

症结并不在于"非此即彼",而在于如何"相处",即如何处理好二者之间的微妙关系。

在库恩看来,科学发展过程中会出现不符合常规科学传统的"反例"。这种"反例"一开始或者不受到重视,或者遭到排斥。但是一旦这种反例频繁出现,就会引起科学家们的关注,从而产生一种原有范式的"危机意识"。对于科学的发展或科学知识的增长,一条重要的规则就是对"反例"的宽容和尊重,而不是对它们的压制和排斥[1]。应用科学大学获得独立博士学位授予权一事也正如库恩所指的"反例",从促进时代进步的立场出发,我们同样也需要给予其宽容和尊重。在新知识生产模式下,既然模式Ⅰ和模式Ⅱ可以"共生",那么作为知识生产外在表征的综合性大学与应用科学大学也完全可以维持"共生"的关系。具言之,在这种合作关系下,综合性大学可以为应用科学大学的应用性研究提供"源"的支持,应用科学大学也可以加快推动综合性大学的基础性研究成果转化,使其"流"向社会,进而为社会提供更高质量的教育服务。

目前来看,虽然德国社会各界对应用科学大学获独立博士学位授予权一事仍存有争议,但赋予应用科学大学独立博士学位授予权无疑已成为大势所趋。由于秉承"高层次而非大众化"的原则,能够获得博士学位授予权的仅涉及部分优势专业领域与科研能力强的教授,这可以在一定程度上保障应用科学大学博士研究生的培养质量,而且也有利于进一步完善德国的高等教育体系与专业学位研究生教育体系。与庞大的综合性大学博士研究生队伍相比,应用科学大学申请攻读博士研究生的数量相当有限,赋予个别应用科学大学独立博士学位授予权,并不会从根本上造成其办学特色的丧失,亦不会对高等教育经费配置的平衡产生太大影响。在后现代社会新知识生存模式下,综合性大学与应用科学大学应该果断搁置关于独立博士学位授予权的争议。质言之,如果双方能够就此"偃旗息鼓",加强合作,携手并进,很有可能产生"1+1>2"的实际效果,并最终达到新旧两种知识生产模式"共生共荣"的理想境界。

反思德国应用科学大学获独立博士学位授予权这一争议事件,也会对我国当前阶段的教育改革有所启发。就体系划分来看,应用科学大学在德国横跨职业教育与高等教育两个体系,独立博士学位授予权的获得为职业教育体系的学生打通了成长上升的渠道。按照《现代职业教育体系建设规划(2014—2020年)》的要求,我国提出将专业学位研究生教育纳入现代职业教育体系。然而,虽然目前我国也有所谓的专业学位博士,但是与德国相比,我国的专业学位博士却显得不够"专业",突出表现为仍具有较强

---

[1] 石中英.知识转型与教育改革[M].北京:教育科学出版社,2001:192.

的学术性特征,缺乏实践意识与能力的培养,亟待提高其专业性。另外,从优化高等教育结构体系的角度出发,发展技术应用型本科教育也成为新时期我国高等教育改革的焦点。该争议事件启示我们,在发展技术应用型本科教育过程中,不能将基础性研究与应用性研究完全剥离开来,切莫只关注应用性研究,而不再关注基础性研究。需要明确的是,发展技术应用型本科教育,理应实现基础性研究与应用性研究的有机结合。

# 第五章　英国推进职业教育教师培养改革的政策分析

英国政府对职教师资培养的正式关注始于20世纪90年代后期[①]。在此之前,虽然政府对师范教育计划进行了管理并给予了资助,但从未对职教教师的资格或标准做任何法令规定。职教师资的培养多为自发性的,且培养方式不规范,质量参差不齐。然而,在近二十年的发展过程中,英国职教师资培养经历了一系列改革变化,培养体系体现出了鲜明的特征。本章拟对近二十年英国职教师资培养的变革历程、现有体系进行阐述,并对英国职教师资培养的主要特征进行分析。

## 第一节　英国职教师资培养的变革历程及趋势

从20世纪90年代后期至今,英国政府对职教师资培养的要求和监管态度在不断变化和反复,在短短近二十年的时间里经历了"尝试监管""强化监管"和"弱化监管"三个不同的发展阶段。

### 一、政府尝试监管阶段(20世纪90年代后期至2001年)

1992年,英国《继续教育与高等教育法案》[②]出台,提出给予继续教育学院更多的

---

① 除特别说明外,本书中"英国"主要指的是英国英格兰地区(England),"师资培养"指的是初始教师教育(Initial Teacher Education)。
② 英国"继续教育"(Further Education)是个极其复杂的教育系统,通常是为超过义务教育年龄(一般为16岁及以上)的青少年提供学术轨或职业轨教育。学术轨教育主要是为学生参加高等教育做准备,职业轨教育主要是培养学生具备步入职业生涯所必需的知识和技能,并向他们提供相应的资格证书等。英国继续教育的外延要大于职业教育,而职业教育是英国继续教育中最主要的成分。因此,在英国,"职业教育"通常被包含在"继续教育"里进行讨论。

自主权。这反而使得职教师资培养不规范化程度加剧,继续教育学院为控制经费甚至将师资培养的支出削减至总预算的1‰以下[1]。为提高继续教育部门师资的质量,1996年英国教育与就业部成立了继续教育教职工发展论坛,旨在为继续教育学院中的所有职位制定一套国家标准。基于此论坛的反馈,1999年英国继续教育国家培训组织颁发了《继续教育部门教学和学习支持的国家标准(英格兰和威尔士地区)》。这套标准较为宽泛,分别从专业知识、教学关键领域、个人技能和品质三个维度提出了共15条具体能力标准,这是英国首次尝试针对继续教育学院教师这一群体制定的国家标准。此后,2000年终身学习国务大臣颁布了关于"继续教育教师强制性教学资格"的咨询文件。2001年9月起,英国教育与技能部对所有新入职的继续教育学院教师实施强制性教学资格要求,由教育标准办公室负责监管新教师培训[2]。这一阶段是英国政府对职教师资培养进行监管的尝试阶段,与过去的放任态度相比,这可谓是一大进步。然而,在这一尝试阶段,英国继续教育学院对国家标准的应用还为时过早,且强制性教学资格这一国家规则也很难适用于多样化的、雇佣方式灵活的继续教育学院。人们对此标准和管理规定褒贬不一,继续教育学院为了使职业教育的教学能及时应对劳动力市场需求,仍然直接从工业界招聘不具备教学资格的人员。

## 二、政府强化监管阶段(2002—2011年)

为进一步加强对继续教育部门师资培养的监管力度,2002年学习研究所成立,该机构是针对继续教育部门教师专业发展的一个自发性专业组织。2003年,女王陛下视察团颁布了一份关于全国继续教育部门的新教师培训报告,指出基于1999年标准的教师培训体系并未对新任教师的教学能力发展提供适当的支持与机会[3]。为此,2004年英国教育与技能部颁布了《教师面向未来:学习与技能部门新任教师培训改

---

[1] YOUNG M, LUCAS N, SHARP G, et al. Teacher education for the further education sector: Training the lecturer of the future [R]. London: Institute of Education Post-16 Education Centre/Association for Colleges, 1995.

[2] LUCAS N. The 'FENTO Fandango': National standards, compulsory teaching qualifications and the growing regulation of FE college teachers[J]. Journal of Further and Higher Education, 2004(28): 35-51.

[3] OFSTED (Office for Standards in Education). The Initial training of further education teachers: A survey[R]. London: OFSTED, 2003.

革》,该文件提到要为整个继续教育体系制定一套新的教师标准①。之后,英国政府要求英国终身学习委员会着手制定这一专业标准,并于2006年最终颁布了《终身学习部门教师、指导老师和培训者的专业标准》。该标准共分为专业理念与实践、学习与教学、专业学习与教学、规划与学习、学习评价、学习进阶6个领域,以及专业理念、专业知识、专业实践3个维度和166条具体能力标准②。为了配套该标准,2007年英国终身学习委员会进一步出台了继续教育部门的教师资格制度,制定了面向不同群体的三种教师资格,并指定学习研究所作为强制性资格认证机构。2008年,监管力度进一步加大,英国终身学习委员会要求开展继续教育部门新教师培训项目的所有高等教育机构,都需要经过子部门英国标准审查委员会的认证,同时由该委员会负责年度督查。2011年,英国终身学习委员会和英国标准审查委员会被撤销,由英国学习和技能提升服务部门和学习研究所代替并负责相应职能。这一阶段是英国政府对职教师资培养监管的强化阶段,政府采取了一系列措施促进了职教师资培养的发展:专业标准进一步细化,教师资格适用对象范围进一步拓宽,教师培训的认证和管理制度也得到了进一步完善。但是,政府强化监管的举措也受到了人们的批评,人们发现"合格的"教师数量有了显著提升,但教师质量却未获得真正意义上的改进。政府外部监管力量的强制介入反而使得职教师资的培养只关注对国家标准和教师资格要求的服从,而忽略了对教师培养课程开发本身的关注。

### 三、政府弱化监管阶段(2012年至今)

2012年,英国政府成立了专家组对继续教育部门的教师专业发展情况进行了调研,并发布了《林菲德(Lingfield)关于继续教育部门专业化发展的独立评论》。该报告认为,继续教育部门教师的专业化发展因外部政府监管力量的大幅介入反而被弱化,因此建议应由雇主自行决定适应教师和学校发展的教师资格要求。之后,英国商业创新与技能部对继续教育部门的教师资格进行了讨论,要求英国学习和技能提升服务部

---

① DES (Department for Education and Skills). Equipping our teachers for the future: reforming Initial teacher training for the learning and skills sector [EB/OL]. [2022-10-01]. http://webarchive.nationalarchives.gov.uk/20130401151715/http://www.education.gov.uk/publications/eOrderingDownload/ITT_Reform_1.pdf.
② LLUK (Lifelong Learning UK). New overarching professional standards for teachers, tutors and trainers in the lifelong learning sector [EB/OL]. [2022-10-01]. http://www.et-foundation.co.uk/wp-content/uploads/2014/04/new-overarching-standards-for-ttt-in-lifelong-learning-sector.pdf.

门进一步简化并重新定义教师资格。2013年9月后,继续教育部门的教师必须具备资格证书的用工要求被全面废止。自此后,职教教师资格不再是必需,雇主可自行决定教师的任职资格和教师的专业发展路径。同时,英国学习和技能提升服务部门为简化2007年版的教师资格,于2013年颁布了新的《继续教育与技能部门的教学与培训资格(英格兰地区)》。随后,英国学习和技能提升服务部门和学习研究所先后被撤销,由教育与培训基金会替代并执行相关职能。同样,英国教育与培训基金会对2006年的标准进行了修订,并于2014年颁布了《教育与培训部门的教师专业标准(英格兰地区)》,这套标准大大简化了原来的标准内容。这一阶段是英国政府对职教师资培养监管的弱化阶段,政府不仅废除了2007年以来对职教教师资格的强制性规定,将该权力重新交给了雇主,还修改了以往复杂的专业标准和教师资格内容,从而更加贴合雇主的需求。这一阶段人们对此举措的支持和反对声音并存,一方面雇主认为职教教师具备先进的技术技能比资格本身更重要,因此雇主应拥有职教教师选择和培养的自主权;另一方面职教师资培养单位却认为,政府监管的弱化会导致教师质量和教师专业化发展水平的下降。

**四、未来发展趋势**

纵览英国职教师资培养发展历程,可以发现英国政府主要是通过制定教师的专业标准和教师资格制度两方面来加强对职教师资的培养。但由于政府过于强调标准和教师资格制度的应用,使得职教师资培养的效果并不理想。因此,在过去短短约二十年的时间里,英国政府对职教师资培养的监管迅速走过了"尝试""强化"和"弱化"三个阶段,每一阶段的褒贬声音不断。目前,英国职教师资的培养似乎又回到二十年前的"自发性"状态。那么,今后还会走入下一个循环吗?答案是否定的。很显然,目前英国政府对职教师资培养的监管弱化已完全不同于二十年前的放任态度。虽然政府不再对教师资格实行强制性规定,但通过过去的监管和改革举措,目前大多数职教教师都具备了(或正在接受培训准备获得)相应的教师资格,且大多数具有本科及以上的教育水平,继续教育学院和职教教师的专业化发展已经超越了政府宏观把控的需要。在未来,英国政府针对职教师资的培养将改变过去从上至下的政策推行方式,而更加关注如何为其提供更便利的政策框架和更大的发展空间;雇主和职教教师培养单位也将改变过去对国家标准和教师资格制度的简单服从,转变为更加关注教师本身理论教学、工作实践和团队合作的"三元"协调发展①。

## 第二节 英国职教师资培养的体系

虽然目前英国政府不再对职教教师的资格做强制性规定,但英国教育与培训基金会仍然制定了职教师资培养的专业标准与资格证书框架。在该标准和证书框架的指导下,各师资培养单位开展了一系列的职教教师教育与培训课程,反映了英国职教师资培养体系中的培养目标、培养方案及培养内容三大核心要素。

### 一、英国职教师资培养的专业标准

2014年,英国教育与培训基金会颁布的《教育与培训部门的教师专业标准(英格兰地区)》大大简化了原来太过繁杂且不利于操作的标准内容。该标准是继1999年首次针对继续教育学院教师颁发国家标准以来的第三版,英国教育与培训基金会通过与教师和培训师团体合作,调查并访谈了超过950名教师和培训师,从而开发并制定了该标准。该标准以"双重专业化"为核心概念,要求职教教师既要是行业专家又要是教学专家,反映了优秀的教学和培训中最基本的能力要求;标准内容还与职教教师资格内容进行了对照,体现了专业标准与资格证书之间的紧密联系②。

从内容上来看,该标准仅有两级指标,分为3个维度:专业理念与态度、专业知识与理解、专业能力,共20条具体能力标准(见表5-1)。"专业理念与态度"维度要求教师能对教学中的有利因素和不利因素进行判断;"专业知识与理解"维度要求教师能挖掘理论与实践中具有深度影响力的、批判性的知识;"专业能力"维度要求教师能发展自己的专门技术和技能,以保证学习者的最佳学习效果。

---

① HODGSON A, SPOURS K. The Future for FE colleges in England: The Case for a New Post-incorporation Model[M]//Hodgson (Ed.). The Coming of Age for FE?. London: IOE Press, 2015: 199-219.
② ETF (Education and Training Foundation). Initial guidance for users of the professional standards for teachers and trainers in education and Training-England [EB/OL]. [2022-10-05]. https://www.ncfe.org.uk/media/3qgjj0ge/etf-prof-standards-guidance.pdf.

表 5-1 英国《教育与培训部门的教师专业标准(英格兰地区)》具体内容

| 维度 | 具体能力标准 |
|---|---|
| 专业理念与态度 | 1. 反思如何在教学中最大化地满足学习者的多样化需求；<br>2. 对教学实践、价值观和信仰做出评价并提出挑战；<br>3. 通过展现激情和传授知识来激发和鼓舞学习者；<br>4. 创新性地选择并运用能帮助学习者学习的策略；<br>5. 重视并促进社会和文化的多样性、平等性和包容性；<br>6. 在同事和学习者之间建立积极合作的关系。 |
| 专业知识与理解 | 7. 掌握并及时更新专业领域的知识；<br>8. 掌握并更新实证实践所需的教育研究的知识；<br>9. 利用研究或相关证据将有效实践的理论运用到教学、学习和评估中；<br>10. 与他人一起评估教学实践及其对学习的影响；<br>11. 管理并督促积极的学习者行为；<br>12. 理解自己的教学和专业角色，以及责任。 |
| 专业能力 | 13. 激发、鼓励学习者提升学业成绩，开发学习者的技能以获得进步；<br>14. 在安全和包容的环境下为不同学习小组或个人规划并实行有效的学习方案；<br>15. 充分利用现代技术的优势，并指导学习者使用现代技术；<br>16. 满足学习者对数学和英语的需求，创造性地帮助个体克服学习困难；<br>17. 督促学习者对他们自身的学习和评估承担责任，并帮助他们设定具有发展性和挑战性的目标；<br>18. 使用合适的、公平的评估方法，向学习者提供建设性的和及时的反馈以帮助他们获得进步和成就；<br>19. 与雇主合作，更新教学、培训中的专业知识和职业技能；<br>20. 与他人合作，促进组织的发展及质量提升。 |

(资料来源：ETF (Education and Training Foundation). Professional Standards for Teachers and Trainers in Education and Training-England [EB/OL]. [2022-10-05]. http://www.et-foundation.co.uk/wp-content/uploads/2014/05/4991-Prof-standards-A4_4-2.pdf.)

## 二、英国职教师资培养的资格认证

英国职教师资的培养结果和教师资格证书的认证与颁发紧密相关。英国只有颁证机构和高等教育机构能够认证并颁发职教教师资格证书。颁证机构需根据资格学分框架①中的资格等级名称、单元模块、组合规则及相关指南来开发相应的资格证书，

---

① 英国最新的改革举措是,英国资格与考试管理办公室于 2015 年 9 月发布了新的资格框架——规范资格框架(Regulated Qualifications Framework, RQF),用于代替延续七年之久的资格学分框架(QCF)。目前,RQF 已于 2015 年 10 月 1 日开始正式实施,QCF 已在 2015 年 9 月 30 日被终止。新的 RQF 将入门级分为了三个水平,因此共包括了从入门 1 级到水平 8 一共 11 个等级,而其他层级则没有变化。

由英国资格与考试管理办公室监督管理。高等教育机构则不需要按照上述要求和规则来开发资格证书,但需要开发与资格学分框架中的资格一样规模和等级的资格证书,且要涵盖相同的内容并满足相同的教学实践要求。教师资格证书由高等教育机构颁发并赋予其法律效力,且必须遵照高等教育资格框架的要求。

目前,英国英格兰地区共有约37家颁证机构和39家高等教育机构,颁发上千种职教教师资格证书,根据资格学分框架的水平等级结构,可大致归纳为认证、证书、文凭、高级文凭、专门文凭,具体为:(1) 教育与培训认证。获得该资格需要完成1—2周的短期课程,课程内容包括教学导论、课程规划和教学实践等方面,通常在继续教育学院中开展,由颁证机构认证并颁发该资格。(2) 教育与培训证书。获得该资格需要完成6个月的短期课程,主要面向从事培训的学员(课程开发和设计除外),通常在继续教育学院中开展,由颁证机构认证并颁发该资格。(3) 教育与培训文凭。获得该资格需要完成两年的在职非全日制的课程,课程内容与面向义务教育阶段后的研究生教育证书课程和教育证书课程相似。通常在继续教育学院和私立培训机构中开展,由颁证机构认证并颁发该资格。(4) 高级文凭指的是由高等教育机构颁发的面向义务教育阶段后的职教教师资格证书,包括研究生教育证书和教育证书。研究生教育证书课程是指在获得第一学位后还需完成一年的研究生课程,而教育证书课程则是本科层次的课程。两类资格课程通常在大学中开展并获得认证,也可通过高等教育机构授权或合作的形式在继续教育学院中开展。研究生教育证书课程通常为一年的全日制课程,也可是非全日制或远程教育课程,大学中的研究生教育证书课程通常是职前教育课程,而在被授权的继续教育学院中开展的主要是在职培训课程;教育证书课程主要是面向在职培训,授课形式为非全日制,通常持续时间1—3年不等。(5) 专门文凭通常指的是英语/其他语种者的英语、数学、特殊教育教学方面的教师资格证书。该类证书课程所培养的教学技能与研究生教育证书和教育证书课程一致,但还包括了英语、数学和特殊教育的教学模块[1]。

需要指出的是,由于高等教育机构在职教教师资格证书的认证和颁发方面具有一定的自治性,因此不同的高等教育机构所颁发的职教教师资格证书的名称、水平等级等都会有所差别。表5-2列举了2012—2013年度英格兰地区具有颁发职教教师资格证

---

[1] ETF (Education and Training Foundation). Initial teacher education provision in FE and skills [EB/OL]. [2022-10-05]. http://www.et-foundation.co.uk/wp-content/uploads/2015/07/ITE-data-report-FINAL. Pdf.

书资格的颁证机构和高等教育机构数。

表 5-2  英国职教教师资格证书的颁证机构和高等教育机构数(单位：所)

| 证 书 类 型 | 颁证机构数 | 高等教育机构数 | 小 计 |
|---|---|---|---|
| 教育与培训认证 | 37 | 2 | 39 |
| 教育与培训证书 | 25 | 15 | 40 |
| 教育与培训文凭 | 14 | 23 | 37 |
| 高级文凭(研究生教育证书和教育证书) | 0 | 37 | 37 |
| 专门文凭(英语/其他语种者的英语) | 4 | 16 | 20 |
| 专门文凭(数学) | 3 | 13 | 16 |
| 专门文凭(特殊教育) | 2 | 3 | 5 |

(资料来源：ETF (Education and Training Foundation). Initial Teacher Education Provision in FE and Skills [EB/OL]. [2022-10-05]. http://www.et-foundation.co.uk/wp-content/uploads/2015/07/ITE-data-report-FINAL.pdf.)

### 三、英国职教师资培养的课程设置

目前，英国英格兰地区共有 829 家单位开设职教初始教师教育课程，包括 39 家高等教育机构、340 家继续教育学院、340 家私立培训机构以及 110 家成人与社区学习机构。表 5-3 列举了 2014—2015 年度开展不同职教教师资格证书课程的师资培养机构数，以及对应的学习者占该类课程总人数的百分比(2013—2014 年度)。总体上来说，81%的课程是非全日制课程(非学习者人数的比例)；继续教育部门中 75%的文凭或高级文凭课程，以及高等教育机构中 52%的教师教育课程均是在职教师教育课程[1]，这也反映了学习者在职参加培训的需求。

除高等教育机构可以自己独立开设职教师资培养课程外，其他机构都必须获得颁证机构或者高等教育机构的授权。可见，高等教育机构是英国职教师资培养的重要组成部分。英国伍尔弗汉普顿大学开设了职教教师教育证书/专业教育证书课程和研究

---

[1] ETF (Education and Training Foundation). Initial teacher education provision in FE and skills [EB/OL]. [2022-10-05]. http://www.et-foundation.co.uk/wp-content/uploads/2015/07/ITE-data-report-FINAL.Pdf.

生教育证书课程,颇具代表性。接下来拟以英国伍尔弗汉普顿大学为例,阐释英国职教师资培养的课程内容设置。

表5-3 英国开展不同课程的职教师资培养机构数和学习者所占百分比

| 机构类型 | 提供初始教师教育课程机构数（百分比） | 提供认证课程的机构数（百分比） | 提供证书课程的机构数（百分比） | 提供文凭或高级文凭课程的机构数（百分比） |
|---|---|---|---|---|
| 高等教育机构 | 39(4%) | 5(<1%) | 15(3%) | 37(26%) |
| 继续教育学院 | 340(61%) | 340(56%) | 107(80%) | 197(66%) |
| 私立培训机构 | 340(23%) | 340(29%) | 31(9%) | 22(8%) |
| 成人与社区学习机构 | 110(12%) | 110(15%) | 11(8%) | 8(<1%) |
| 总计 | 829(100%) | 795(100%) | 164(100%) | 264(100%) |

(资料来源：ETF (Education and Training Foundation). Initial Teacher Education Provision in FE and Skills [EB/OL]. [2022-11-05]. http://www.et-foundation.co.uk/wp-content/uploads/2015/07/ITE-data-report-FINAL.pdf.)

**(一) 教育证书/专业教育证书课程设置**

英国伍尔弗汉普顿大学的教育证书/专业教育证书课程是在职培训课程,针对的是已在继续教育部门中获得教职且想通过非全日制学习获得证书的学员。两种证书的课程内容一致,学习期限为两年,区别在于学员是否已获得学士学位。教育证书针对的是没有学士学位的学员,培训第一年相当于资格学分框架中的水平4(即学士学位学习的第一年),第二年相当于水平5(即学士学位学习的第二年);专业教育证书针对的是已有学士学位的学员,培训第一年相当于资格学分框架中的水平5(即学士学位学习的第二年),第二年相当于水平6(即学士学位学习的最后一年)。该类课程共有6个模块,每个模块均占20学分(见图5-1)。第一年的培训学习共有3个课程模块,包括：(1)导论——如何在终身学习部门教学：该模块帮助学员探索学习的本质以及教师的作用等；(2)教师专业发展1：该模块基于批判性反思的理念,旨在提高在职教师专业领域的教学技能和知识；(3)专业学习：该模块旨在帮助学员识别专业领域的关键或具挑战性的教学问题。第二年的培训学习也有3个课程模块,包括：(4)课程、政策和实践：该模块旨在帮助学员了解当代政治思维与政策对专业教学实践的直接影响；(5)教师专业发展2：该模块是"教师专业发展1"模块的进一步深化和发展;(6)专业学习与在线学习:该模块旨在探索现代技术对后义务教育阶段教学的影响①。

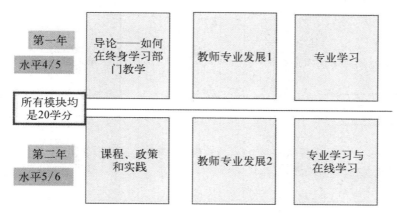

图 5-1　英国伍尔弗汉普顿大学教育证书/专业教育证书课程模块

(资料来源:University of Wolverhampton. In service Mentor Webfolio [EB/OL]. [2015-11-28]. http://eportfolio.wlv.ac.uk/viewasset.aspx? oid=1322609&type=webfolio.)

### (二) 研究生教育证书课程设置

英国伍尔弗汉普顿大学的研究生教育证书课程是职前教育课程,学员通过全日制学习完成相关课程后获得证书,进而在继续教育部门找到教职。该类课程学习期限为一年,证书水平相当于资格学分框架中的水平6和水平7之间,即学士学位与硕士学位水平之间。该类课程共有6个模块,每个模块均占20学分(见图5-2),包括:(1)导论——如何在终身学习部门教学:该模块旨在帮助学员了解终身学习部门的不同政策和要求、不同情境和课程;(2)情境化学习:该模块的重点在于开发教师专业领域的学习资源;(3)自我认同的建构:该模块与"自我认同的反思"及"个人与专业发展"模块一起构成了研究生教育证书课程的核心内容,帮助新教师在计划、教学、学习评估及反思性实践技能发展等方面打下基础;(4)个人与专业发展:该模块包含了如何制定个人行动计划等实用性元素和反思性教学等理论性元素;(5)政治、政策和实践:该模块旨在帮助学员探索政策对继续教育的影响;(6)自我认同的反思:该

---

① University of Wolverhampton. In service Mentor Webfolio [EB/OL]. [2023-11-10]. http://eportfolio.wlv.ac.uk/viewasset.aspx? oid=1322609&type=webfolio.

模块旨在帮助新教师在计划、教学、学习评估及反思性实践技能发展等方面提出反思①。

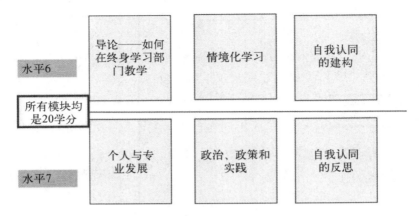

图 5-2 英国伍尔弗汉普顿大学研究生教育证书课程模块

(资料来源：University of Wolverhampton. Official PGCE PCE Admin Webfolio 2014/2015 [EB/OL]. [2022-10-05]. http://eportfolio.wlv.ac.uk/viewasset.aspx?oid=4285787&type=webfolio.)

## 第三节 英国职教师资培养的主要特征

英国职教师资的培养体系还在不断发展和完善中，但在短短近二十年的时间里，英国职教师资的培养体系已体现出了鲜明的特征。

### 一、宽泛通用的专业标准

从英国职教师资培养的变革历程来看，政府对职教教师资格证书的法令要求经历了"尝试—强化—废止"的过程，相应地，英国职教教师专业标准的能力要求也经历了"宽泛—细化—宽泛"的过程。如今，政府大大简化了职教师资专业标准的能力要求，且不对职教教师资格做强制性规定。专业标准只反映了继续教育部门中教学和培训的核心原则和基础能力标准，且不对不同部门、不同专业的标准进行区分。这使得该

---

① University of Wolverhampton. Official PGCE PCE Admin Webfolio 2014/2015 [EB/OL]. [2023-11-10]. http://eportfolio.wlv.ac.uk/viewasset.aspx?oid=4285787&type=webfolio.

标准可以有多种不同的使用途径：教师和培训师能简单、个性化地将该标准用于自身专业发展，师资培养单位可在规划、开发教师教育与培训时及雇主在评估实习教师时使用该标准框架。可以说，这种宽泛通用的职教师资专业标准正是反映了英国崇尚新自由主义的特点，政府只对职教师资的培养目标制定框架，而最终将该权力交给了雇主本身，体现了职教师资培养的"市场化"机制。

## 二、分层级的资格证书体系

英国职教教师教育主要在高等教育机构、继续教育学院、私立培训机构，以及成人与社区学习机构中开展。学员可选择任一路径，完成相关课程后获得颁证机构和高等教育机构颁发的教师资格证书，成为一名"合格的"职教教师。虽然英国有上千种不同名目的职教教师资格证书，但只有颁证机构和高等教育机构具备颁发职教教师资格证书的资格，且资格证书的水平与资格学分框架的等级进行对应，形成了一个从水平3到水平7的纵向、分层级的职教教师资格证书体系。该资格证书体系对不同水平教师资格证书的入学条件、培训形式、学习时限、学分要求、模块内容、适用对象等做出了框架性的规定，教师可根据自身实际情况选择合适的教师资格证书课程，雇主也可自行决定招聘时的资格证书用工要求。值得指出的是，这种分层级的教师资格证书体系是建立在英国成熟的授权体系基础上的。虽然英国能开展职教师资培养课程的机构类型众多，但都必须获得颁证机构或高等教育机构两大"专业机构"的认证或授权，而职教教师资格证书也只能由这两类机构颁发，这就在促进职教教师资格证书"市场化"的同时体现了资格证书的"专业化"管理。

## 三、螺旋式的课程结构设计

英国的高等教育机构是唯一能对职教师资培养课程进行自我认证，并自行颁发职教教师资格证书的机构。因此，英国高等教育机构的职教师资培养课程设置具有一定的代表性。通过列举英国伍尔弗汉普顿大学职教师资培养的课程模块和内容，可以发现英国高等教育机构职教师资培养的课程呈现出螺旋式的结构设计特点：无论是教育证书/专业教育证书课程还是研究生教育证书课程，都注重将职教师资培养中普遍的、基本的概念和原理作为课程的中心，对应不同的资格水平编排了具有连续性的课程模块，同时能使该课程的知识结构与学员的认知水平相统一，重视知识和能力的螺旋形成过程。这主要体现在两个方面：一是学员的专业教学能力，两种证书课程都从专业教学技能和知识、专业教学问题、专业教学资源等方面设计了进阶性的课程模块,注重学员专业领域教学能力的螺旋式发展;二是学员的反思性教学能力,反思性实践贯穿于证书课程的各个模块中,是职教师资培养的核心,通过设置进阶性的课程模块,学员的反思性教学能力也得到了逐步发展。

## 第六章　澳大利亚 TAFE 学院 ICT 建设的政策分析

自从进入信息化时代,信息技术对社会生活的各个方面都产生了革命性影响。带着对信息技术引领教育变革的期待,世界各国都在不同程度地加大教育信息化的投入[①]。目前我国职业教育信息化建设已经取得了一定的成果,但是与国家"互联网＋"战略以及职业教育现代化的要求相比还有很大的提升空间[②]。《教育信息化 2.0 行动计划》指出,当前我国教育信息化建设中还存在"数字教育资源开发与服务能力不强,信息化学习环境建设与应用水平不高,教师信息技术应用能力基本具备但信息化教学创新能力尚显不足,信息技术与学科教学深度融合不高"[③]等问题。而在职业教育信息化建设中亦存在数字资源库建设不够完善、信息化学习环境不够完善即网络教学功能不突出、教师信息化教学能力创新不足以及信息通信技术与职业教育未达到深度融合等问题。接下来,将以澳大利亚新南威尔士 TAFE 学院(以下简称 TAFE NSW)为例,介绍澳大利亚信息通信技术(ICT)建设的政策实践,并分析其对我国职业教育信息化建设的启示。

## 第一节　TAFE 学院 ICT 支持下的数字资源库建设

TAFE NSW 数字库资源非常丰富,为了使学生能够更好地了解当前市场上行业

---

[①] 顾小清,王春丽,王飞.信息技术的作用发生了吗:教育信息化影响力研究[J].电化教育研究,2016(10):5-13.
[②] 赵志群,陈玉琪.德国职业教育教学信息化发展对我国的启示[J].电化教育研究,2018(4):109-114+121.
[③] 教育部.教育部关于印发《教育信息化 2.0 行动计划》的通知[EB/OL].[2018-04-18]. https://www.gov.cn/zhengce/zhengceku/2018-12/31/content_5443362.htm.

企业对技能的需求,TAFE NSW 专门购买了企业开发的数字资源库;为了进一步扩大受教育范围,学校开发了大量优质的在线课程资源,学生可以在任何时间、任何地点展开学习。

### 一、订阅购买的数字资源库

TAFE NSW 图书馆购买了全州范围内的订阅数据库资源,包括电子书、电子期刊、电子视频等,该学校的所有教职工以及每一个注册的学生都可以通过图书馆的线上网站访问所有的电子资源。而为了帮助学生更好地了解行业企业对技能技术的最新需求,学校专门订阅了企业开发的数据库资源。TAFE NSW 图书馆其中的一个订阅数据库 Lynda.com 是领英(LinkedIn)公司旗下的一个在线学习平台,旨在帮助会员实现个人和职业目标。TAFE NSW 图书馆购买了其团体会员资格,因而 TAFE 学院的教师和学生都可以通过 TAFE 账号登录 Lynda.com 获得里面的学习资源。当 Lynda.com 课程完成后,学习者将自动获得完成证书,并且可以打印证书以及将获得的证书分享到社交媒体上。

Lynda.com 是一个在线图书馆,提供 1 万多个在线课程和教学视频,这些视频由公认的行业专家讲授,涵盖最新的技术、创意和商业技能[1]。Lynda.com 提供五种语言的课程,其课程按照技能等级、主题、软件、公司或者按照科目以及职业规划路径等进行了系统化分类和整理,并且 Lynda.com 在线图书馆服务支持电脑和移动端访问,用户可以快速有效地找到自己需要的课程,大大提高了资源利用率。而 Lynda.com 除了可以为学生提供大量的在线学习资源之外,还可以为教师提供补充教学的服务,如教师可以通过将 Lynda.com 与翻转课堂相结合,使教学效率最大化,甚至教师可以让学生自己负责自己的学习进度,因为通过 Lynda.com 可以做到与学院的学习管理系统无缝衔接,学生能够更方便地组织和分配自己的学习时间与内容。

### 二、自主开发的课程资源库

TAFE NSW 同时为澳大利亚甚至世界提供着优质的远程教育服务,因此 TAFE NSW 开发了大量高质量的在线课程资源,这些课程通过澳大利亚学历资格框架为毕业生提供全国认可的资格证书,并且这些资格证书在澳大利亚甚至国际上都受到业界

---

[1] TAFE NSW. About TAFE NSW[EB/OL].[2023-11-10]. https://www.tafensw.edu.au/international/about/about-tafe-nsw.

的高度重视。TAFE NSW 已经提供远程教育超过 100 年,是澳大利亚最大的远程教育提供商,他们提供远程教育的途径就是在线学习系统——TAFE Digital。TAFE Digital 提供了动物、农业与环境研究、艺术、设计与数字媒体、航空与海事、建筑、施工和财产等 13 个行业领域的课程选择,共涵盖超过 250 种行业相关的 1200 多种课程,包括职业课程、短期课程、证书课程甚至是学位课程①。TAFE NSW 在课程首页设置了按关键词搜索、快速课程、免费培训、短期课程、热门课程、职业路径浏览等多种可以搜索到课程的途径,用户可以根据自己的需求快速找到相应的课程,进一步选择是获得文凭还是获得证书。无论用户身处何处,都可以随时获得 TAFE Digital 的高质量的在线培训课程。

## 第二节　TAFE 学院 ICT 支持下的信息化学习环境建设

澳大利亚从 1993 年起就开始部署灵活学习框架,通过多次制定并实施 2000—2004 年、2005—2007 年、2008—2011 年灵活学习框架,逐步完成了重要基础设施、资源、标准和数据库等的建设,并在此基础上进一步提高 ICT 在职业教育与培训中的应用层次。在这一背景下,作为澳大利亚最大的职业教育与培训机构,TAFE NSW 通过信息化学习环境的建设为学生的灵活学习需求提供了有力保障。

### 一、灵活学习需求

参与职业教育与培训的群体有着多样化的需求,为了帮助学习者打造个性化的培训计划、提供更大的选择范围,也包括为特殊人群例如残疾人士、边缘青少年、社交恐惧症人群等弱势学习群体提供继续学习的机会,TAFE NSW 为学习者打造了灵活学习方式。在 TAFE NSW,学习者根据自身条件可以选择灵活的学习方式,自己控制学习进度、地点和时间。地点上,学生可以选择在课堂上学习,也可以选择在工作场所学习,或选择任何可进行线上学习的场所。时间上,学生若选择全日制学习,则必须每周在教室里至少学习 18 个小时;选择兼职学习,则可以选择白天、晚上或者周末进行学习。形式上,可以完全通过线上的学习,也可以通过混合的方式进行学习,即在线学习与面对面学习结合。

---

① TAFE Digital. About us:Why TAFE digital? [EB/OL]. [2023-11-10]. https://www.tafensw.edu.au/digital/why-tafe-digital/about-us.

同时，TAFE NSW 致力于为残障人士提供高质量的服务和支持：TAFE NSW 残疾支持部门的教师顾问随时在线帮助残疾人提供入学课程建议；提供学习材料并协助他们进行学习时间的管理；组织考试和作业的特殊安排。通过这些方式，TAFE NSW 能够证明它对盲人或有视力障碍、耳聋或听力受损、有智力或学习障碍、患有精神或身体慢性疾病的学生开放，并且残疾学生满足一定条件还可以获得免费的入学资格。

**二、信息化学习环境建设**

信息通信技术可以为每个人提供教育，它们特别有助于满足农村偏远地区和社会经济条件不利的社区的需求，人们可以在工作或退学之后返回学习，以及人们在流离失所、裁员或监禁后重新学习。为了满足学生的灵活学习需求，TAFE NSW 通过开发线上支持工具和建设线下数字化学习空间，保证了学生随时随地以多种方式进行灵活的学习。

**（一）线上支持工具**

首先，TAFE Digital 是 TAFE NSW 提供远程教育的在线学习系统，TAFE Digital 结合了以前所有的 TAFE NSW 在线学习平台（包括 OTEN、TAFEnow 和 TAFE Online）中的精华，具备极其灵活的交互功能，能够快速链接到 Facebook、推特、YouTube 等社交网站，支持电脑和移动端随时随地访问，网站还提供包括英文、广东话、荷兰语等 15 种语言在内的音频或文字介绍。为了更好地服务进行远程教育的学生与教师，TAFE Digital 专门开发了多个支持工具：TAFE Digital 开发的在线学习支持网站（Online Learning Support，OLS）为所有 TAFE Digital 学生提供全天候在线支持[①]，是学生和教师通过 ICT 来支持学习和相互联系的地方。学生可以通过个人电脑以及手机、平板等移动端随时随地访问 OLS，获取需要的所有在线学习资源、查看作业并在线提交、检查自己的课程学习进度、参与同学们的在线讨论等；教师则可以通过 OLS 给学生发布任务以及随时查看学生的作业提交情况。每当学生提交作业时，系统会自动向他们发送鼓励电子邮件。如果学生被确定为未在设定的时间范围内完成作业，则系统不仅会发出自动提醒，还会为学生提供有关的学习资源辅助其完成作业。如有必要，工作人员还会跟进个人电话。

TAFE Digital 还开发了学生管理系统（The Student Administration and Management

---

① TAFE Digital. Online study support［EB/OL］.［2023 - 11 - 10］. https：//oten. tafensw. edu. au/support-services/online-study-support/.

System，SAM），通过 SAM 能够有效地管理其远程学生以及相关教师，它可以为每个学生提供全面的、可审计的活动记录以及聊天记录，并每年管理着超过 30 万个学习资源项目。另一个 TAFE Digital 定制设计的在线工具是 Your Decision，它可以帮助新来的学生评估远程学习是否适合他们的需求和环境。这个互动平台提供视频、课程试听和自我反思工具，帮助学生选择正确的课程，使其学会自我学习和自我管理等。

TAFE Digital 的包容性数字环境不仅使用户可以轻松访问 TAFE NSW 的广泛学习资源，还可以通过实时虚拟教室、论坛和聊天机器人与教师和在线同学进行实时互动，成为学习社区的一部分。TAFE Digital 还提供多媒体的最新技术，包括虚拟现实和增强现实模拟练习，用户可以通过数字化方式练习实践技能。

### （二）线下支持空间

与线上空间对应的是，TAFE NSW 在新南威尔士州城镇地区范围内最新建设了数字学习设施——互联学习中心（Connected Learning Centers，CLCs），这些学习中心通过与信息通信技术的结合扩大了教育范围，为更多的人提供了受教育机会。TAFE NSW 已经在新南威尔士州的十四个区域建立了十四个新的 CLCs，这些新的数字学习中心将帮助 TAFE NSW 课程面向更多地区及更多人群开放，这意味着学生不需要跑到市中心接受面对面学习或者混合学习，在当地社区就可以接受精英培训和一流教育。通过 CLCs，学生将有机会学习 TAFE NSW 在全州各地提供的任何课程。每个 CLC 都经过定制设计，用户可以利用现代的数字化技术，如模拟和虚拟现实体验等，接受模拟真实的工作环境以及针对未来短缺技能的相关培训。利用 CLCs 里面的硬件设备和 ICT 技术，学习者可以轻松访问来自 TAFE NSW 的大量学习资源，还可以远程访问现场和非现场教师，更好地获得教师的支持服务[①]。CLCs 为学生提供了更广泛的选择，更便捷、实用的培训和灵活的学习方式，学生将获得更多个性化的学习体验。

## 第三节 TAFE 学院基于 ICT 的教学融合策略

澳大利亚 TAFE 学院基于 ICT 的资源库建设以及信息化学习环境建设已经非常

---

① TAFE NSW. Your New World-Class Digitally-Enabled Campus [EB/OL]. [2023-11-10]. https://www.tafensw.edu.au/clc.

先进,而信息技术与教育的深度融合需要进一步体现在教学上。得益于上述ICT建设的便利条件,在澳大利亚TAFE学院,TAFE教师采取了多元的ICT教学策略。

### 一、基于ICT的课堂信息传递策略

这种策略与传统的信息化课堂教学类似,教师使用ICT的目的是加强教学内容的有效传递。教师通过教室的多媒体设备使用ICT工具,达到准确展示学科知识和内容并分享课程材料的目的。教师一般采用的ICT工具有PowerPoint演示文稿、YouTube视频、搜索引擎和共享驱动器等。在这种策略当中,教师是课堂的中心,他们被视为专家,是学科知识的主要来源。相比之下,学生被认为是相对被动的参与者,他们在课堂上从教师那里获取信息,接收教师笔记和其他学习材料,倾听教师的意见并遵循他们的指示。但同不使用ICT工具的传统课堂相比,教师节省了在黑板上写很多字的时间,提高了授课效率,教师往往也更受学生关注。

### 二、基于ICT的理论与实践结合策略

策略二将重心转向了将理论理解与实际技能联系起来这方面,侧重于提供与活动相关的必要知识,以确保学生可以理解并应用课程内容。这种方法的独特之处在于,它明确地指向了学生应用学习内容的能力。教师会给学生布置与所学内容相关的任务,并根据任务进行分组。然后,教师会给学生讲解任务的目的和实现的方法,并且给出需要的全部信息,旨在帮助学生理解内容,并且能够解决问题或者完成任务目标。其中教师会利用ICT传达信息和提供任务,帮助学生理解概念和获取信息,以及指导学生使用ICT来获取额外的信息。学生一方面要理解教师传递的信息,另一方面要积极参与教师创造的学习机会来应用所学知识。

同时,教师注重培养学生与行业需求相关的知识、技能和其他属性,教师组织和鼓励学生参与相关的专业实践,为学生提供参加工作实习和获得工作经验的机会。此外,教师会邀请相关行业的专家访问TAFE机构,邀请他们来为学生讲课,让学生了解他们所在行业目前正在发生的事情,让学生了解这个行业当前的技术与未来的技术。线上的空间也扩展到了行业,基于ICT的在线讨论论坛扩展到了行业,学生可以与行业从业者进行互动。因此,学生有机会与相关专业团体进行合作,这有助于培养学生习得满足当前工作场所需要的能力。

### 三、基于 ICT 的学生自主学习促进策略

策略三强调为学生提供有利于积极学习的环境,教师通过 ICT 为学生提供了一个可以共同工作和学习的平台,即学习管理系统,例如上文 TAFE Digital 提供的 OLS 和 SAM 等。教师在平台上发布一个任务,或者一个主题,学生通过联合的方式解决问题,共同参与不同的项目,并使用这些学习管理系统积极参与小组讨论。学生可以在学习管理系统上发布带有他们观点的帖子,其他学生就可以针对某一个主题在论坛上进行讨论。人们可以看到对方的答案,所以在学期末将页面向上滚动,学习者和教师可以看到整个学期讨论的所有主题。在这种策略中,教师的角色不再是信息的提供者和课堂的主导者,而是作为促进者,负责为学生的自主学习创造环境。

### 四、基于 ICT 的教学效果实时反馈策略

策略四强调教师使用 ICT 进行课堂评估,该评估利用不同的方法,例如在线测验、简短问题和其他及时评估的反馈技术,使得学生答完题就可以立即看到自己的分数。教师可以及时看到自己的教学和学生的学习情况,了解学生的学习需求,据此调整自己的教学进度;学生也可以了解到自己对所学知识的掌握情况,监控自己的学习进度,从而打下坚实的学习基础。教师还可以通过设置学生克服挑战的奖励,维持学生的学习兴趣,增强学生对整个教学过程的参与,提高教学效果。因此,在这个方法中,ICT 除了被用来传递信息,还充当了一种补救性教学的角色[①]。

## 第四节 TAFE 学院的 ICT 建设经验对我国的启示

澳大利亚 TAFE 学院有关数字化教育资源的开发与服务已经非常完善,信息化学习环境的建设与应用正在普及到所有人。教师的信息化教学能力不断提升,其信息通信技术已经与职业教育达到了深度融合的层次。为了进一步推进我国职业教育信息化发展,将 ICT 更好地应用在职业教育领域,借鉴澳大利亚 TAFE 学院的经验,我国可以得到以下几点启示。

---

① KHAN M S H, MARKAUSKAITE L. Approaches to ICT-enhanced teaching in technical and vocational education: A phenomenographic perspective[J]. High Education, 2017(73): 691-707.

## 一、基于 ICT 进一步推进数字资源库建设与服务功能打造

目前我国高职院校的数据库建设发展迅速,但是在高职资源库建设中存在着资源的大量堆积,内部结构粗糙混乱,忽略其制作过程中的结构化、系统化的顶层设计;并且各个院校之间的资源库互相独立,共享率低,还导致资源的重复建设;资源使用率低,在现有的职业教育数字资源的建设和应用中,资源的内容和形式并没有完全贴合各个职业院校的需求,教师和学生很难在实际教学和科研中应用这些数字资源[1],其服务教师与学生的能力不强。

借鉴澳大利亚 TAFE 学院的经验,推进高职资源库的进一步完善。首先,由于职业教育的区域性特点显著,应加强区域范围内教学资源的共建共享,增强校校和校企之间的资源共享合作,与企业行业保持密切的联系,避免造成资源的重复建设与人力的浪费。因此,政府应发挥主导作用,建立统一的数据库标准,组织行业、企业与职业院校组成共建共享平台,做好四方的职责分工。其次,在开发数字资源时,应对资源库进行结构化、系统化设计。切实从行业对人才的需求和学生对自己技能提升的需求等角度出发开发高质量的学习资源,严格把控学习资源的质量,并且对开发的资源进行合理的整理与分类,确保用户可以快速搜索到自己需要的资源。最后,促进数字资源的应用。鼓励高职院校的教师在教学中使用数字资源,鼓励学生通过数字资源进行自学,只有在应用过程中发现问题、总结经验,数字资源库才能不断完善与更新,得到更多的使用,从而促进信息通信技术与职业教育的进一步融合。

## 二、依托 ICT 完善职业院校信息平台与网络教学功能建设

校园门户网站主要有教育管理和网络教学两大功能。近年来,借助于智慧校园的建设,我国职业院校的学校网站纷纷把各类管理信息系统整合在一个标准的信息化平台当中,满足学校的智慧管理,但是对网络教学功能的建设并没有明显加强。澳大利亚 TAFE 学院充分整合 ICT 为学生和教师提供了一个良好的网络教学环境:电子资源库为师生提供丰富的数字资源;远程教育系统为支持远程教育提供良好的学习环境;学习支持工具为教师与学生的线上交流以及学生的协作学习提供一个便捷的线上学习平台等。而这些 ICT 建设都为更深层次的灵活学习方式的开展奠定了坚实的基

---

[1] 高峰,卢立涛. 基于 GEIS 合作的职业教育数字资源共建共享模式建构研究[J]. 中国管理信息化,2019(5):222-225.

础。但是,我国高职院校对于学校网站的网络教学环境建设并没有引起足够的重视,这对于促进信息技术与教学实践的深度融合是一个很大的阻碍。

借鉴澳大利亚 TAFE 学院的经验,高职院校的信息平台应加强平台功能的顶层设计。首先,加强学习支持系统的建设,充分发挥互联网突破时间、空间限制的优点,为师生提供一个线上学习空间,加强学习支持工具的开发,充分保障生生之间以及师生之间的在线联系与交流,促进学生的自主学习与教师对数字化资源的有效利用。其次,发展远程职业教育,打造高水平的远程职业教育平台,满足学生的灵活学习需求,为偏远地区群体及弱势群体增加受教育机会。实施远程教育的高职院校应逐步建设功能完善的远程教育平台;基于学校现有的教学资源开发高水平的远程教学资源库;确立远程教育保障体系;发展校校合作或与远程教育培训机构的合作并整合现有资源和经验,加快远程教育的发展。最后,整合所有的信息化学习平台,包括信息化管理平台、学习支持系统、远程教育系统以及完善的教学资源库等,打造完全灵活的学习方式,吸引在职的社会人员、退学后群体以及弱势群体等参与继续教育,借助信息通信技术完善终身教育体系。

### 三、提高职业教育教师融合 ICT 教学的实践能力

教师的信息化水平直接影响信息化教学的效果,教育现代化的进程中早就离不开技术的应用,为促进 ICT 与职业教育深层次的融合,抓紧建设一支具有现代化信息技术应用水平的教师队伍尤为重要。因此,职业院校要加强对教师进行信息技术以及信息化教学模式的培训,鼓励教师进行信息化教学的创新与研究,将教师信息化教学效果列入考核项目中。从对澳大利亚 TAFE 学院教师基于 ICT 增强教学的教学方法分析来看,职业教育的教师看重的是培养学生的理解能力、实践能力以及与行业的紧密联系。得益于我国教育信息化基础设施建设的普及,我国职业教育教师多数采取的是上述第一种策略,将 ICT 工具仅仅用来传递课堂内容。因此,我国职业教育教师要进一步增强融合 ICT 教学的能力。

在借鉴澳大利亚 TAFE 教师利用 ICT 增强教学的四种策略上,我国职业教育教师应根据不同的专业和科目,采取适合的 ICT 增强教学方法,如电气工科类专业适合采取理论与实践知识相结合的策略,学科基础课程则适合反馈的策略。我国不同区域之间的经济发展水平差距大,教育信息化水平差距也较大。根据当地实际情况,东部发达地区的教师应在原有信息化教学的基础上加强创新,增强学生结合理论与实践知

识的能力,提升学生自主学习能力,加强学生与行业的联系;中西部地区教师应加强自身与学生的信息素养,培养学生的实践能力,增强课堂反馈策略等的使用。重点就是,教师要根据实际情况,因地制宜,因科目制宜,加强自身利用ICT教学的能力,勇于创新,切实增强教学的效果。

# 第七章　韩国职业教育助推产业转型升级进程的政策分析

## 第一节　职业教育服务产业发展

1948年8月大韩民国宣布成立,1950—1953年韩国又陷入战乱,在经历第二次世界大战和朝鲜战争后,韩国的国民经济受到严重破坏,导致经济水平滞后,职业教育发展基础薄弱。韩国经济发展重心经历了劳动密集型产业、技术密集型产业和知识密集型产业三个不同阶段,韩国职业教育发展紧紧围绕产业升级,培养经济发展所需人才。

20世纪60—70年代韩国经济开始迅速发展,产业发展主要集中在劳动力密集产业和出口型工业。1962年韩国制定了一系列的经济改革方案,在1962—1976年先后实施了一系列经济发展五年计划。第一个五年计划提出改进技术水平,在职业教育方面强调培养技术熟练型人力资源,特别强调增加工程类职业高中生的培养,并对教学设备和课程等进行改进,从而更加有效地培养出高技能工人。1967年第二个五年计划提出"实现工业结构的现代化和建立独立经济体系",在这期间,开始实施员工培训计划,通过促进技术工人的专业技能来适应工业化的需求。接着提出的第三个五年计划"增长、稳定与平衡中的和谐"和第四个五年计划"增长、效率与公平",都特别重视职业教育对经济发展所需人才的培养[1]。而在此期间,工程类职业高中、专科学校和工程类大学也不断拓展新的专业,从而来适应经济发展对人才的需求。

从20世纪80—90年代开始,韩国经济发展主要转向技术密集型产业。在这个时期,韩国加大在机械、电子和汽车工业方面的投入,同时也注重改进民生。由于依靠廉

---

[1] YOUNG-BUM P, JISUN C. Vocational education and training in Korea [EB/OL]. [2023-11-10]. http://www.krivet.re.kr/eng/eu/ek/euBAAVw.jsp? pgn=2&gk=&gv=&gn=E1-E120131268.

价劳动力已经没有国际竞争优势,韩国开始注重通过在职培训、教育和政策等方式来支持工业发展,职业教育人才培养重点围绕机械、电子和汽车及相关产业,为技术密集型产业提供迫切需要的技术工人,在发展韩国经济中实现技术提升。随着知识经济的到来,以及1997年亚洲金融危机的爆发,终身雇佣制逐步取消,取而代之的是人们依靠足够职业能力去应对工作变换。因此,职业教育显得更为重要,它不仅为工业发展提供人力资源,也有助于提高人们的工作能力。

2000年到现在是韩国经济稳定增长时期,发展模式开始转向以知识经济为主导。从20世纪末开始,韩国核心工业主要集中在信息与通信、电子器件、半导体、造船业和汽车等方面。为了发展以知识为基础的高附加值产业,韩国充分发挥职业教育培养人才的作用,更加重视培养专业技术人才,特别是信息技术核心产业发展所需的人才。以政府为主导的培训和教育系统逐步转向以私营和使用者为中心的共同参与的教育培训体系。同时,国家政策也注重为弱势群体,如低收入家庭、偏远地区居民、妇女、年长者和残疾人等,提供职业培训。面对全球化和终身学习时代,韩国政府采取一系列政策措施,确保职业教育成为经济发展的重要动力。

## 第二节 与产业紧密结合的现代职业教育体系

在韩国,小学6年和初中3年属于义务教育阶段,这个阶段主要包含为所有公民设置的一些基本课程。职业教育始于高中阶段,初中毕业之后可以选择普通高中,或者职业高中。普通高中主要是为进入大学做准备,职业高中主要是为毕业后工作做准备。职业高中包括一些有特定目标的高中以及一些私立高中。

在不同的时间和地域,职业教育的概念定义和包含范围各异。在韩国的教育系统中,职业教育和普通教育在高中阶段分离。中等职业教育主要机构包括专门职业高中、名匠高中。在高等教育阶段,职业教育主体机构是职业专科学校,另外理工学院、企业大学、理工大学也有职业教育项目。

在韩国的劳动力市场中,招聘时更加看重应聘者的教育背景而非其工作能力,这也成为职业教育发展所面临的一个挑战。目前大学的入学率持续上升,而职业高中学生入学比例下降,入学率从2000年的36.1%下降到2005年的28.5%,到2012年只有22.1%。

当前韩国社会发展趋势是,个人受教育程度越高,收入越高,这也说明了为什么很多高中生毕业后都希望能到四年制大学读书。

**一、中等职业教育发展概况**

韩国中等职业教育专业领域主要分为以下几大类型,如表7-1所示,其中工业艺术和工程专业学生占最大比例,45.9%的学生集中在这一领域。学生总数排第二位的是社会科学,占比为19.9%。

表7-1 中等职业教育各个专业领域学生分布数据

| 专 业 | 学生人数(人) | 所 占 比 例 |
| --- | --- | --- |
| 人文学科 | 20404 | 14.3% |
| 社会科学 | 28401 | 19.9% |
| 教育 | 459 | 0.3% |
| 工业艺术和工程 | 65516 | 45.9% |
| 自然科学 | 8938 | 6.2% |
| 医学 | 2108 | 1.5% |
| 艺术、体育 | 15845 | 11.1% |
| 特殊班级 | 1108 | 0.8% |
| 总计人数 | 142779 | 100.0% |

(资料来源:韩国教育开发院教育统计中心(http://cesi.kedi.re.kr))

目前,韩国的职业中学主要分为专门职业高中、名匠高中和综合高中三类。专门职业高中主要根据学生的能力、爱好和智力等倾向,在特定领域为劳动力市场培育人才。

为了改进职业教育的系统性并强化其作用,许多工业职业高中改名为专门职业高中。2008年,教育科技部把职业中学改为专门职业中学,通过设置专门的专业,来促进培养有能力的技工人才。根据联合国教科文国际职业技术教育与培训中心2018年的报告,韩国共有495所专门职业高中[1]。为了加强职业高中的专业性,增加学生毕

---

[1] UNESCO-UNEVOC. World TVET Database — Country Profiles [EB/OL]. [2023-10-11]. https://unevoc.unesco.Org /wtdb/worldtvetdatabase_kor_en.pdf.

业之后的就业率,学校对课程做出安排,强化课程专业性和多元性。并鼓励一些失去竞争力的职业高中转型为普通高中。

与此同时,政府在各大城市和各道都建立了"就业支持中心",该机构的主要功能是帮助人们寻找和介绍工作,特别是改进中学毕业生的就业数量和质量。为了加强职业指导和咨询,政府投入大量经费,聘请了1000名职业指导专家以及4500名职业与工作咨询师专门指导学生求职,让他们负责就业指导项目和毕业追踪服务等工作①。

另外,政府鼓励公立和私立机构减少对高中毕业生和大学毕业生在工作和人事政策方面的歧视。在必要的在职培训中,政府对实习协议标准做了修改,让职业高中生先找到工作,之后再进行学习,而不是毕业之后马上进入大学学习。扩大"专业技术高中毕业生专门录取"项目,专门职业高中毕业生在工作后,不需要参加全国统一大学入学考试便可进入大学就读。

自2011年开始,政府为专门职业高中提供全球实习培训项目,这一项目旨在培养具有全球竞争力的劳动力以及他们在实际工作场所的能力。为了实现这一目标,项目为专门职业高中生提供在国外企业工作的机会。根据学生的专业和人力资源需求,学生可以到具有先进技术的国家进行3个月的实地实习。

自2008年以来,政府采取了一系列措施来确保高中开设职业教育课程,并以此作为职业教育的一项核心政策,这样促使专门职业高中的就业率有所提升。

**二、设置名匠高中**

"Meister"一词来自德语,意思是"大师、名匠、专有人才"。政府以此来命名名匠高中,凸显这一新型职业高中的办学目标:为学生提供与行业需求相关的职业教育与培训,并为其今后的专业技能发展提供支持,将其培养成为某一专业技术领域的专家。

2008年以来,政府选择小部分职业教育基础较好的专门职业高中,把它们作为"名匠高中",韩国政府提供全方位的支持。2010年政府注入资金1560万美元,2011年5790万美元,2012年7000万美元,2013年新成立了21所名匠高中。全韩国共有35所名匠高中,学生人数为5288人,大概为专门职业中学学生总数的4%②。

---

① OECD-KRIVET. Skills beyond school: Post secondary VET [EB/OL]. [2023-10-11]. http://www.krivet.re.kr/eng/eu/ek/euBAAVw.jsp?pgn=3&gk=&gv=&gn=E1-E120141773.
② 顾钧. 从"大师高中"项目看韩国中等职业院校改革[J]. 比较教育研究,2013(12):61-65.

名匠高中在招生方面,非常重视选择合适的、有潜力的学生就读。招生方面不仅考虑学生基本和潜在的能力,还考虑学生的管理能力、技术转换能力等因素。招生不仅仅根据学生的考试成绩,而且特别关注学生对未来工作的爱好和兴趣,以及在某一领域是否有清晰的目标并乐意为之努力。

名匠高中可以由学校自行开发课程和教材,以便能根据工业的迅速变化做出反应来保持学校的竞争力。此外,名匠高中任命有企业工作经验的首席执行官之类的人员担任校长,校长和教学人员根据产业的变化共同努力,营造有利于双方共同合作的良好氛围。

### 三、职业专科学校

职业专科学校一般是进行2—3年培训的职业教育机构,职业高中毕业生可以进入学习,目的是培养技术员、中等水平技术专家。如表7-2所示,2012年全国共有142所职业专科学校以及492681名学生。这些专科学校根据不同产业的需求,通过职业教育培养专业的劳动力,同时为在职者提供继续教育项目和终身学习机会。

表7-2 公私立职业专科学校学生分布[1]

|  | 公立 | 私立 | 总计 |
| --- | --- | --- | --- |
| 学校数(所) | 9 | 133 | 142 |
| 学生数(人) | 9360 | 483321 | 492681 |

为了适应韩国经济发展的需要,韩国高等职业学校也随之不断调整。1979年,一些专科学校和职业学校变革为2—3年学制的职业专科学校,在学生入学标准、课程设置、实验条件和设施等方面都提高标准。1997年职业高等专科学校可以颁发副学士学位,2008年根据相关专业需要,学校开设了一些可以颁发学士学位的集中课程。2011年学生入学人数占据所有接受高等教育总人数的35.2%,仅次于4年制大学的学生入学人数。如表7-3所示。

---

[1] Park Y B, CHUNG J. Vocational education and training in Korea [EB/OL]. [2023-10-11]. http://www.krivet.re.kr/eng/eu/ek/euBAAVw.jsp?pgn=2&gk=&gv=&gn=E1-E120131268.

表 7-3 2011年高等教育入学人数和所占比例[①]

| 类　型 | 学校数量(所)及所占比例 | 入学人数(人)及所占比例 |
| --- | --- | --- |
| 职业专科学校 | 146(42.1%) | 220718(35.2%) |
| 综合性大学 | 191(55.5%) | 332965(53.1%) |
| 理工大学 | 9(2.6%) | 14253(2.3%) |
| 开放大学 | 1(0.3%) | 59700(9.4%) |
| 总计 | 347(100%) | 627636(100%) |

职业专科学校的专业主要为工程学、农学、商学和护理等领域,2012年各个专业分布情况如表7-4所示。

表 7-4 2012年职业专科学校各个专业学生数和所占比例

| 专业分类 | 学生人数(人) | | 所占比例 | |
| --- | --- | --- | --- | --- |
| | 副学士课程 | 专业集中课程 | 副学士课程 | 专业集中课程 |
| 人文学科 | 7620 | 100 | 3.6% | 2.3% |
| 社会科学 | 57823 | 900 | 27.6% | 20.6% |
| 教育 | 10459 | 255 | 5.0% | 5.8% |
| 工程 | 51235 | 1215 | 24.5% | 27.8% |
| 自然科学 | 16410 | 190 | 7.8% | 4.3% |
| 医学 | 27672 | 945 | 13.2% | 21.6% |
| 艺术、体育 | 38105 | 771 | 18.2% | 17.6% |
| 总计 | 209324 | 4376 | 100.0% | 100.0% |

(数据来源:韩国教育开发院教育统计中心(http://cesi.kedi.re.kr))

专科职业教育体系中,主要有以下三种教育模式。第一种模式是订单式教育。政

---

[①] Park Y B, CHUNG J. Vocational education and training in Korea. [EB/OL]. [2023-10-11]. http://www.krivet.re.kr/eng/eu/ek/euBAAVw.jsp?pgn=2&gk=&gv=&gn=E1-E120131268.

府自1996年开始支持职业专科学校实施企业—院校合作办学模式,并提供经济上的资助。这种企业—院校合作模式,即职业专科学校实施的"订单式教育"体系。在这一体系下,职业专科学校和特定企业签订协议,根据企业需求来设置一些特定课程,培养企业所需人才。同时,学校也雇用企业内的专家作为外聘教授,毕业之后学生将直接签订协议进入企业工作。学校采用这种培养方式,不仅使自身更加专业和具体化,又能从政府那得到资金资助,课程设置上更加符合企业要求,并能改进教育环境,也有更多的资金来采购设备、举办院校和企业研讨会等各种活动。这种订单式培养模式带来了积极效果,不仅使职业专科学校的教学更加具体化,同时也提高了学生的就业率。

第二种模式是产业委任教育。在终身学习时代,为了提升每位工人的能力,高等职业教育在这个时候发挥着更大作用。高等职业教育机构,如职业专科学校和工业专科学校可以为产业工人提供委任式教育。产业委任式教育体系中,企业需要职业专科学校为他们的员工提供教育。根据《高等教育法》,企业员工在有高中毕业证或者等同教育背景的情况下,在有产业委任资格的职业专科学校学习后能获得其提供的副学士学位。

第三种模式是提供学士学位的集中课程。在集中课程中,专科职业学校学生在毕业之后可以继续学习,通过提升他们与专业相关的工作知识和技能,最后可以获得硕士学位。在职业专科学校毕业之后,如果学生完成1—2年的集中课程,当他获得超过140学分时(其中包括副学士学位课程的学分),学生就可以被授予学士学位。2011年,有89所专科学校开设了集中课程,招收5608名有工作经验的专科毕业生。

**四、韩国职业教育进一步发展计划**

在知识经济和终身学习的社会背景下,韩国政府颁布并实施了一系列职业教育政策,以持续不断地为产业发展提供高质量的人力资源,通过职业教育培养所需的专业人力资源。

在全国职业能力标准上,就业与劳动部将建立全国性能力标准,学校根据这个标准进行课程改革和全国管理,教育部和就业与劳动部共同管理国家能力标准指导委员会,进一步加强中等教育体系中的职业教育,加大对名匠高中和专门职业高中的支持力度,给高中毕业生提供更多的就业机会,使他们毕业后能马上找到工作;为那些拥有高中文凭的劳动者提供灵活的教育机会,根据他们的职业情况提供继续学习的机会;另外,改变专科学校学习要求的年限,为个人提供定制的终身学习服务。

高等职业教育体系方面,修改专科学校的体系,在老龄化社会来临的时代,采用更加灵活的体系来满足学习者终身学习的需求;学习的时限也更加灵活,可以在1—4学年中自己选择学习的长度①。一些专科学校采取"终身教育"体系,为那些没有学历的成年人提供整套课程体系的教育。

随着韩国经济增长和产业竞争模式从"劳动和效率"转向"知识和技术",韩国更加重视以信息和通信技术为基础,创造性地整合技术与产品,以此来增加产品附加值,创造工作岗位,带动经济增长。因而,产业融合成为韩国的经济发展策略②。韩国职业教育政策围绕这一产业变化,出台的职业教育政策特别关注通过职业教育培养高技能人才。

## 第三节 韩国职业教育发展的经验分析

韩国经济和社会所取得的巨大成就主要归功于韩国教育,韩国职业教育是经济持续发展的支柱③。其职业教育发展经验主要可以概括为以下几个方面。

### 一、紧扣产业发展,兼顾各方意见,培养企业所需人才

韩国职业教育根据产业发展所需,在经济发展的不同阶段主动调整职业教育人才培养目标,满足劳动力市场对劳动力不断变化的需求,同时研究预测未来工作领域对技能需求和劳动力需求变化的趋势,以便适应未来产业发展。韩国职业教育发展的政策尽量反映政府、产业部门、教育培训机构、研究机构、雇主、工人等不同利益相关者的相关需求,更为重要的是职业教育与产业发展紧密联系,主动适应产业发展所需。职业教育如果脱离产业就是空中楼阁,就没有生命力。韩国政府通过各种措施,使职业教育与产业紧密联系在一起,为职业教育的发展指明了方向;同时韩国职业教育能满足社会对人才多元化的需求,为产业升级所需的人力资源保障作出贡献。

---

① MEST. Policies and programs [EB/OL]. [2023-10-11]. http://english.moe.go.kr/web/42207/en/board/enview.do? bbsId=265&pageSize=10&currentPage=0&encodeYn=Y&boardSeq=49663&mode=view.

② LIM J, LEE Y. The policy challenge of high skills vocational education and training in the future social changes[J]. Journal of Electronic Commerce in Organizations,2019,17(1),39-49.

③ Nahm M M. Korea's vocational education training sector in a globalized world: Current practices and future plans[J]. Internationalization in Vocational Education and Training,2017(25),167-185.

## 二、发展特色职业高中,构建职业教育贯通体系

名匠高中是韩国特色发展中等职业教育的方式,这一方式被认为是根据产业所需量身定制的中等职业教育。学校和行业共同开发实践课程,学生学习产业发展所需课程,毕业后直接进入企业工作,工作中他们可以在职学习、提升学历。这一培养模式让学生完成了从学校到工作的过渡,产业和学校共同合作确保学校质量,名匠高中被证明是一种成功的职业教育模式[①]。名匠高中毕业生在参加工作后,在工厂工作的同时,可以通过继续学习的方式,选择他们所喜欢的领域,通过学习获得更高的学位证书。不仅名匠高中学生能够在工作中提升学历,其他职业高中学生也可以选择在毕业后继续升学,在工作的同时通过在职学习获得更高的学位证书。在韩国现有的职业教育体系中,学位体系形成了副学士—学士—硕士的贯通,构建起一套完整的职业教育衔接体系。

## 三、为职业教育发展提供法律保障

在不同的发展阶段,韩国政府颁布了与职业教育相关的法案,1967 年颁布的《职业训练法》确立了国家职业培训体系,1976 年制定《职业训练基本法》,1993 年制定《就业保障法》,1997 年制定《职工参与职业培训促进法》(这一法案于 2004 年变更为《工人职业技能开发法》)。另外,关于职业教育的专门法案有《国家技术资格法》《产业教育和产业合作职业教育体系促进法》和《职业教育促进法》等。此外,《就业政策框架法》《人力资源开发法》《终身教育法》《高等教育法》等也有职业教育的相关法案条例。这一系列立法从法律上确定了职业教育发展的地位,相关法律与产业发展紧密相关,为职业教育发展提供法律保障。

## 四、制定合理的职业教育政策发展方案

韩国职业教育政策也是根据产业发展状况制定的,已有的研究将韩国职业教育政策划分为 1.0 到 4.0 四个阶段。职业教育 1.0 的目标是为全国产业发展提供人力资源;2.0 的目标强调通过重视学生的终身学习,从而提升和促进他们自身的专业能力发展;3.0 基于国际能力标准,实施终身职业教育政策,注重培养学生能力,满足企业要求;职业教育 4.0 的政策目标主要是:建立以能力为基础的社会,提供符合个人的

---

① Nahm M M. Korea's vocational education training sector in a globalized world: Current practices and future plans[J]. Internationalization in Vocational Education and Training, 2017(25), 167-185.

迅速和灵活的终身职业教育。换句话说，接下来十年职业教育的发展可以用"能力基础社会""个性和个性化商业""及时和灵活"和"工作成就"这几个关键词来描述①。四个不同时期的职业教育政策紧紧把握产业发展特征，各个时期的政策导向为韩国职业教育发展提供了政策保障。

**五、加强国际合作，借鉴国际成功经验**

职业教育的国际合作与交流有利于各个国家教育的发展和相互借鉴。在国际化和全球化时代，韩国在职业教育领域也加强与外界的沟通互动。具体实践操作层面，韩国职业学校的学生可以申请到国外进行一段时间的学习和实习，政府提供机票和住宿方面的补助，通过跨国的学习经历，让学生在国际就业市场竞争中更具有优势。另外，韩国非常注重吸收职业教育的国际经验，韩国职业教育汲取了德国的双元制的特点，同时也学习芬兰、瑞典两国高等职业教育系统。作为OECD成员国家，韩国积极参与OECD职业教育相关的政策与实践②。韩国通过借鉴他国职业教育发展经验，结合本国实际，来更好促进职业教育发展，以此来增进本国经济的国际竞争力，在重点产业中继续保持发展优势。

韩国职业教育建立在技能供求关系的基础之上，适应现实工作场所需求；同时考虑学生的职业选择和未来发展，建立以工作为基础的职业教育。更为重要的是，职业教育与产业建构联系紧密，职业课程设置符合产业发展需求，因此服务产业发展是韩国职业教育的重要特征。此外，韩国注重发展灵活多元的职业教育方式，结合其他各类教育模式，构建起终身学习的国家教育体系。韩国教育特别是职业教育在经济发展、快速实行工业化、增长就业、维护社会平等和促进社会流动等方面发挥了关键性作用。然而，韩国职业教育发展也面临不少挑战，学生对高学历的追求导致过度教育和教育膨胀，形成了技能错位，同时教育不平等也在加剧③，这些都是亟待解决的问题。

---

① LEE Y, PARK D, LEE M, et al. Vocational education policies in the Republic of Korea: Past, present and future [EB/OL]. [2023-10-11]. http://www.krivet.re.kr/eng/eu/ek/euBAAVw.jsp?pgn=1&gk=&gv=&gn=E1-E120173749.
② OECD. Learning for job [EB/OL]. [2023-10-11]. https://www.oecd-ilibrary.org/education/learning-for-jobs_9789264087460-en.
③ FLECKENSTEIN T, LEE S C. The political economy of education and skills in South Korea: democratisation, liberalisation and education reform in comparative perspective[J]. The Pacific Review, 2018, 32(2): 168-187.

# 第八章 中国提升职业教育与培训吸引力的政策分析

职业教育与培训(Vocational Education and Training，VET)的吸引力在许多发达国家和发展中国家都引起人们的关注。与其他教育类型相比，人们通常认为，职业教育的社会地位较低[1]。因此，在相当长的一段时间内，提高职业教育与培训的吸引力在全球范围内已被视为一项重大挑战。但是，在研究和实践领域中始终存在关于该问题的争议和辩论。尽管职业教育的地位较低是全球关注的问题，但其表现形式、影响因素和潜在的补救措施可能会因国家而异。本章主要关注在中国国情下的职业教育吸引力，旨在促进大众对该问题的理解。有研究在研究年轻人对英国职业教育与培训的看法时，认为职业教育与培训的吸引力与社会对其的看法密切相关，年轻人认为这是负面的[2]。也有研究集中讨论了技能竞赛在提高职业教育与培训在英国的吸引力方面的作用，但也提到，可以通过建立在卓越职业榜样基础上的系统方法，最终打破延续现有职业/学术鸿沟的政策周期[3]。根据印度工业培训学院的调查结果，职业教育与培训吸引力已随着时间推移而发生了变化。得出的结论是，人们日益认识到，在印度工业培训学院获得的技能可以为成功的职业生涯奠定良好的基础，使得这些机构社会地位较低的局面慢慢得到改变[4]。在欧盟进行的一项研究指出，人们对职业教育与

---

[1] BILLETT S. Perspectives on enhancing the standing of vocational education and the occupations It serves [J]. Journal of Vocational Education & Training, 2020, 72(2): 161-169.
[2] ATKINS L, FLINT K J. Nothing changes: Perceptions of vocational education in England [J]. International Journal of Training Research, 2015, 13(1): 35-48.
[3] CHANKSELIANI M, RELLY S J, Laczik A. Overcoming vocational prejudice: How can skills competitions improve the attractiveness of vocational education and training in the UK? [J]. British Educational Research Journal, 2016, 42(4): 582-599.
[4] AJITHKUMAR U, PILZ M. Attractiveness of industrial training institutes (ITI) in India: A study on ITI students and their parents [J]. Education+Training, 2019, 61(2): 153-168.

培训的积极态度有遭受侵蚀的风险,因为与通识教育相比,受访者将职业教育与培训同较差的劳动力市场联系在一起①。他们还指出,学校提供的职业课程被认为与不太理想的学习环境有关。

在中国,职业教育与培训的吸引力问题引起了社会各界的广泛关注。中国政府越来越重视职业教育与培训,其投资也在增长②③。自改革开放以来,职业教育与培训作为国家技能形成体系的一部分,在经济的快速发展中发挥了重要作用。教育部职业教育与成人教育司发布的关于中国职业教育的报告(2002—2012)显示,从2002到2012年,各级职业学校的毕业生达到7265万。然而,中国职业教育的发展面临着双重困境,即政府的要求与企业和个人的要求不匹配④。鉴于雇主在技能形成体系中的作用很小,中国的职业教育与培训通常以学校为基础,企业没有任何法律义务参与职业教育与培训的发展⑤。一项基于民族志田野调查的研究在2007至2012年期间对三所中等职业学校进行了研究,发现尽管中国的职业教育发展迅速,但这种形式的教育的吸引力似乎不强⑥。那么,为什么职业教育与培训对中国学生及其父母的吸引力不强呢?现有研究从不同的角度探讨了答案。在分析职业教育与培训吸引力的构成要素时,有学者认为它受到两个重要因素的影响:职业教育本身的吸引力和预期工作岗位的吸引力,后者是最重要的决定因素⑦。基于文化资本理论,也有学者认为,最初文化资本的缺乏以及文化资本转化和再生产的困难导致中国职业教育的吸引力降低⑧。

所有这些研究无疑有助于回答为什么职业教育与培训似乎不如普通教育那么有吸引力。研究者普遍发现,最重要的两个利益相关者,即学生及其父母,对职业教育与

---

① RUSSO G, SARAFINI M, RANIERI A. Attractiveness is in the eye of the beholder[J]. Empirical Research in Vocational Education and Training, 2019, 11(7): 1-22.
② SHI W. Issues and problems in the current development of vocational education in China[J]. Chinese Education & Society, 2013, 46(4): 12-21.
③ LI J, WIEMANN K, SHI W, WANG Y, et al. Vocational education and training in Chinese and German companies in China: A "Home International" comparison[J]. International Journal of Training and Development, 2019, 23(2): 153-168.
④ 徐国庆. 我国二元经济政策与职业教育发展的二元困境——经济社会学的视角[J]. 教育研究, 2019(1): 102-110.
⑤ WANG L, JIANG D. Chinese vocational education: borrowing and reforming[J]. Chinese Education & Society, 2013, 46(4): 92-99.
⑥ HANSEN M H, WORONNOV T E. Demanding and resisting vocational education: A comparative study of schools in rural and urban China[J]. Comparative Education, 2013, 49(2): 242-259.
⑦ 傅建东,和震. 基于量化标准的职业教育吸引力研究[J]. 国家教育行政学院学报, 2016(7): 45-52.
⑧ 王雅文. 从"文化资本论"视角探讨职业教育吸引力问题[J]. 现代教育科学, 2017(10): 134-139.

培训的吸引力具有重大影响。然而,目前还没有专门针对中国职业教育与培训吸引力的实证研究,而且没有将学生和家长作为关注对象。基于此考虑,本章旨在通过研究学生和家长对职业教育与培训吸引力的认知来填补这一空白。为了提供一个讨论这个问题的背景,下面对中国的教育与培训体系进行简要的历史回顾。

## 第一节 研究背景

根据《中华人民共和国义务教育法》,中国实行九年义务教育制度。义务教育完成后,每个学生将面临三种选择:被普通高中录取,被中等职业学校录取或直接进入劳动力市场[1]。高中阶段教育包括普通高中教育和中等职业教育。在改革开放之初,高中阶段教育的入学率仅为完成九年义务教育的20%以上,而中等职业学校的入学率甚至更低,有70.1万学生被中等职业学校录取了,普通高中招生人数为255.1万人。1985年,《中共中央关于教育体制改革的决定》正式颁布。它强调,中国应调整高中教育结构,不遗余力发展职业技术教育。自那时起,中国开始实施普通高中教育与中等职业教育协调发展的政策。十年后,中等职业学校的入学人数超过了普通高中。

长期以来,接受高等教育的机会受到严格控制。1998年,毛入学率(即18至22岁年龄段的高等教育入学率的百分比)仅为9.8%。1999年,教育部颁布了《21世纪教育振兴行动计划》,根据这份文件,到2010年,高等教育的总入学率将达到18至22岁年龄段的15%。1999年初,中国的大学大规模扩招,这一事件被称为中国高等教育扩招[2]。在过去的二十年中,中国高等教育规模达到前所未有的盛况,高等教育的毛入学率跃升到了高等教育的48.1%。图8-1显示,2018年高等教育的入学人数达到790.9万,是1999年的3.9倍。

职业教育与培训的入学率可以被视为衡量其吸引力的量化指标[3]。从图8-1可以看出,在21世纪的前五年中,尽管中等职业教育的入学人数在增加,但中等职业教育与普通高中教育之间的差距却在扩大。2005年,国务院正式颁布了《关于加快发展现代职业教育的决定》。随后,中等职业教育与普通高中教育入学之间的平衡保持了

---

[1] OECD. Education in China: A snapshot[R]. Paris: OECD, 2016.
[2] LU M, ZHANG X. Towards an intelligent country: China's higher education expansion and rural children's senior high school participation[J]. Economic System, 2019, 43(2): 1-14.
[3] RUSSO G, SARAFINI M, RANIERI A. Attractiveness is in the eye of the beholder[J]. Empirical Research in Vocational Education and Training, 2019, 11(7): 1-22.

图 8-1 1999—2018 年接受中等职业教育、普通高中教育和高等教育的学生
(资料来源：教育部，2018 年)

七年。然而，自 2012 年以来，中等职业教育的入学人数出现了新一轮的下降。

尽管高等教育的全面扩招增加了高中毕业生上大学的机会，但另一个有趣的问题是：谁的入学机会增加了？[1] 与学术性学校相比，高等职业技术教育与培训的参与者往往来自相对较差背景的家庭，尤其是在父母教育水平方面较为明显[2]。这意味着，有着较低社会经济家庭背景的学生更有可能选择中等职业教育，而不是普通高中教育。

研究表明，具有较高社会经济背景的学生从扩招政策中受益更多。自实施大学扩招政策以来，家庭背景(如父亲的受教育程度)对年轻人进入大学的机会产生了重大影响[3]。她还指出，扩招政策对没有上过高中或没有完成高中的人群，特别是农村青年，造成了很大的影响。一项使用回归不连续性设计的研究发现，扩招政策通常不会减少高等教育中的不平等现象[4]。

为了改变这种状况，我国许多地区已经探索了各种方法来帮助中等职业学校的学

---

[1] LEVIN H M, XU Z. Issues in the expansion of higher education in the People's Republic of China[J]. The China Review, 2005, 5(1): 33-58.

[2] WANG A, GUO D. Technical and vocational education in China: Enrolment and socioeconomic status [J]. Journal of Vocational Education & Training, 2019, 71(4): 538-555.

[3] YEUNG W J. Higher education expansion and social stratification in China[J]. Chinese Sociological Review, 2012, 45(4): 54-80.

[4] 徐娜,张莉琴. 高校扩招对高等教育机会平等的影响——基于断点回归设计的经验证据[J]. 教育科学, 2018(4): 45-52.

生继续接受高等教育,例如单独入学,无须入学考试就读等。中等职业学校的学生至少有三种途径获得高等教育:(1)通过特别为中等职业学校学生设计的职教高考;(2)完成连贯的3年制中等职业教育和2年制高等职业教育(3+2学制);(3)完成连贯的3年制中等职业教育和4年制本科教育(3+4学制)。2014年,教育部和其他五个部门发布了《现代职业教育体系建设计划(2014—2020年)》,这为中等职业学校的学生提供了更多的接受高等教育的机会。在现代职业教育体系中,经过一些相关的学习和考试,学生可以进入职业学院或应用技术大学就读,甚至可以根据他们自己的需求获得接受研究生教育的机会。

## 第二节 研究设计

### 一、测量概念分析

由于迄今为止在中国缺乏有关职业教育与培训吸引力的理论和概念性研究,本章旨在在国际背景下提供与此主题相关的方法。在许多国家,增强职业教育系统吸引力的目标已被确定为旨在增加人力资本价值而制定的重点政策。有研究指出,职业教育与培训吸引力的性质是一个政治问题,尚未在研究中得到全面分析①。

尽管在教育研究中尚未就职业教育与培训吸引力的标准化概念和定义达成一致,但仍然有必要回顾一些非常重要的相关研究。正如有研究概述的那样,作为概念的"吸引力"和"自尊"与个人或群体的行为有关。基于此背景,职业教育与培训的吸引力可以被视为可能影响人们选择中等职业教育的决定因素②。

通过因素分析,有研究揭示了影响泰国学生选择职业教育的五个因素,包括个人态度、课程、潜在就业、校园吸引力和学费③。也有研究认为,造成职业技术教育的吸引力较低的原因是接受职业技术教育的大多是经济社会地位较低的阶层,而不是经济

---

① LASONEN J, GORDON J. Improving the attractiveness and image of VET [M]//CEDEFOP. Modernising vocational education and training: Fourth report on vocational training research in Europe, Luxembourg: Office for Official Publications of the European Communities, 2009: 76-92.
② LASONEN J, MANNING S. How to Improve the standing of vocational education compared to general education[M]//DESCY P, TESSARING M. Training in Europe: Second report on vocational training research in Europe, Luxembourg: Office for Official Publications of the European Communities, 2000: 115-167.
③ PIMPA N, SUWANNAPIROM S. "Thai students' choices of vocational education: Marketing factors and reference groups[J]. Educational Research for Policy and Practice, 2008(2): 99-107.

社会地位较高的阶层①。

职业教育与培训的地位和吸引力是相互关联的。吸引力同职业教育与培训能否带来期望的结果有关，如良好的生活水平和劳动力市场或继续教育的机会②。为了解释职业教育吸引力的概念，有研究重点关注了参与者的动机，并定义了四类利益相关者：寻求培训的个人，提供培训的公司，作为经济维度的劳动力市场以及整个社会③。从个人的角度来看，吸引力是指潜在的收入、职业机会、工作保障和令人满意的工作。从公司的角度来看，吸引力是指投资培训或雇用熟练工人以跟上现代生产工艺的变化和制造复杂产品的步伐。从社会学的角度来看，吸引力是指完成职业教育与培训的个人在社会中的地位必须与完成普通教育的人的地位相当。最后，从国家的角度来看，国家可以通过在职业资格、就业立法与集体谈判法之间建立联系来影响培训并产生税收和社会保障收入④。

综上所述，尽管在解决这一问题的方法上存在很大差异，但职业教育与培训吸引力的概念主要包括两个方面：主观行为或态度和客观外部因素。为了将个人行为或态度与外部因素联系起来，我们在这里应采取以利益相关者为导向的方法。

## 二、调研方法选择

作为职业教育与培训体系中两个最重要的利益相关者，学生及其父母对职业教育与培训的吸引力具有重大影响。一项澳大利亚的研究建议，在提高职业教育的地位时，有必要确定影响年轻人关于教育选择和偏爱职业的决策的因素⑤。基于上述考虑，本研究旨在扩大和填补学生和家长对我国职业教育与培训吸引力的认识和作用的空白。通过以下问题展开具体讨论：

---

① LOVSIN M. The (Un) Attractiveness of vocational and technical education: Theoretical background[J]. CEPS Journal: Center for Educational Policy Studies Journal, 2014(1): 101-120.
② RINTALA H, NOKELAINEN P. Standing and attractiveness of vocational education and training in Finland: Focus on learning environments[J]. Journal of Vocational Education & Training, 2020, 72(2): 250-269.
③ BERGER S, PILZ M. Benefits of VET[M]//HIPPACH-SCHNEIDER U, TOTH B. VET Research Report Germany, Bonn: BIBB, 2010: 6-49.
④ AJITHKUMAR U, PILZ M. Attractiveness of industrial training institutes (ITI) in India: A study on ITI students and their parents[J]. Education+Training, 2019, 61(2): 153-168.
⑤ BILLETT S, CHOY S, HODGE S. Enhancing the standing of vocational education and the occupations it serves: Australia[J]. Journal of Vocational Education & Training, 2020, 72(2): 270-296.

问题1：吸引力是由什么构成的？

问题2：学生如何看待中等职业学校的吸引力？

问题3：父母如何看待中等职业学校的吸引力？

在这项研究中，我们主要使用定性方法来探索学生和家长对职业教育与培训吸引力的看法。如果使用定量方法，则研究问题可能会简化为不同变量之间的关系，而忽略了该问题的细节和复杂性。相反，通过半结构化访谈，我们可以详细描述受访者对职业教育与培训吸引力的看法。

在有针对性的抽样指导下，受访者的最终选择经历了三个步骤：第一，区域抽样。研究人员选择上海作为研究区域，主要是因为，上海是具有中国特色的现代职业教育改革示范试点地区。如上所述，这三类学校都存在于上海职业教育系统中。第二，专业样本。所调研的上海的中等职业学校提供18类专业，主要涵盖现代制造业和现代服务业。研究人员选择从典型专业中收集数据，例如财务会计、国际语言应用、国际经济与贸易。在大多数中等职业学校（包括上海以外的地区）中都开设有相关专业。第三，针对特定学生和家长进行抽样。考虑到样本的代表性，从目标班级中选择表现不同（好，中，差）的学生。

本研究设计了两个访谈提纲，目的是评估典型专业的中等职业学校学生及其父母的看法。两项访谈提纲均基于针对印度情况设计的一种工具的改编，选择该方法是因为它涵盖了上述理论框架，并且已经被证明是有效的工具[①]。

学生访谈提纲的结构考虑了以下因素：个人观点、经济观点、企业观点以及对国家的贡献观点，此外还包括诸如性别、年龄和工作经验之类的基本信息。同样，父母访谈提纲包括：个人观点、经济和劳动力市场观点以及对国家的贡献观点，还包括诸如出身、职业和年龄等基本信息。访谈提纲经过了几稿修改以适应中国国情，并确保目标受访者可以清楚地理解这些问题。以"从您作为父母的角度来看，职业教育系统的优缺点是什么？"这个问题为例。这个问题对于中国父母来说似乎太笼统了。实际上，许多父母对职业教育系统了解不多。因此，"职业教育系统"一词更改为"中等职业教育"。另一个例子是，"如果您比较职业教育学位和学术学位的地位，有什么区别？为什么？"。事实上，中国的职业学校学生，除非他们接受到本科教育，否则无法在职业教育系统中获得任何学位。因此，我们将"学位"一词更改为"文凭"。

---

① AJITHKUMAR U, PILZ M. Attractiveness of industrial training institutes (ITI) in India: A study on ITI students and their parents[J]. Education+Training, 2019, 61(2): 153-168.

这些数据是在两个月内从上海6所中等职业学校的学生及其父母那里收集的。这些学校是由当地联络人选定的。在教师的支持下,根据学生和父母的参与意愿,选择了研究的参与者。

如表8-1所示,共有54名学生参加了面对面访谈,并对其中27名父母进行了面对面的访谈。这些参与者平均分布在3年制、3+2学制和3+4学制的中等职业学校中。

表8-1 样本分布

| 学 制 | 学生参与者 | 父母参与者 | 总 计 |
| --- | --- | --- | --- |
| 3年制 | 18 | 9 | 27 |
| 3+2学制 | 18 | 9 | 27 |
| 3+4学制 | 18 | 9 | 27 |
| 总计 | 54 | 27 | 81 |

(来源:由研究人员统计。)

在开始正式访谈之前,研究人员解释了研究的目的,并且申明不会根据论文中某一访谈样本的陈述得出武断结论。此外,所有的参与者都被告知采访将匿名进行,然后在得到他们许可的情况下开始录音。访谈时间为10—30分钟。由于时间有限和其他方面的原因,很难安排更长时间的面对面访谈。研究人员将记录下来的采访内容转录成英文。

本研究利用NVIVO 11 Plus软件对访谈中的所有定性数据进行了分析。借助该研究工具,在理论框架的指导下,本研究对数据进行了编码。此外,对所有参与者都进行了编码和编号。3年制中职的参与者被编码为S,3+2学制中职的参与者被编码为H,3+4学制中职的参与者被编码为U。例如,学生S1代表来自3年制中职的第一位学生参与者。

## 第三节 研究结果

在介绍访谈的基本信息之前,我们先简要介绍参与者的背景。如表8-2所示,学生参与者包括11名男生和43名女生,年龄从12—19岁不等,其中23名学生来自10年级,25名学生来自11年级,6名学生来自12年级。在3年制和3+2学制项目中,来自上海以外地区的学生人数略高于来自上海本地的学生人数。然而,在3+4学制的项目中,没有一个学生来自上海以外的地方。在工作经验方面,多达35名学生被发现没有任何工作经验,而其中19人的工作经验不超过6个月。

表8-2 学生参与者的信息($N=18$)

| 特 征 | 类 别 | 3年制 | 3+2学制 | 3+4学制 |
|---|---|---|---|---|
| 性别 | 男性 | 6 | 2 | 3 |
|  | 女性 | 12 | 16 | 15 |
| 年龄 | 15 | 0 | 2 | 0 |
|  | 16 | 6 | 8 | 9 |
|  | 17 | 6 | 8 | 3 |
|  | 18 | 5 | 0 | 6 |
|  | 19 | 1 | 0 | 0 |
| 生源地 | 上海 | 8 | 8 | 18 |
|  | 上海之外 | 10 | 10 | 0 |
| 年级 | 10 | 7 | 7 | 9 |
|  | 11 | 11 | 11 | 3 |
|  | 12 | 0 | 0 | 6 |
| 工作经验 | 无 | 11 | 10 | 14 |
|  | 少于6个月 | 7 | 8 | 4 |

(来源:由研究者统计。)

表8-3中的数据反映了学生的社会经济背景,他们大多来自工人阶级家庭,或者说是中产阶级家庭的最低阶层,与上海地区接受普通高中教育的学生背景相比要弱一些。

表8-3 父母的职业

| 父 母 | 职 业 | 3年制 | 3+2学制 | 3+4学制 |
|---|---|---|---|---|
| 母亲 | 自由职业 | 2 | 1 | 2 |
|  | 会计 | 4 | 1 | 2 |

续 表

| 父 母 | 职 业 | 3年制 | 3+2学制 | 3+4学制 |
|---|---|---|---|---|
| 母亲 | 办公室职员 | 4 | 1 | 4 |
| | 家庭主妇 | 3 | 2 | 0 |
| | 医生 | 1 | 0 | 0 |
| | 工厂工人 | 1 | 3 | 2 |
| | 地铁工作人员 | 1 | 0 | 0 |
| | 个体户 | 1 | 1 | 1 |
| | 服装售货员 | 0 | 1 | 0 |
| | 快递员 | 0 | 3 | 1 |
| | 教师 | 0 | 1 | 2 |
| | 餐厅工作人员 | 0 | 2 | 2 |
| | 列车员 | 0 | 0 | 1 |
| 父亲 | 自由职业 | 1 | 0 | 1 |
| | 会计 | 1 | 0 | 0 |
| | 办公室职员 | 3 | 5 | 6 |
| | 司机 | 3 | 0 | 3 |
| | 银行职员 | 1 | 0 | 0 |
| | 工厂工人 | 2 | 2 | 4 |
| | 地铁工作人员 | 1 | 0 | 0 |
| | 个体户 | 5 | 2 | 0 |
| | 服装销售员 | 0 | 1 | 0 |
| | 快递员 | 1 | 1 | 1 |
| | 餐厅工作人员 | 0 | 2 | 1 |
| | 公司经理 | 0 | 1 | 0 |
| | 保安 | 0 | 1 | 0 |
| | 环卫工人 | 0 | 1 | 0 |

（来源：由研究者统计。）

以下结果的呈现是按照上述研究问题进行的。

## 一、问题1的发现：吸引力是由什么构成的？

在构成吸引力的三个维度中，学生及其父母都非常重视对个人的吸引力。参与者强调的第二个关键观点是学历对劳动力市场的吸引力，其次是对社会的吸引力。

数据显示，中等职业学校的吸引力通常会与普通高中进行比较。大部分学生在中学考试中的成绩不佳。根据学习成绩，成绩较低的学生会大批进入中等职业学校。正如一位学生所说的那样，"我选择职业教育的主要原因是学习成绩差。不幸的是，我在普通高中的入学考试中甚至没有达到最低入学分数"（学生 S5）。因此，中等职业学校通常被视为学习成绩不佳的学生的特殊场所。

当谈到中等职业学校与普通高中相比的缺点时，学生参与者强调了三个因素：学术学习效率低下，由于学生缺乏动力导致学习环境较差以及文凭的社会接受度低。此外，几乎一半的父母参与者认为职业教育的地位低于普通教育的地位。当被问及他们对中等职业学校的第一印象时，一位受访者回答说："中等职业学校是声誉不高、地位较低的学校，不能被视为具有与普通高中相同的教育水平。"（父母 U1）

在中国的具体情况下，有三个主要方面对中等职业学校的吸引力产生了非常大的影响。第一，职业教育的主要吸引力在于它提供了继续教育的机会。所有学生参与者都打算从中等职业学校毕业后接受进一步的教育，但是他们也提到了被大学录取的困难。第二，学生认为，实际的能力和职业资格证书将保证他们在短时间内进入劳动力市场，但他们承认，由于文凭的不利，仍然很难找到好工作。正如一位学生所说，"本科文凭的社会认可度明显更高。如果两个大学毕业生（其中一个来自普通大学，另一个来自职业学院）竞争同一家大公司的职位，那么面试官就更有可能选择前者"（学生 S6）。第三，根据参与者的反馈，近年来职业教育的社会歧视正在发生变化。尽管如此，仍然很难完全改变对职业教育的偏见。

## 二、问题2的发现：学生如何看待中等职业学校的吸引力？

数据分析的结果表明，只有不到一半的参与者在高中阶段会考虑中等职业学校。一些学生坦率地说，他们在学术学习领域表现不佳，更不用说在竞争激烈的普通高中入学考试中脱颖而出了。由于相关制度的规定，来自上海以外地区的学生一般要回户籍所在地参加普通高中的入学考试①。在这种制度下,那些非本地注册的学生如果打算在上海接受高中教育,就必须选择中等职业学校,或者返回家乡接受普通高中教育。

相比之下,一些选择职业教育的学生参与者将他们的选择归因于:学习压力较小、工作前景更好以及高等教育的特殊入学机会。来自 3+4 学制中职的一名学生说,"我可以从中等职业学校毕业后直接过渡到大学,而无须通过入学考试。与传统方式相比,它的竞争较低"(学生 U7)。

他们在选择专业时,最重要的因素似乎是潜在的工作前景,例如可能的薪水、福利待遇和职业发展。学生的学习兴趣是第二重要的影响因素。最后,令人惊讶的是,家庭职业背景在学生的决策过程中也起着重要的作用。正如一位学生所言,"我之所以选择这个专业,是因为我的父母从事相关的职业。他们熟悉这个行业,这将有利于我的职业发展"(学生 H17)。

大多数父母表示支持他们的孩子选择职业教育,只有 18 名学生承认他们的父母对他们的选择不满意,但是他们自己对中等职业学校感到乐观。另一方面,一些学生认为他们的父母对他们的选择非常失望。

尽管父母普遍表现出积极的态度,但社会对职业教育的歧视仍然是现实。将近一半的受访学生提到,他们的许多朋友认为职业教育不是一个明智的选择,主要是因为接受高等教育的机会有限。数据还表明,中等职业学校的公众舆论仍然受到负面观念的支配,一些学生倾向于将职业教育与次级劳动力市场联系起来。

即便如此,学生们仍然确认了中等职业学校在当今社会中的价值和意义。正如一位学生所说:"在多样化的社会中每个人都有自己的角色,如果我们将社会建设与房屋建造进行类比,工程师负责规划和设计,而技术工人则负责直接建造。没有熟练技术工人的贡献和奉献精神,房子就无法成功建造。"(学生 H2)其他一些学生参与者表示,政府对中等职业学校的投资增长越来越快,这是因为培养熟练技术工人对促进经济发展及保持社会稳定的重要性。一位学生总结说,"我认为职业教育受到了地方政府的广泛关注。主要原因是,职业教育可以为当地经济提供技术工人。职业教育也有利于促进就业。如果毕业生找不到工作,社会将陷入混乱"(学生 H12)。

但是,与中等职业学校的硬件设施相比,教学计划部分还有待改进。例如,一些学生提到,他们直到最后一学期才有机会在工作场所学习,似乎不可能在学校积累实践

---

① XIONG Y. The broken ladder: Why education provides no upward mobility for migrant children in China [J]. The China Quarterly, 2015(221): 1-24.

经验。一个学生说,"七年的学习,企业实习安排在最后一学期。我们的学习活动大多是学校组织的,企业参与的活动很少。没有企业的职场学习,我们只能积累更多的理论知识,而不能积累更多的实践经验"(学生 U17)。

学生们强调的另一个因素是,教师的专业水平需要提高,特别是传统的以理论为导向的教学方法。只有从中等职业学校毕业的学生得到劳动力市场的认可,职业教育才能真正获得社会的尊重和认可。

### 三、问题 3 的发现:父母如何看待中等职业学校的吸引力?

数据显示,在学生决定接受职业教育之前和之后,父母参与者对中等职业学校的态度发生了巨大变化。对于大多数父母参与者,职业教育的形象起初无法与普通高中教育相抗衡,但是一些受访者表示,他们在面临决策之前对中等职业学校知之甚少。一位受访者提到:"老实说,我们从未考虑过在入学考试之前选择职业教育。我们最大的愿望是我们的孩子可以被普通高中录取。但是当考试结果发布时,我们必须接受现实。"(父母 H8)由于初中学术学习表现不佳,许多学生具有极端自卑的感觉,在中等职业学校中学习了一段时间之后,不少父母高兴地发现自己的孩子比以前更加自信。其他一些参与访谈的父母也认为,中等职业学校为多样化的职业发展提供了一个平台,而学业成绩不再是评估子女的唯一标准。

此外,一些父母不同意有大学文凭的毕业生工作机会和收入要好得多的观点。他们认为,能够保证一个人事业成功的关键不是文凭,而是能力。正如一位受访者所说,"如果职校学生能够获得技能和权威资格证书以及抓住机会和更加努力,那么毫无疑问,他们也可以获得光明的未来"(父母 S8)。此外,一些父母参与者表示,中等职业学校可以为学生提供提前了解和适应复杂社会的机会,这对于他们进入劳动力市场将是有利的。

然而,还需要合理地认识到中等职业学校的不足。一些家长认为,中等职业学校应该更加重视建立积极的学校学习文化,因为现阶段的年轻人在心理上还不成熟,他们的行为很容易受到同龄人的影响。一些父母强调了中等职业学校对学术学习缺乏重视和质量不高。一位受访者认为,"中等职业学校和普通高中在学业上的差距正在扩大,学生相对较差的学业成绩将限制他们职业发展的可能性"(父母 U3)。

关于鼓励其他家长为子女报读中等职业学校的问题,近一半的父母参与者持悲观态度,表示似乎不可能鼓励家长为子女报读中等职业学校。如访谈所述,在没有客观限制的情况下,大多数家庭倾向于将普通高中作为首要选择。一位受访者坦率地说:"在中国的社会环境中,大多数父母都有很强的比较感,他们可能会尽力将孩子送入普通高中,因为他们害怕丢面子。"(父母 U7)

为了解决这一尴尬局面,一些受访者强调榜样人物的宣传意义,以及优秀的职业学校的示范作用。他们还建议,中等职业学校应该向公众敞开大门,并为不同利益相关者之间的密切观察和深入沟通提供更多的可能性,从而大大减少人们对职业教育的误解和认识不足。除上述建议外,一些参与的父母也肯定了减少传统教育观念影响的重要性;因为一些中国父母把孩子视为自己生命的一部分,而且想当然地认为,即使父母选择的职业道路不适合孩子,也应该为孩子做决定。考虑到这一点,如果父母能提供一个更宽松的家庭环境,鼓励孩子们做决定,那会好得多。

## 第四节　结论与讨论

在中国,吸引年轻人参加职业教育与培训对决策者和从业人员都变得越来越重要,但令人惊讶的是,关于这一问题的实证研究很少。为了阐明对这一问题可能存在的误解,本研究使用了一种比过往研究更注重实证研究的方法,着眼于中等职业学校学生及其父母对职业教育与培训吸引力的看法。

如前所述,接受中等职业教育的学生可以分为三类,包括传统的 3 年制、3+2 学制和 3+4 学制。完成 3+2 学制项目和 3+4 学制项目的学生有机会直接就读高等教育。这两个项目之间的区别在于,完成 3+4 学制项目的学生最终可以获得学士学位,而完成 3+2 学制项目的学生除非通过大学入学考试,否则将无法获得任何学位。相比之下,完成传统的 3 年制的学生没有机会直接接受高等教育。如果要继续深造,就必须通过大学入学考试。

我们研究的一项主要发现是,这三种学制的中等职业学校的吸引力随着学制年限的长度增加而增加。大部分参与访谈的学生和父母表示,他们的目标是获得更高的文凭或学位。学生和父母都将继续深造的机会视为选择职业教育的重要因素。此外,这个因素甚至影响了学生对专业的选择。那些有更多可能提供继续教育的专业通常受到学生及其父母的青睐。因此,3+4 学制比其他两种学制更受欢迎。

对于一些访谈问题,部分学生与其他人对他们选择职业教育的看法给出了完全不同的答案,他们会强调 3+4 学制项目的独特性。正如一位学生解释的那样,"3+4 学制项目与传统职业学校有很大不同,我们也有机会接受本科教育"(学生 U10)。之后,大多数人都会对这一学制表示赞赏。在被告知该学制的独特性之后,人们会更加偏爱这一学制。参与受访的 3+4 学制的学生和父母在被要求就"拥有大学文凭的毕业生将有更多的就业机会和更高的收入"这一说法发表看法时,给出了类似的回答,认为完成 3+4 学制项目的学生在学习 7 年后也可以获得大学文凭,并再次强调了这两个学制之间的区别。

在比较职业教育文凭和学术文凭的地位时,大多数参与者都同意,学术文凭的地位和认可度要高于职业教育文凭。父母对孩子未来事业的期望的回应可能解释了这一点;根据数据,相当多的父母希望他们的孩子可以为政府或知名企业工作。但是,大多数工作至少需要学士学位。作为工作申请流程的第一步,没有学位的人甚至没有机会报名参加笔试。此外,值得一提的是,几乎所有参与访谈的父母都认为,创业对于刚刚步入社会的学生来说不是一个现实的选择,尽管它不需要学历或学士学位。

总体而言,研究结果表明,参与访谈的学生和家长对中国的职业教育与培训的吸引力持悲观态度。正如有研究指出的那样,要使职业教育与培训更具吸引力,要克服的最关键障碍之一就是缺乏潜在学生及其父母的需求[1]。显然,在消除客观限制之后,中等职业学校的吸引力仍然无法达到普通高中的吸引力。2007 至 2012 年间,在三所中国职业学校中进行的民族志研究还发现,职业学校大多是被迫选择的,或者是最后的选择,而不是出于个人或家庭的利益。这反映了与普通高中相比,中等职业学校的地位和声誉较低[2]。

从个人的角度来看,吸引力意味着潜在的收入、职业机会、工作保障和充实的工作。职业教育与培训对个人的吸引力意味着高薪工作、课程和职业资格的高水平以及过渡到高等教育的可能性。我们发现,对于中国人来说,最重要的动机是职业机会。同伴学习环境和以工作为基础的学习对职业教育与培训的吸引力也有很大的影响。该研究还表明,中等职业学校缺乏吸引力可归因于内部和外部因素。最重要的内部因素之一是学习环境差。不良的学习环境导致学生对职业教育与培训的负面印象,凸显

---

[1] WINCH C. The Attractiveness of TVET[M]//UNESCO-UNEVOC. Training, revisiting global trends in TVET: Reflections on theory and practice. Bonn: UNES, 2013: 86-122.
[2] HANSEN M H, WORONNOV T E. Demanding and resisting vocational education: A comparative study of schools in rural and urban China[J]. Comparative Education, 2013, 49(2): 242-259.

出为所有进入职业学校的学生创造良好学习环境的重要性和紧迫性。

学校管理者可能需要适当调整教学方法,以确保对年轻人进行足够的教育,使其能够处理创造性和灵活的学习计划①。另一个内部因素是教育者对基于工作的学习的无知。一项实证研究发现,实际工作场所环境中的支持性气氛对职业学生的工作场所学习成功产生重大影响②。但是,从数据可以看出,直到最后一学期,职业学校学生几乎没有在企业的实习机会。目前,中国的职业教育体系以职业学校为主导,这些职业学校由于缺乏支持以及与行业和企业的联系而面临办学困境③。因此,迫切需要职业学校更多地专注于与企业的合作。

影响职业教育与培训吸引力的最重要的外部因素之一是社会的偏见,这种偏见是从职业教育自国外首次引入中国以来就存在的。关于该主题的历史研究认为,职业教育是在现有的教育系统内运行的,并且还受到人们的歧视和排斥。职业教育是中国文化体系中的"不受欢迎的陌生人"④。

有研究在对职业教育哲学的历史回顾中发现,借鉴来的哲学总是通过保持儒家框架的要素而适应中国的国情⑤。他们认为,自古以来"学而优则仕"的观点一直是中国的主流教育价值观,这奠定了学术教育地位的基础,因为学术教育似乎是针对"上层阶级"(例如官员、律师、科学家等)的,而职业教育则是针对"下层阶级"(例如工人、农民等)的。因此,难怪人们将通识教育视为主流和偏爱的教育选择,并且认为职业教育不能替代通识教育,职业教育是学术学习中失败者的无奈选择。要改变目前的状况,可能需要更多的耐心和精力,尤其需要政府的长期宣传和投资。

令人惊讶的是,所有学生参与者都表示,他们打算从中等职业学校毕业后继续接受高等教育。从访谈中可以清楚地看出,学生及其父母对高等教育的热情。对高等正规教育的偏爱威胁着被认为是较低水平的职业和非正规成人教育,这损害了中国技能

---

① LUMBY J, LI Y. Managing vocational education in China[J]. Compare: A Journal of Comparative and International Education, 1998, 28(2): 197-206.
② NISULA A, MESTO S. Factors fostering vocational students' workplace learning success in the real workplace environment[J]. Journal of Education and Work, 2019, 32(6-7): 552-569.
③ LI D, TANG L. Research on basic factors of present vocational education system construction in China [J]. International Journal of Academic Research in Business and Social Sciences, 2016, 6(3): 166-177.
④ SCHULTE B. Unwelcome stranger to the system: Vocational education in early twentieth-century China [J]. Comparative Education, 2013, 49(2): 226-241.
⑤ SCHMIDTKE C, CHEN P. Philosophy of vocational education in China: A historical overview[J]. Journal of Philosophy of Education, 2012, 46(3): 432-448.

体系的形成①。然而,我们需要认真考虑的是学生对高等教育热情的源泉。从表面上看,这些职业学校学生似乎希望通过深造获得更高的文凭,而劳动力市场中潜在的职业发展真正影响了他们的高等教育期望。原因是,改革开放后中国的教育体制改革使一大批农村青年接受了职业教育,却没有给予他们足够的向上流动的机会②。

与学术教育路径相比,职业道路无法保证人力资本投资的回报。从中等职业学校毕业的学生通常与蓝领工作有联系,这通常意味着较低的薪水、恶劣的工作环境和有限的晋升机会。

如表8-3所示,大多数参加职业教育的学生来自社会经济背景较差的家庭。然而,父母将职业教育视为断断续续的阶梯,无法为中国学生提供持续向上流动的通道③。此外,职业教育在一定程度上促进和延续了中国的阶层差异④。因此,中国职业教育体系面临的挑战不仅是培养年轻人来填补服务业中的低端职位,还在于为接受职业教育的学生提供真正有意义的技能⑤。

总之,我们的发现强调了吸引力模型的价值,尤其是已有关于行动者动机的研究。基于行动者动机的方法是该领域重要的实证研究策略。在很大程度上,职业教育与培训对中国个体的吸引力更多地取决于接受高等教育的机会。但是,职业教育与培训吸引力的核心在于是否会为个体带来在劳动力市场上有前途的职业的问题,这与其他国家的情况类似。从长远来看,我们的发现清楚地表明,不仅增强中等职业学校本身很重要,而且对于熟练工人来说,优化劳动力市场环境也很重要,并为向上流动提供更多的可能性。

鉴于当前研究的目的,本研究的主题和方法对于解释中国的职业教育与培训吸引力问题具有一定有效性。同时,仍然存在一些不可避免的局限性,使我们无法对数据进行准确而仔细的解释。首先,为方便受访者,面试采用中文进行。由于中英文在文

---

① XU J. Evolution and revolution in China's skill formation system[J]. Journal of Education and Work, 2011, 24(5): 549-564.
② KOO A. Expansion of vocational education in neoliberal China: Hope and despair among rural youth[J]. Journal of Educational Policy, 2016, 31(1): 46-59.
③ XIONG Y. The broken ladder: Why education provides no upward mobility for migrant children in China[J]. The China Quarterly, 2015(221): 1-24.
④ LING M. Bad students go to vocational schools!: Education, social reproduction and migrant youth in urban China[J]. The China Journal, 2015(73): 108-131.
⑤ HANSON M H, WORONOY T E. Demanding and resisting vocational education: A comparative study of schools in rural and urban China[J]. Comparative Education, 2013, 49(2): 242-259.

化和表达方式上的差异,可能会在翻译采访的某些部分时造成混淆或误解,并且也无法避免丢失一些重要信息的可能性。其次,受一些客观因素的限制,除了在山东省进行的一些访谈之外,所有正式访谈都在上海进行。考虑到这一限制,需要慎重解释从访谈中收集的数据。再次,必须承认,本研究报告的结果仅基于对学生及其父母的访谈。最后,定性方法本身也有局限性,因为在研究过程中不能保证客观性。但是,研究的重点也为进一步研究开辟了一个领域。极为重要的是,纳入中国更多的地区,直接覆盖所有具有代表性的样本。此外,其他利益相关者如教师、雇主和管理人员的看法,仍有待后续研究探讨。

# 第九章 国际比较视野下的职业教育国家政策

自从学校形态的职业教育诞生以来,国家就开始在一国职业教育发展的过程中扮演重要角色,尤其是通过政策工具调节国家职业教育发展的方方面面。即便是在20世纪下半叶学徒制在国际范围内迎来复兴之后,国家在职业教育发展中所起的作用仍然很大。甚至在美国、澳大利亚、中国等国,国家正是职业教育现代学徒制的重要发起者。在本章中,我们将在国际比较视野下对职业教育国家政策展开深入研究。

## 第一节 职业教育国家政策研究:一种公共政策视角

**一、职业教育发展不只是教育事业,而且是公共事业**

如前言所述,我们进行比较职业教育研究的目的,不仅是介绍职业教育发达国家办学的基本经验,更重要的是关注影响本土职业教育发展的关键问题,探讨职业教育发达国家办学经验的可能启示。

作为一个"舶来品",现代意义上的职业教育概念最初诞生于工业革命之后。在工业革命的影响下,近现代社会的经济生产模式发生重要变化,学校形态的职业教育逐渐传播到世界各地。20世纪初,职业教育概念由日本传入我国,并在职业教育先驱黄炎培等人的推动下,逐渐进入我国公共学校系统。新中国成立以后,职业教育经历曲折的发展历程——从成立初期的"委以重任",到"文化大革命"期间的"近乎废止",再到改革开放之后的"全面复苏"。尤其是在1985年《中共中央关于教育体制改革的决定》颁布以后,重新确立了职业教育在我国教育体系中的重要地位。自此以后,我国一直在寻求一条具有中国特色的职业教育发展道路。尽管不同类别和发展阶段的制度条款、基础设施、社会态度对职业教育办学模式的成功至关重要,但是一些欧洲国家成功的职业教育办学模式与方式仍然被频繁介绍与应用到亚洲和非洲国家①。同样,在缺乏深厚办学经验的基础上,我国也开始走向西方学习职业教育办学模式的道路,德国的双元制模式、澳大利亚的TAFE学院模式都曾以各种形式被引入我国,甚至在某些地区展开试点,但实际应用效果并不明显。

实际上,职业教育发展不仅是教育事业,而且是公共事业。我们可以移植教育形态意义上的西方职业教育办学模式,却无法移植其职业教育办学模式生成的经济社会基础。与国内学界习惯于从教育视角探讨职业教育发展问题不同的是,西方学界更习惯于从技能形成视角探讨职业教育发展问题。基于对德国、美国、日本、中国技能形成体制建设的观察,我们发现,职业教育内嵌于国家技能形成体制,其类型地位受到国家技能战略、经济生产体制与职业教育参与意愿的结构性制约②。以德国为例,双元制之所以能够在德国得到成功施行,不仅在于双元制本身作为一种育人模式的独特性与有效性,而且在于双元制运行所依赖的经济社会基础。作为社会市场经济模式的代表国家,德国长期执行的是高技能战略,产业技能依赖性较高,劳资关系协调性较高,企业用工自由度较低③。而且,企业参与职业教育的社会责任意识较强,这就为校企双主体联合培养人才提供了重要基础。从产业结构形态来看,我国与德国以制造业为主的结构形态相似。但从经济运行模式来看,我国与美国的自由市场经济模式更为相似。这就带来产业结构形态与经济运行模式的不匹配。这就为我国学习德国职业教育办学模式带来一定障碍,因为我国可能不具备德国发展双元制的经济社会基础。以上种种都意味着,我们无法直接借鉴西方职业教育的办学模式。更重要的是,在职业教育发展思路上,不能仅仅将其看作一份教育事业,而且应将其看作一份涉及经济社会发展的公共事业。

## 二、职业教育到底是服务于经济社会发展,还是服务于人的发展

从服务对象上看,职业教育主要具备两大功能,一是服务于经济社会发展,二是服务于人的发展。以服务经济社会发展为价值取向的职业教育更加强调以就业为导向,

---

① STEPHEN B. Vocational Education: Purposes, Traditions and Prospects[M]. New York: Springer, 2011: 4.
② 郝天聪. 职业教育何以成为类型教育?——基于国家技能形成体制建设的观察[J]. 苏州大学学报(教育科学版),2020(4):63-72.
③ 郝天聪. 职业教育何以成为类型教育?——基于国家技能形成体制建设的观察[J]. 苏州大学学报(教育科学版),2020(4):63-72.

其逻辑思路为,通过职业教育带动学生就业率、劳动生产率的提高,进而促进经济增长率的提高;而以服务于人的发展为价值取向的职业教育更加强调以生涯为导向,其逻辑思路为,通过职业教育实现人的生命价值,提升人的生活品质,彰显人性的光辉,最终促进人的生涯的可持续发展。当二者出现冲突时,就会带来职业教育发展导向问题的价值争议[①]。

以美国为例。在选择职业教育价值取向时,美国同样面临着艰难的选择,并经历了曲折的发展历程。在此,有必要回顾一下美国职业教育的发展历史。在20世纪早期,美国奉行的是普职分流的教育体系。职业教育体系像其他社会体系一样,也会受到社会的气候和当时思潮的影响。当时,最具代表性的教育争议莫过于"普杜之争",即普罗瑟和杜威关于教育体系设计的争议。在普罗瑟看来,美国应该效仿德国,采用普职双轨的教育体系设计。在这个体系中,职业教育完全从普通教育系统中脱离出来,并倾向于采用类似德国双元制的职业教育人才培养模式,将满足企业的用人需求作为首要选择,即将就业作为重要价值取向。而在杜威看来,职业教育课程不应该在职业学校单独开设,对职业学校学生也不能进行单独的职业训练,而是重点培养其职业意识,并在普通学校实施职业教育。杜威认为,所有的孩子都应该接受职业教育,而不是只为了那些要进入工作场所工作的孩子。杜威和普罗瑟的争论是关于职业教育价值取向这一基本问题的。职业教育的价值取向在于提高经济效益,还是为学习者提供机会? 它们是相互依存也相互矛盾的一组概念。1917年,《史密斯·休斯法案》的颁布标志着普罗瑟取得阶段性胜利。在很长的一段时间内,美国采取了普职分离的教育体系设计。而1963年《职业教育法》的颁布标志杜威取得最终胜利,形塑了美国普职一体化的教育体系。1971年,美国联邦教育总署署长马兰在全美中学协会年会上提出了生涯教育。自此以后,生涯教育逐渐取代职业教育成为美国教育体系不可或缺的组成部分。到了20世纪70年代中后期,普职一体的教育体系逐渐成为现实,生涯教育概念正式取代了职业教育概念。1974年,美国国会通过了第一个生涯教育法案,设立了隶属于教育部的生涯教育署。1977年,美国还出台了生涯教育奖励法案,以鼓励全国各地区开展生涯教育实验。随着生涯教育的不断发展,职业教育概念在美国逐渐淡出历史舞台,一体化的教育体系也逐渐成为美国教育的重要标签。

从20世纪90年代起,"以服务为宗旨、以就业为导向"逐渐成为我国职业教育改

---

① 郝天聪,石伟平.就业导向,还是生涯导向?——职业教育发展两难抉择的破解之策[J].教育科学,2017(2):59-65.

革的主旋律。尤其是自2004年教育部《关于以就业为导向 深化高等职业教育改革的若干意见》颁布以来,以就业为导向成为现阶段我国职业教育办学的基本方针与指导思想。很长一段时间以来,在就业率的"指挥棒"下,职业教育"断头教育"的缺陷被进一步放大,中职毕业的学生很少有机会升到高职或者本科院校就读,高职毕业的学生也鲜有机会升到本科院校就读;由于过分关注学生的就业,而压缩了学生以升学为主要手段的向上发展的空间,导致学生的学习之路遇到阻碍[1]。为了缓解过度强调就业导向的趋势,我国提出构建现代职业教育体系的目标,为学生提供更多升学机会,其最终目的就在于促进学生生涯的可持续发展。

### 三、公共政策视角可以为理解职业教育国家政策提供思路

当今社会,政府所面临的不再是个别的、单一的、简单的、基本稳定或一再重复出现的社会矛盾问题,而是大量的相互关联、相互制约,越来越具复杂性、尖锐性、普遍性、专业性、变化性和发展性的各种社会矛盾和问题[2]。同样,在职业教育国家政策领域,其所处理问题的复杂程度远远高于普通教育。尤其是,职业教育国家政策所关注的问题不仅涉及职业教育领域,而且涉及经济社会发展领域。这就要求我们更多地采用公共政策视角来处理职业教育发展问题。从公共政策视角出发,对职业教育国家政策进行分析,主要关注以下三个方面的议题。

其一,采用公共政策视角分析职业教育国家政策,更多关注的是对职业教育政策的解释说明,而非直接提出政策建议。对职业教育国家政策研究而言,提出有针对性的政策建议固然重要,但其基本前提是,已经对职业教育国家政策展开了系统的分析,了解了政策从设计到执行的来龙去脉。与一般意义上的政策建议不同,政策分析重点是对各级政府部门的决策行为进行解释和说明,不包含太多的修辞技巧。而且,对政策的决策行为进行解释说明,并不意味着要求政府应该付诸实施某种政策。

其二,在公共政策视角下,分析职业教育国家政策重点关注的是政策推行的原因与结果。对职业教育国家政策进行分析,主要是了解政府为什么采取某种国家政策,而没有采取另外一种国家政策,以及所采取的政策究竟会产生什么样的效果。而且,还可以进一步分析,为什么国家在某些阶段实施的政策与其他阶段不同,这与政策出

---

① 郝天聪,石伟平. 就业导向,还是生涯导向?——职业教育发展两难抉择的破解之策[J]. 教育科学,2017(2):59-65.
② 托马斯·R. 戴伊. 理解公共政策(第十二版)[M]. 谢明,译. 北京:中国人民大学出版社,2020:2.

台所处的特定经济社会发展背景究竟有什么关系。经过上述系统分析,我们就能更加全面地把握职业教育国家政策制定与执行的整体样貌。

其三,基于公共政策视角分析职业教育国家政策,最终目的在于发展关于公共政策因果的一般性命题。政策分析重在形成关于影响公共政策的各种力量以及公共政策实施结果的科学知识,这个过程本身就是一种与社会相关的活动[①]。同样,我们进行职业教育国家政策分析也是如此。职业教育国家政策分析的目的在于,形成一系列与政策制定与执行等主题相关的因果推论,分析职业教育国家政策在各个环节可能存在的问题,并最终在职业教育国家政策研究领域不断积累理论性科学知识。

## 第二节 职业教育国家政策制定:基于若干主题的比较分析

在职业教育国家政策制定方面,虽然世界各国关注的主题存在一定差异,但仍然可以看出一些得到广泛关注的主题。具体而言,包括职业教育体系政策、职业教育标准政策、职业教育课程政策、职业教育教师政策、职业教育经费政策、职业教育产教融合政策等。

### 一、职业教育体系政策

从世界范围来看,20世纪下半叶以后,各国职业教育发展的一个基本趋势是,职业教育办学逐渐从中等教育阶段向中等后教育阶段延伸,尤其是出现了本科及以上层次的职业教育。为了发展本科及以上层次的职业教育,进一步完善现代职业教育体系,不少国家都出台了相关政策。在德国,一大批高等专科学校升格为应用科技大学,使得本科层次职业教育成为其高等教育体系的重要组成部分。近年来,随着部分应用科学大学获得博士学位授予权,德国职业教育体系已然延伸到博士层次。在美国,接受职业教育的学生有机会就读社区学院,并在完成学业之后获得副学士学位。在社区学院就读的职业教育学生,还有机会转学到更高层次的大学,甚至获得更高的学位。再看我国,为了解决职业教育发展的"断头路"问题,我国出台了一系列政策来完善现代职业教育体系。2014年,《国务院关于加快发展现代职业教育的决定》和《现代职业教育体系建设规划(2014—2020年)》两大文件正式颁布,标志着我国基本完成现代职

---

① 托马斯·R. 戴伊. 理解公共政策(第十二版)[M]. 谢明,译. 北京:中国人民大学出版社,2020:5.

业教育体系的顶层设计。2019年,《国家职业教育改革实施方案》正式出台。随后,本科层次职业教育发展逐渐成为现实,一大批高职院校升格为本科层次职业技术大学,进一步提升了我国职业教育的吸引力。如今,站在新的历史起点上,需要进一步思考,如何稳步推进本科层次职业教育试点,减少可能存在的争议。

## 二、职业教育标准政策

在职业教育质量提升的过程中,标准发挥着重要的基础性作用。将标准化建设作为职业教育质量保障的突破口,是职业教育发达国家的普遍做法。总体而言,包括各级各类职业学校设置标准、职业教育教师队伍标准、职业教育信息化建设标准、职业教育安全设施标准等办学层面的标准,以及职业教育专业目录、职业教育专业教学标准、职业教育课程标准、职业教育顶岗实习标准、职业教育实训条件建设标准等教学层面的标准。从国际范围来看,对职业教育教学内容进行标准化建设,是20世纪90年代以来西方发达国家职业教育发展的共同趋势,如英国的国家职业资格证书体系开发、德国的学习领域课程开发和美国各州的教学内容标准开发等[①]。又比如,俄罗斯职业教育国家教育标准是联邦层面的正式课程,是由国家批准的一套适用于全国的、规范职业教育教学方案的标准。近年来,我国也逐步加快了职业教育国家标准建设。2012年12月,我国发布了首批涉及410个高等职业学校的专业教学标准;2014年5月,颁布了涉及95个中等职业学校的专业教学标准。国家专业教学标准的颁布与实施改变了多年来职业教育专业教学缺乏国家标准的现状,对于全面提升职业教育教学质量具有重要意义。

## 三、职业教育课程政策

确立职业教育课程的国家政策地位具有必要性和紧迫性:首先,职业教育课程开发理论与技术上的复杂性,决定了它需要国家政策平台;其次,整合职业教育课程开发力量、提升开发效益需要国家政策平台;再次,职业教育课程实施的复杂性,也决定了它需要国家政策平台[②]。从世界范围来看,将职业教育课程纳入国家政策体系,也取

---

① 徐国庆,李政,等.职业教育国家专业教学标准开发:理论与方法[M].上海:华东师范大学出版社,2017:1.
② 徐国庆,李政,等.职业教育国家专业教学标准开发:理论与方法[M].上海:华东师范大学出版社,2017:1.

得了广泛共识。从发展历程来看,职业教育课程模式经历了加和量变、部分质变和创新优化三个阶段,逐渐脱离学科体系课程模式,经过主题导向课程模式的过渡,最终形成了行动体系课程模式;从发展趋势来看,课程范式从学科逻辑转向行动逻辑[①]。长期以来,与其他领域相比,职业教育课程在国家政策领域的受关注度不高。在不少学者看来,课程主要局限在中观和微观层面,不需要上升到宏观的国家政策层面。这就造成,职业教育课程政策在国家层面政策领域的长期缺失。近年来,国家层面对职业教育课程的重视程度不断提高,并进一步明确了职业教育课程在我国现代职业教育建设中的重要基础地位。

### 四、职业教育教师政策

任何一项职业教育改革要想落到实处,都离不开教师的参与,教师质量直接影响到职业教育发展的水平。综合来看,关于职业教育教师的国家政策主要包括以下几个方面。一是职业教育教师资格认定政策,尤其是开发区别于普通教育的教师资格认定标准。在这方面,职业教育发达国家均积累了较为丰富的经验。我国职业教育教师资格认定长期以来参照普通教育标准,目前也在积极探索具有职业教育特色的资格认定标准。二是职业教育教师培养政策。在这方面,不同国家采取的培养政策有所差异。以德国和美国为例。德国职业教育教师培养采用的是师范教育模式,在整个培养过程中企业也会参与其中。而在美国,职业教育教师培养采用的是市场化模式,教师资格证书并非终身所有,而是需要不断更新。我国中等职业教育阶段的教师培养主要由职业技术师范院校承担,而高等职业教育阶段的教师培养则由综合性大学等承担。三是职业教育教师培训政策。在这方面,大部分职业教育发达国家建立起了较为完善的职后培训模式。而且,在培训过程中,不仅关注教师理论教学能力的提高,而且关注教师实践教学能力的提高。为了促进职业教育教师的专业发展,我国建立了一大批职业教育教师培训基地,并通过国培、省培等项目为教师提供各种形式的职后培训机会。

### 五、职业教育经费政策

对职业教育办学而言,经费是不可或缺的重要推动力量。没有经费的有效支撑,很难推动职业教育的可持续发展。对此,世界各国职业教育关于经费方面的政策均可

---

① 闫智勇,吴全全,徐纯.职业教育课程模式的演进历程与发展趋势[J].职教论坛,2019(1):48-55.

印证。总体而言,各个国家在职业教育经费方面的政策主要包括以下几种类型。其一,以政府投入为主、市场化渠道投入为辅的经费政策。美国、英国、澳大利亚、法国、中国等国家都采用了该种类型的经费政策。其二,以企业投入为主、政府投入为辅的经费政策。德国由于采用双元制职业教育办学模式,是该种类型经费政策的典型代表。其三,以行业投资为主的经费政策,即职业院校通常由行业进行投资,包括专业设置、招生规模、教育教学等均由行业决定,就业也由行业安排。从世界范围来看,就经费投入比例来看,政府毫无疑问仍旧是职业教育投资主体。但从发展趋势来看,各国职业教育经费投入越来越呈现出市场化趋势,来自企业的职业教育经费投入占比不断提高,职业教育经费投入由此变得更加多元化。基于上述背景,不少国家在职业教育经费方面开始采取更加灵活的政策,尤其是调动地方政府、行业、企业、个体等不同主体在职业教育经费投入方面的积极性,从而为职业教育可持续发展提供更大的动力支持。

### 六、职业教育产教融合政策

与普通教育相比,产教融合是职业教育的基本办学特征。产教融合不同于校企合作,二者存在本质差异。产教融合思维强调,职业教育办学模式改革不仅是教育问题,而且是经济问题。如果办学模式改革仅仅关注到表面的教育现象,而忽视隐藏其后的经济社会背景,那么将很难取得实质性进展;对于办学模式改革而言,重构学校与企业之间的关系固然重要,但更为重要的是,对涉及产业与教育发展的相关制度做出整体规划与系统安排[①]。这就意味着,职业教育国家政策的制定,同样不只涉及教育系统,而且涉及产业系统,需要从更广泛的视角出发研究政策制定相关的问题。从各国职业教育政策的制定来看,相关政策不一定由教育部门独立出台,而是涉及与职业教育发展密切相关的诸多部门。在我国,为了进一步加强产教融合,提高职业教育办学水平,2017年底颁布了《国务院办公厅关于深化产教融合的若干意见》,将产教融合问题上升到国家教育改革与人力资源开发整体制度安排的高度。随后,在2019年颁布的《国家职业教育改革实施方案》中,进一步强调了职业教育产教融合的重要性。

---

① 石伟平,郝天聪. 从校企合作到产教融合——职业教育办学模式改革的思维转向[J]. 教育发展研究,2019 (1):1-9.

## 第三节　职业教育国家政策执行：基于多重关系的比较分析

政策方案一旦合法化并公布之后，便进入政策执行阶段；政策执行是在政策制定完成之后，将政策所规定的内容变为现实的过程，是为实现政策目标而重新调整行为模式的动态过程[①]。对职业教育国家政策执行而言，在具体过程中，通常会涉及多重关系。基于多重关系进行比较分析，可以获得对于职业教育国家政策执行更为深入的了解。

### 一、中央政府与地方政府的关系

在职业教育国家政策执行过程中，中央政府与地方政府的关系是首先面临的问题。由于中央政府与地方政府关系的不同，往往会带来不同的职业教育政策执行形态。而中央政府与地方政府的这种关系差异，主要取决于各个国家的政治体制安排。联邦制国家主要采取地方分权的管理模式，即除了联邦政府以外，地方政府同样享有自己的立法和行政、司法权，可以管理本辖区内的财政、税收、文化、教育等公共行政事务。联邦制国家以美国、德国、澳大利亚等为代表。在联邦制国家中，职业教育决策主要由地方政府负责，地方政府与中央政府并非严格意义上的上下级关系，因此没有贯彻执行上级权力意志的说法。在此背景下，不同地方在职业教育政策执行方面不仅可能存在差异，也可能不一定与中央职业教育政策相一致。相比之下，单一制国家主要采取中央集权的管理模式，即立法权、行政权和司法权等高度集中在中央，全国教育事业由中央统一领导，并按照中央的部署一级一级地贯彻执行。单一制国家以中国、法国、日本等为代表。在单一制国家中，职业教育决策往往"政出中央"，按照行政级别的不同由下级行政部门贯彻执行。总体而言，可以保证不同地方职业教育政策执行的相似性以及与中央职业教育政策执行的一脉相承。

### 二、地方政府与职业院校的关系

职业教育国家政策的执行需要借助基层力量具体实施，地方政府是其中不可或缺的角色。服务区域经济社会发展是职业院校办学的重要特征，职业院校培养的毕业生

---

① 祁占勇.职业教育政策研究[M].北京：教育科学出版社，2019：133.

通常在当地就业。因此,职业院校与地方政府存在较为复杂的关系,从招生到人才培养再到就业,都会涉及二者之间的合作。在招生环节,采用不同职业教育办学模式的国家会有所差异。在德国,想要接受双元制职业教育的学生,需要先跟企业签订学徒合同,然后由企业与职业院校合作进行招生,地方政府在招生环节主要发挥监督作用。而在我国,地方政府会为职业院校分配招生指标,职业院校根据指标情况进行招生。在人才培养环节,不同国家地方政府参与职业院校办学的方式有所不同。在德国,地方政府对职业院校人才培养的干预较少,主要提供经费方面的支持。而在我国,地方政府对职业院校人才培养的参与力度较大,发挥的指导作用较强。在就业环节,不同国家地方政府指导就业的方式同样存在不同。在德国,地方政府较少关注学生的就业率,就业问题主要由学生和企业自主决定。而在我国,地方政府较为关注就业率,会对职业院校学生的就业给出指导性意见。

### 三、行业与职业院校的关系

在职业教育国家政策执行过程中,行业也是重要的参与者。行业参与职业院校办学程度的高低,尤其会对产教融合政策的落实带来重要影响。在产教融合政策中,"产"往往是一个较为虚拟的概念,不少具有强大行业传统的国家通常会将其落实到具体的行会、商会或者协会上面。由此,讨论产教融合的关键维度就在于考察行业对职业院校办学的介入程度。就此而言,行业参与职业院校办学的程度在世界各国存在较大的差异。在德国、英国等拥有行业参与职业院校办学传统的国家,行业通常会在人才培养的各个环节发挥重要的作用。而在美国、韩国等缺乏行业参与职业院校办学传统的国家,行业所发挥的作用相对较为有限,大部分仅仅发挥象征性指导作用。在我国,由于长期采用的是学校本位职业教育办学模式,不仅企业参与职业院校办学的程度较低,行业参与职业院校办学的程度也较低。为了弥补行业力量缺失可能带来的问题,我国成立了一系列的行业指导委员会。如今看来,行业在我国职业院校办学中所发挥的指导性作用越来越强。

### 四、企业与职业院校的关系

企业与职业院校是职业教育国家政策的直接执行主体,二者关系的紧密程度直接关系到政策执行的质量。从世界范围来看,校企之间的关系也一直是影响职业教育办学质量的关键因素。理想的情况是,企业与职业院校在职业教育人才培养过程中实现深度合作,共同致力于培养高素质的技术技能人才。但现实情况是,企业与职业院校在合作过程中往往会存在一定的利益冲突,这通常也会导致职业教育国家政策无法在基层得到有效贯彻落实。不同国家在校企合作关系上同样存在较大的差异。由于依托于双元制系统,德国职业教育人才培养中校企之间的合作程度较深,主要是由学校配合企业来培养人才。日本十分重视企业内培训,所以在整个人才培养过程中,企业发挥的作用更大,学校发挥的作用较为有限。在我国,计划经济时期,在"校中厂""厂中校"模式的支持下,校企合作的程度相对较深。而在经历了社会主义市场经济体制改革之后,校企之间的深度合作失去了天然土壤,合作的稳定性也由此降低,职业院校不得不频繁地去市场中寻找企业合作伙伴。如今,为了深化校企合作,不少地区展开产教融合试点,如以产教融合园的形式再次将职业院校与企业纳入同一组织管理体系中,减少二者之间的冲突,实现二者之间的功能互补。

**五、教育部门与人社部门的关系**

职业教育国家政策的执行不仅涉及教育部门,而且涉及人社部门。如果二者之间能够达成密切合作,围绕一个共同的目标保质保量地执行职业教育国家政策,那么政策执行通常可以取得较为良好的效果。而如果二者之间无法达成有效的合作,甚至出现推诿扯皮的现象,那么职业教育国家政策执行也很难取得真正的实效。从执行体制上来看,究竟是采取教育部门和人社部门协同合作的模式,还是采取分工合作的模式,在国际范围内并未达成一致。英国更多的是将教育与人社部门合二为一,由一个统一的部门管理职业教育,这样会在很大程度上减少两大部门之间的利益冲突。而在德国、美国等国家,更多的是采用分工合作的模式,即由教育部门负责教育方面的管理工作,由人社部门负责就业方面的管理工作,二者发挥合力作用的关键是分工得当,各自履行好所要扮演的角色。在我国,长期以来,职业教育办学由教育部门和人社部门共同负责。教育部门主要负责中等职业学校、高职院校、职业本科院校的管理工作,人社部门主要负责技工学校、技师学院的管理工作。近年来发展的一个重要趋势是,教育部门与人社部门的合作程度在不断加深,尤其是在执行环节越来越需要两大部门协同开展工作。

# 后 记

经过漫长的努力,《职业教育国家制度与国家政策比较研究(修订版)》终于脱稿了。2010年上半年,我们获得了全国教育科学规划办公室的资助,开始了"职业教育国家制度与国家政策比较研究"课题的研究工作。

为更高质量地完成研究工作,我们不仅在美国、英国、德国等国进行了相关调研,也召开了数次学术会议,并与来自美国、英国、德国以及来自江苏、山东、浙江、四川、上海等省市的研究者、管理者和一线职业院校教师进行研讨,在交流碰撞中不断激发研究灵感,在互动沟通中不断深化研究内容。

十年磨一剑。本书的撰写并非一蹴而就,而是经历了长时间的细致打磨。本书主要由石伟平、郝天聪、臧志军三位作者共同撰写完成。石伟平教授组织协调了整个研究工作,对书稿框架进行了整体设计,并进行了书稿的撰写与审阅工作。郝天聪博士负责了书稿撰写与修改完善工作,并对全书进行了编校。臧志军研究员负责了书稿撰写与润色工作。

当然,在这一过程中,我们还得到了华东师范大学职业教育与成人教育研究所同仁的支持,李鹏、许竞、涂三广、王启龙、汤霓、徐榕霞、张蔚然、梁珺淇、林玥茹、杨勇等也为本书的成稿作出了重要贡献,在此不再一一列举他们的名字,我们对他们给予的帮助表示由衷感谢。

最后,需要说明的是,由于本书撰写历时多年,因此部分章节内容已经公开发表在《比较教育研究》《中国高教研究》《高校教育管理》《现代教育管理》《职教论坛》《中国职业技术教育》《职教通讯》以及 Journal of Education and Work 等中外学术期刊上。值此付梓之际,谨向所有发表过本书相关内容的期刊表示最诚挚的谢意,没有你们的支持与关爱,就没有今天这本书。

石伟平

2024 年 7 月 28 日